とりはずして使える

MAP

付録 街歩き地図

伊豆

切り取り線

沼津中心部
ぬまづちゅうしんぶ
周辺図 P.2-3
0 150 300m
1:17,000
N
沼津駅
東海道本線
御殿場線
静岡駅
御殿場駅
三島駅
イーラde
沼津ラクーンよしもと劇場
仲見世商店街
大手町
三園橋
中央公園
図書館
八幡神社
末広神社
蛇松緑道
御成橋
狩野川
永代橋
沼津市役所
市民文化センター
千本浜公園
P.131
若山牧水記念館
港八十三番地
海鮮丼 佐政 P.134
カフェ Latimeria P.134
沼津港深海水族館
シーラカンス・ミュージアム
P.134
P.135 みとも水産
沼津みなと新鮮館
沼津かねはち P.135
P.135 沼津魚市場食堂
沼津魚市場INO
びゅうお
港大橋
千本港町
沼津港
駿河湾
観音川
我入道
千本港神社
港口公園

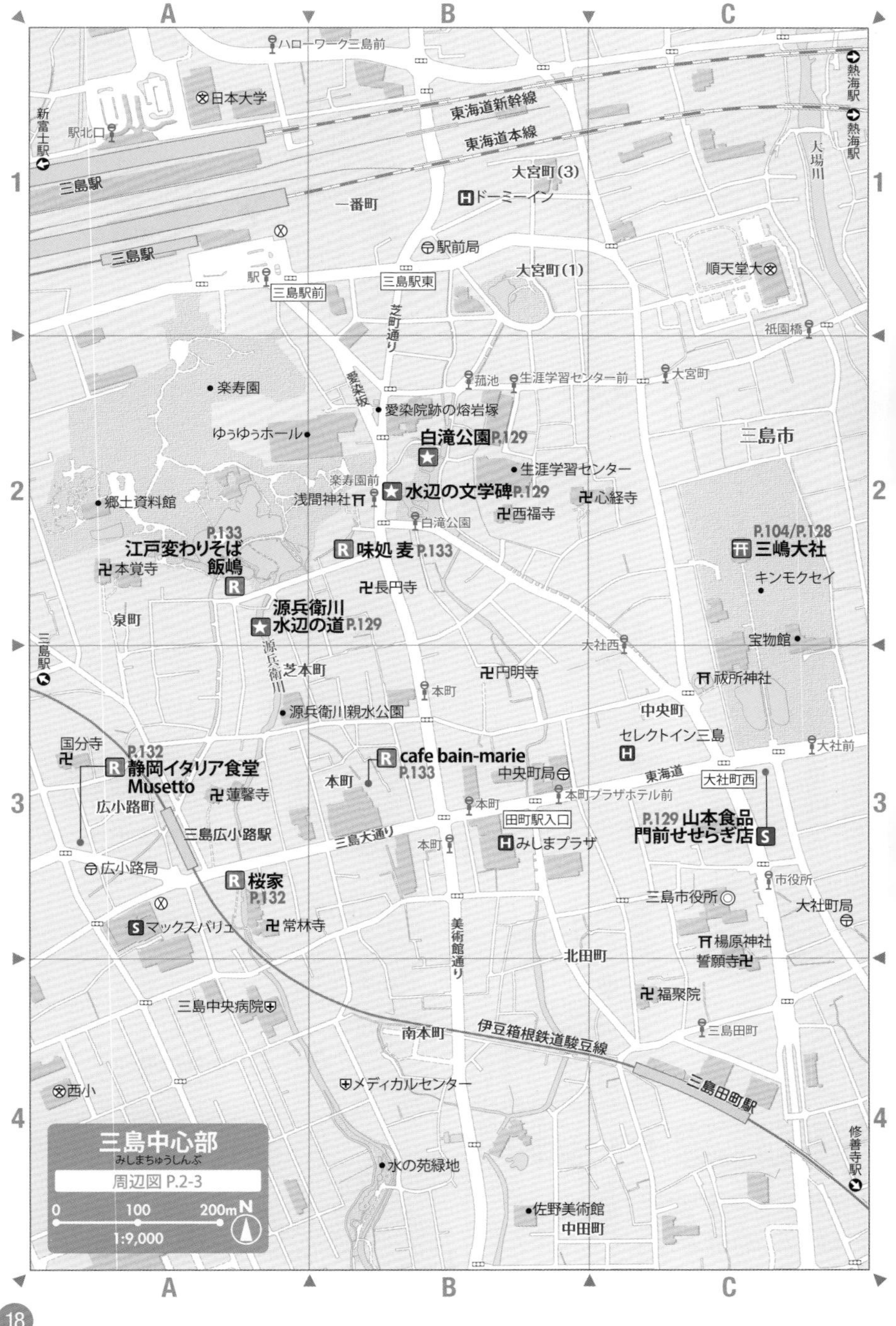
三島中心部
みしまちゅうしんぶ
周辺図 P.2-3
0
100
200m
N
1:9,000
三島駅
新富士駅
熱海駅
三島駅前
三島駅東
日本大学
ハローワーク三島前
駅北口
東海道新幹線
東海道本線
大宮町(3)
ドーミーイン
一番町
駅前局
大宮町(1)
順天堂大
祇園橋
大場川
芝町通り
愛染坂
菰池
生涯学習センター前
大宮町
楽寿園
愛染院跡の熔岩塚
ゆぅゆぅホール
白滝公園 P.129
三島市
生涯学習センター
楽寿園前
浅間神社
水辺の文学碑 P.129
心経寺
西福寺
白滝公園
郷土資料館
P.133
江戸変わりそば
飯嶋
本覚寺
味処 麦 P.133
P.104/P.128
三嶋大社
キンモクセイ
長円寺
泉町
源兵衛川
水辺の道 P.129
源兵衛川
大社西
宝物館
芝本町
円明寺
祓所神社
本町
中央町
源兵衛川親水公園
セレクトイン三島
大社前
国分寺
P.132
静岡イタリア食堂
Musetto
cafe bain-marie
P.133
中央町局
東海道
大社町西
本町
蓮馨寺
本町
本町プラザホテル前
広小路町
田町駅入口
P.129 山本食品
門前せせらぎ店
三島広小路駅
三島大通り
本町
みしまプラザ
広小路局
桜家
P.132
市役所
三島市役所
大社町局
マックスバリュ
常林寺
美術館通り
楊原神社
北田町
誓願寺
福聚院
三島中央病院
南本町
伊豆箱根鉄道駿豆線
三島田町
三島田町駅
西小
メディカルセンター
修善寺駅
水の苑緑地
佐野美術館
中田町

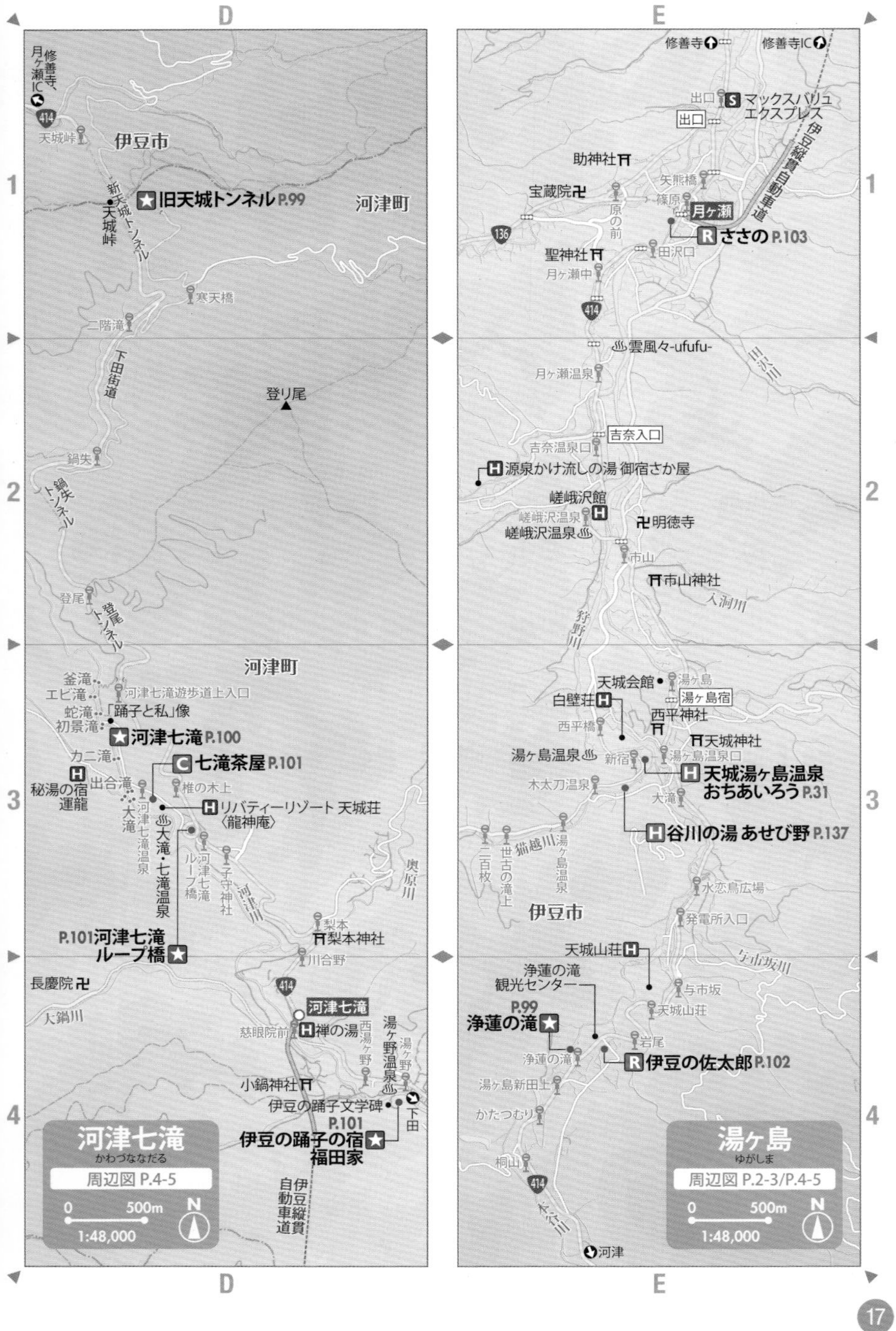
河津七滝
かわづななだる
周辺図 P.4-5
1:48,000
旧天城トンネル P.99
河津七滝 P.100
七滝茶屋 P.101
リバティーリゾート 天城荘〈龍神庵〉
秘湯の宿 運龍
P.101 河津七滝ループ橋
禅の湯
伊豆の踊子の宿 福田家 P.101
伊豆の踊子文学碑
湯ヶ島
ゆがしま
周辺図 P.2-3/P.4-5
1:48,000
マックスバリュ エクスプレス
ささの P.103
雲風々-ufufu-
源泉かけ流しの湯 御宿さか屋
嵯峨沢館
天城会館
白壁荘
天城湯ヶ島温泉 おちあいろう P.31
谷川の湯 あせび野 P.137
天城山荘
浄蓮の滝 観光センター
浄蓮の滝 P.99
伊豆の佐太郎 P.102

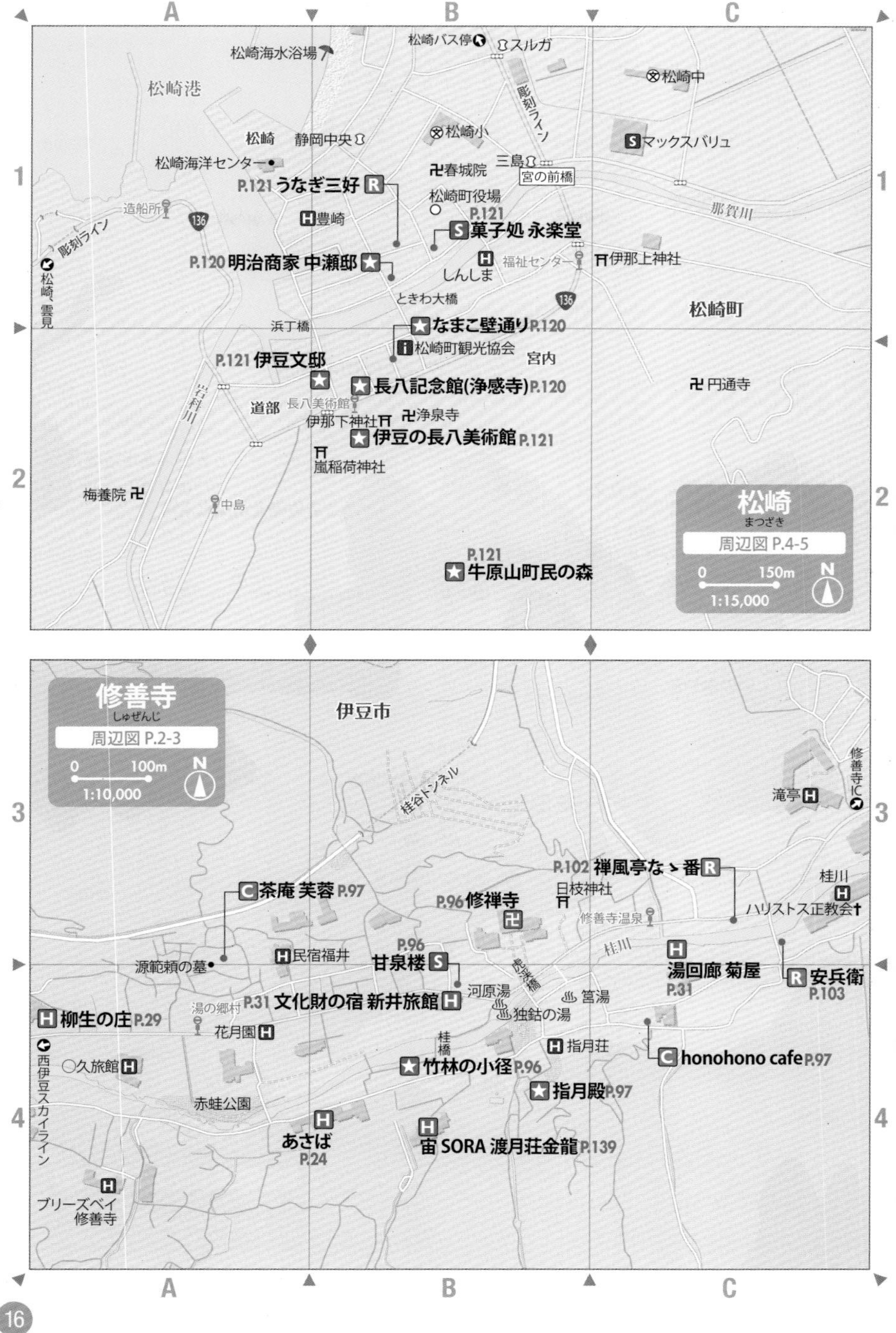
松崎
まつざき
周辺図 P.4-5
1:15,000
松崎海水浴場
松崎港
松崎バス停
スルガ
松崎中
彫刻ライン
松崎小
松崎
静岡中央
マックスバリュ
松崎海洋センター
春城院
三島
宮の前橋
P.121 うなぎ三好
松崎町役場
那賀川
造船所
豊崎
P.121
菓子処 永楽堂
P.120 明治商家 中瀬邸
しんしま
福祉センター
伊那上神社
松崎、雲見
ときわ大橋
松崎町
浜丁橋
なまこ壁通り P.120
松崎町観光協会
宮内
P.121 伊豆文邸
長八記念館(浄感寺) P.120
円通寺
岩科川
道部
長八美術館
伊那下神社
浄泉寺
伊豆の長八美術館 P.121
嵐稲荷神社
梅養院
中島
P.121
牛原山町民の森
修善寺
しゅぜんじ
周辺図 P.2-3
1:10,000
伊豆市
桂谷トンネル
修善寺IC
滝亭
P.102 禅風亭なゝ番
日枝神社
桂川
茶庵 芙蓉 P.97
P.96 修禅寺
ハリストス正教会
修善寺温泉
源範頼の墓
民宿福井
P.96
甘泉楼
湯回廊 菊屋
P.31
安兵衛
P.103
P.31 文化財の宿 新井旅館
河原湯
虎渓橋
筥湯
柳生の庄 P.29
湯の郷村
独鈷の湯
花月園
桂橋
指月荘
西伊豆スカイライン
久旅館
竹林の小径 P.96
honohono cafe P.97
指月殿 P.97
赤蛙公園
あさば
P.24
宙 SORA 渡月荘金龍 P.139
ブリーズベイ修善寺

D
E
F
1
2
3
4
法螺ヶ岳
下田市
八声トンネル
一条竹の子村
下田中
大賀茂
大賀茂小
旧岡方村
毛倉野
大賀茂川
P.90 FONTAINE
青市
多々戸
吉佐美
下田
south café
入田
上賀茂
朝日小
伊豆 薫風
ジャパン下田
入田浜海水浴場 P.85
下田高南伊豆分校
南伊豆中
南中小
BY-THE-SEA
和洋スウィーツカフェ 扇屋製菓 P.91
鯉名川
P.85 吉佐美大浜海水浴場
南伊豆町役場
下賀茂
P.88 郷土割烹 伊豆の味 おか田
南伊豆東小
南伊豆東中
日野
下賀茂温泉湯の花
山海
リブマックス リゾート
碁石浜
下賀茂温泉
下賀茂
田牛
元気な百姓達の花畑 P.35
湊
長谷寺
小さなレストラン しいの木やま P.89
新湊橋
龍宮窟 P.86
田牛海水浴場
竹麻局
湊
手石
青野川
弓ヶ浜温泉
手石
弓ヶ浜海水浴場 P.85
平氏ヶ岳
P.138 季一遊
手石港
弁財天岬
鍋島
小稲
手石の弥陀岩屋
下流
サク根
下流海水浴場
大瀬
アロエセンター
石取根
相模灘
トイ根
蓑掛島
石廊崎
いろうざき
周辺図 P.4-5
0 0.5 1km
1:60,000
N

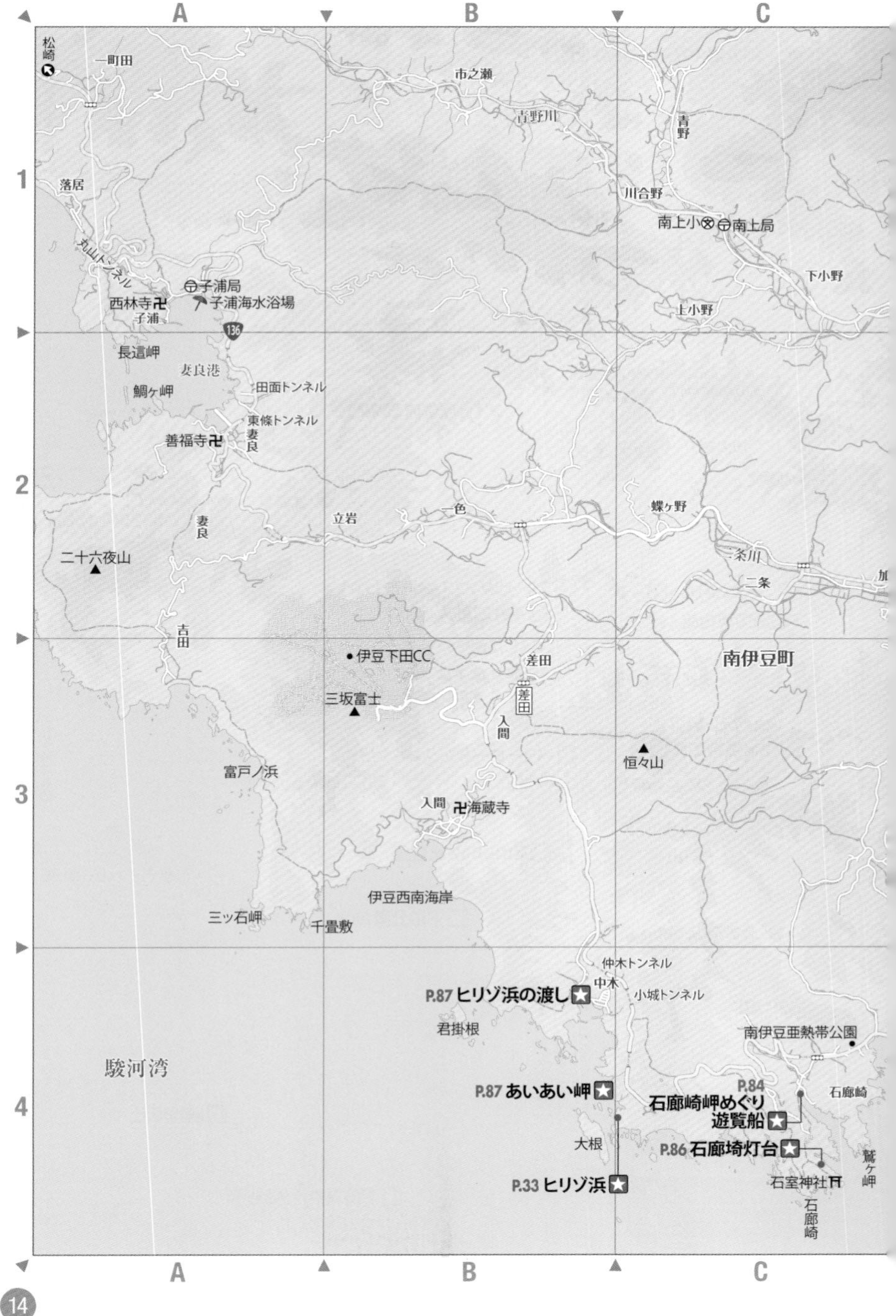
A
B
C
1
2
3
4
松崎
一町田
市之瀬
青野川
青野
落居
川合野
南上小
南上局
丸山トンネル
子浦局
西林寺
子浦
子浦海水浴場
下小野
上小野
136
長津呂岬
妻良港
鯛ヶ岬
田面トンネル
東條トンネル
善福寺
妻良
妻良
立岩
一色
蝶ヶ野
二十六夜山
二条川
二条
加
吉田
伊豆下田CC
差田
南伊豆町
三坂富士
差田
入間
恒々山
富戸ノ浜
入間
海蔵寺
伊豆西南海岸
三ッ石岬
千畳敷
仲木トンネル
中木
小城トンネル
P.87 ヒリゾ浜の渡し
君掛根
南伊豆亜熱帯公園
駿河湾
P.87 あいあい岬
P.84
石廊崎
石廊崎岬めぐり
遊覧船
大根
P.86 石廊埼灯台
鷲ヶ岬
石室神社
P.33 ヒリゾ浜
石廊崎
A
B
C

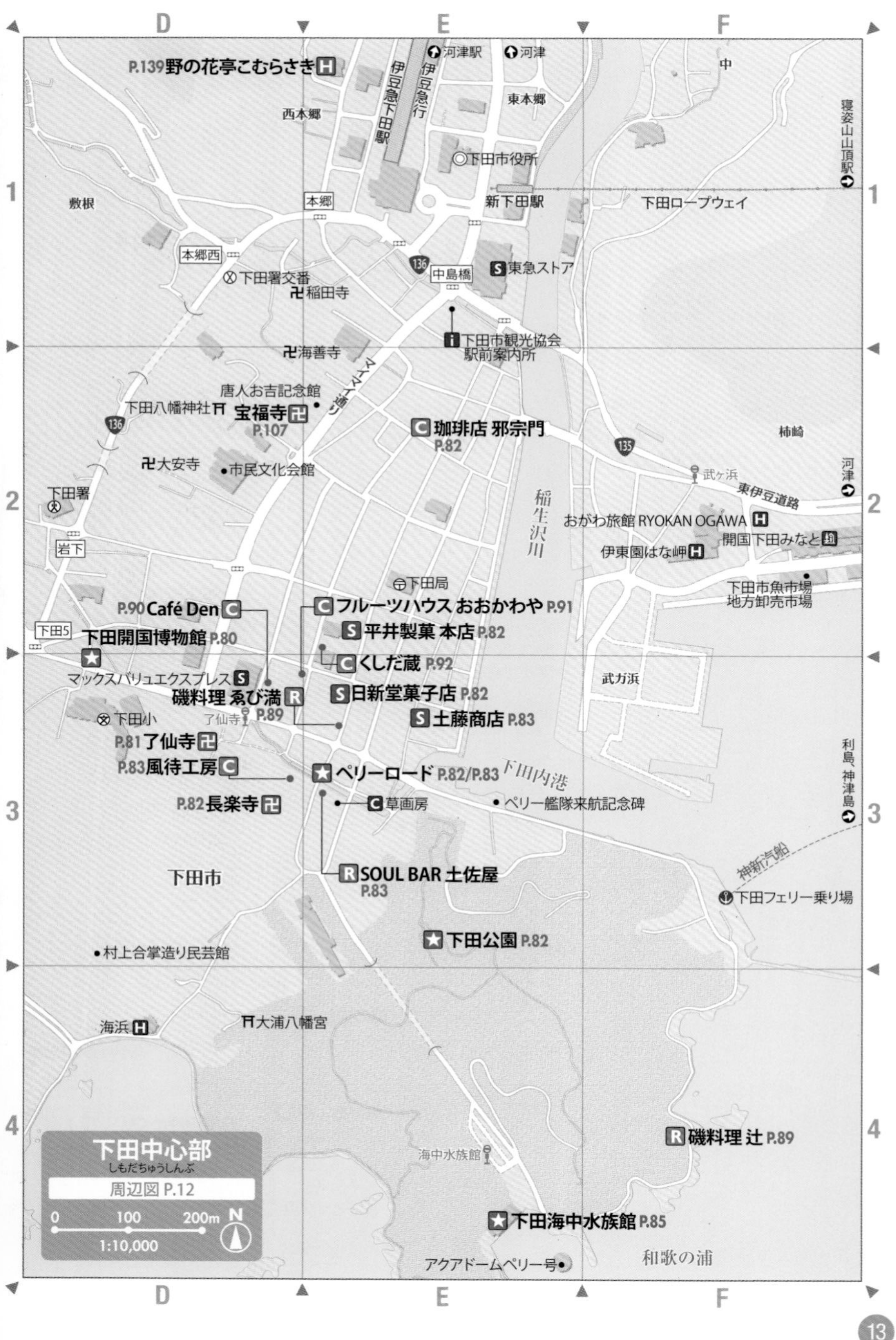
下田中心部
しもだちゅうしんぶ
周辺図 P.12
0 100 200m
1:10,000
N
D
E
F
1
2
3
4
P.139 野の花亭こむらさき
河津駅
河津
伊豆急下田駅
伊豆急行
東本郷
西本郷
寝姿山山頂駅
下田市役所
新下田駅
下田ロープウェイ
敷根
本郷
本郷西
中島橋
東急ストア
下田署交番
稲田寺
下田市観光協会
駅前案内所
海善寺
マイマイ通り
唐人お吉記念館
下田八幡神社
宝福寺
P.107
珈琲店 邪宗門
P.82
柿崎
大安寺
市民文化会館
武ヶ浜
河津
東伊豆道路
下田署
稲生沢川
おがわ旅館 RYOKAN OGAWA
開国下田みなと
伊東園はな岬
岩下
下田局
下田市魚市場
地方卸売市場
P.90 Café Den
フルーツハウス おおかわや P.91
平井製菓 本店 P.82
下田5
下田開国博物館 P.80
くしだ蔵 P.92
マックスバリュエクスプレス
武ガ浜
磯料理 ゑび満
日新堂菓子店 P.82
了仙寺
P.89
土藤商店 P.83
下田小
P.81 了仙寺
利島、神津島
P.83 風待工房
ペリーロード P.82/P.83
下田内港
P.82 長楽寺
草画房
ペリー艦隊来航記念碑
神新汽船
SOUL BAR 土佐屋
P.83
下田市
下田フェリー乗り場
下田公園 P.82
村上合掌造り民芸館
海浜
大浦八幡宮
磯料理 辻 P.89
海中水族館
下田海中水族館 P.85
アクアドーム ペリー号
和歌の浦

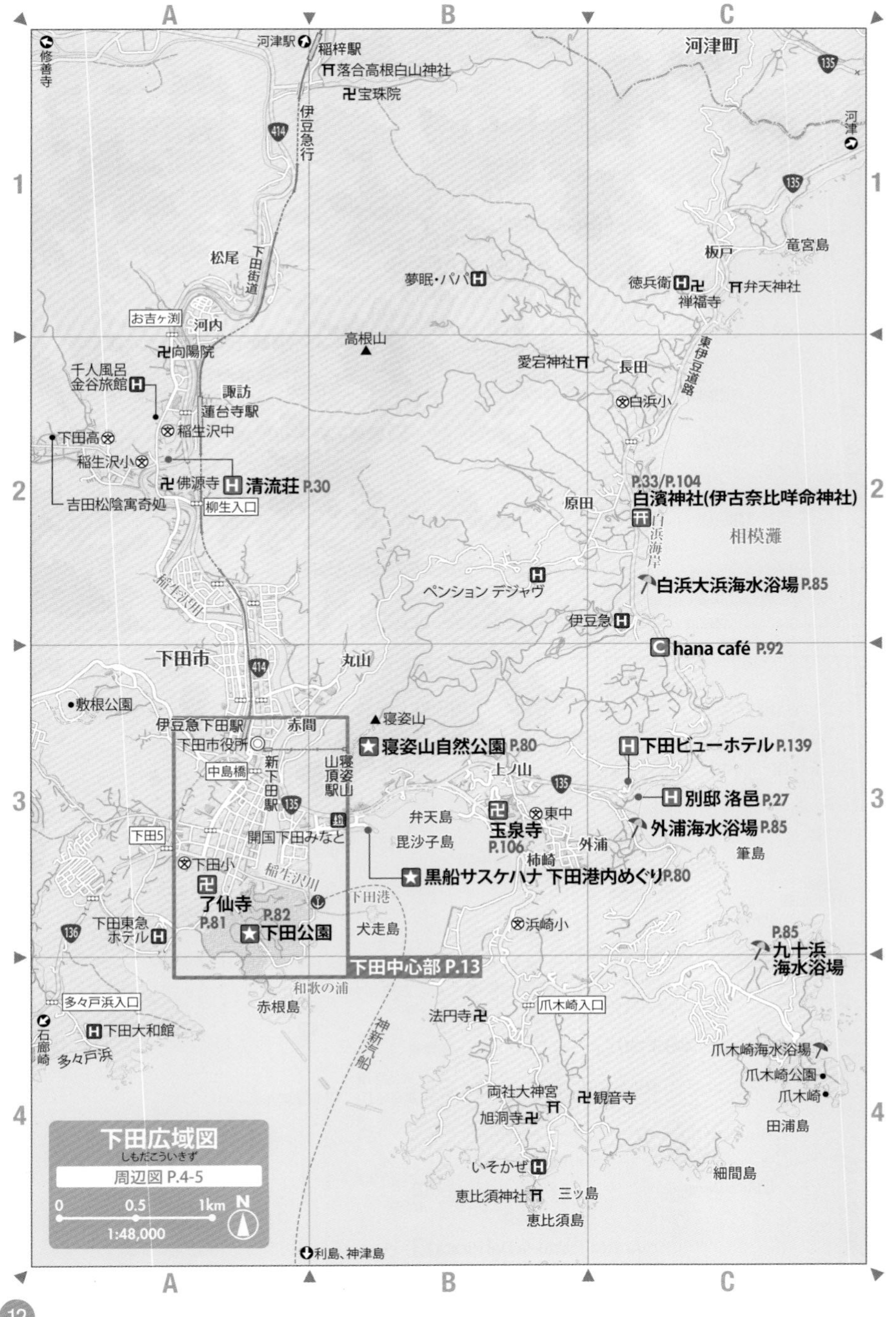

下田広域図
しもだこういきず
周辺図 P.4-5
0 0.5 1km
1:48,000
N
下田市
河津町
相模灘
河津駅
稲梓駅
落合高根白山神社
宝珠院
修善寺
伊豆急行
下田街道
松尾
お吉ヶ渕
河内
向陽院
千人風呂 金谷旅館
諏訪
蓮台寺駅
稲生沢中
下田高
稲生沢小
佛源寺
清流荘 P.30
吉田松陰寓寄処
柳生入口
稲生沢川
高根山
夢眠・パパ
愛宕神社
長田
白浜小
徳兵衛
禅福寺
弁天神社
板戸
竜宮島
東伊豆道路
河津
原田
P.33/P.104
白濱神社(伊古奈比咩命神社)
白浜海岸
白浜大浜海水浴場 P.85
ペンション デジャヴ
伊豆急
hana café P.92
丸山
敷根公園
伊豆急下田駅
赤間
寝姿山
寝姿山自然公園 P.80
下田市役所
中島橋
新下田駅
寝姿山頂駅
上ノ山
下田ビューホテル P.139
別邸 洛邑 P.27
弁天島
玉泉寺 P.106
東中
外浦海水浴場 P.85
毘沙子島
開国下田みなと
外浦
柿崎
筆島
下田5
下田小
黒船サスケハナ 下田港内めぐり P.80
了仙寺 P.81
下田公園 P.82
下田港
犬走島
浜崎小
下田東急ホテル
P.85
九十浜海水浴場
下田中心部 P.13
和歌の浦
赤根島
多々戸浜入口
爪木崎入口
法円寺
石廊崎
下田大和館
多々戸浜
神新汽船
爪木崎海水浴場
爪木崎公園
爪木崎
両社大神宮
観音寺
旭洞寺
田浦島
いそかぜ
細間島
恵比須神社
三ッ島
恵比須島
利島、神津島

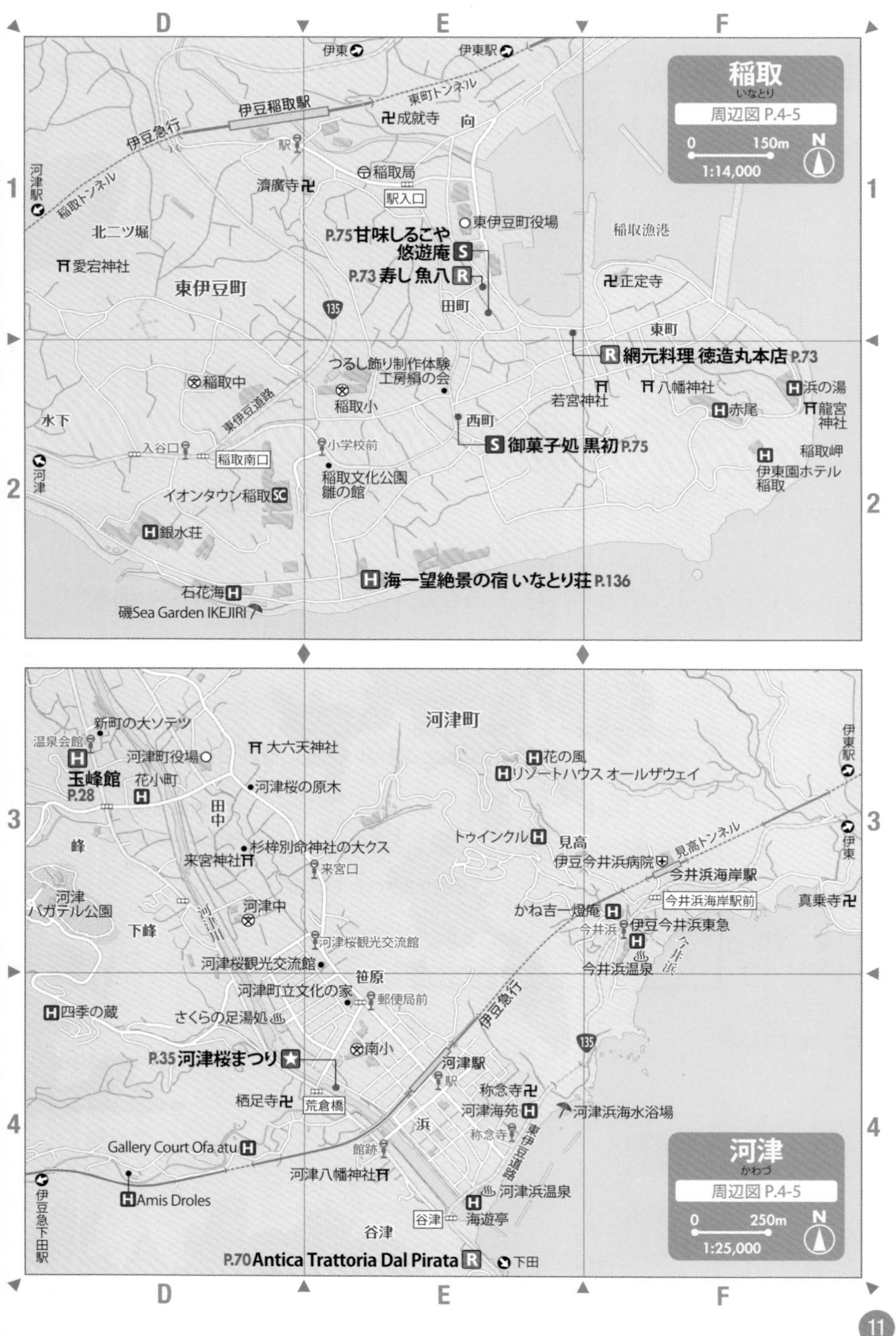

稲取
いなとり
周辺図 P.4-5
0 150m
1:14,000
伊豆稲取駅
伊豆急行
稲取トンネル
東町トンネル
伊東
伊東駅
河津駅
成就寺
稲取局
濟廣寺
駅入口
東伊豆町役場
P.75 甘味しるこや 悠遊庵
P.73 寿し 魚八
北二ツ堀
愛宕神社
東伊豆町
田町
稲取漁港
正定寺
東町
網元料理 徳造丸本店 P.73
つるし飾り制作体験 工房絹の会
稲取中
稲取小
東伊豆道路
若宮神社
八幡神社
浜の湯
赤尾
龍宮神社
水下
西町
御菓子処 黒初 P.75
稲取岬
入谷口
稲取南口
小学校前
稲取文化公園 雛の館
伊東園ホテル稲取
河津
イオンタウン稲取
銀水荘
海一望絶景の宿 いなとり荘 P.136
石花海
磯Sea Garden IKEJIRI
河津
かわづ
周辺図 P.4-5
0 250m
1:25,000
河津町
新町の大ソテツ
温泉会館
河津町役場
大六天神社
玉峰館 P.28
花小町
河津桜の原木
花の風
リゾートハウス オールザウェイ
伊東駅
田中
峰
杉桙別命神社の大クス
来宮神社
来宮口
トゥインクル
見高
伊豆今井浜病院
見高トンネル
今井浜海岸駅
伊東
河津バガテル公園
河津中
下峰
河津川
河津桜観光交流館
今井浜海岸駅前
かね吉一燈庵
今井浜
伊豆今井浜東急
真乗寺
今井浜温泉
笹原
河津町立文化の家
郵便局前
四季の蔵
さくらの足湯処
伊豆急行
南小
P.35 河津桜まつり
河津駅
称念寺
栖足寺
荒倉橋
河津海苑
河津浜海水浴場
浜
東伊豆道路
Gallery Court Ofa atu
館跡
河津八幡神社
伊豆急下田駅
Amis Droles
河津浜温泉
谷津
海遊亭
P.70 Antica Trattoria Dal Pirata
下田

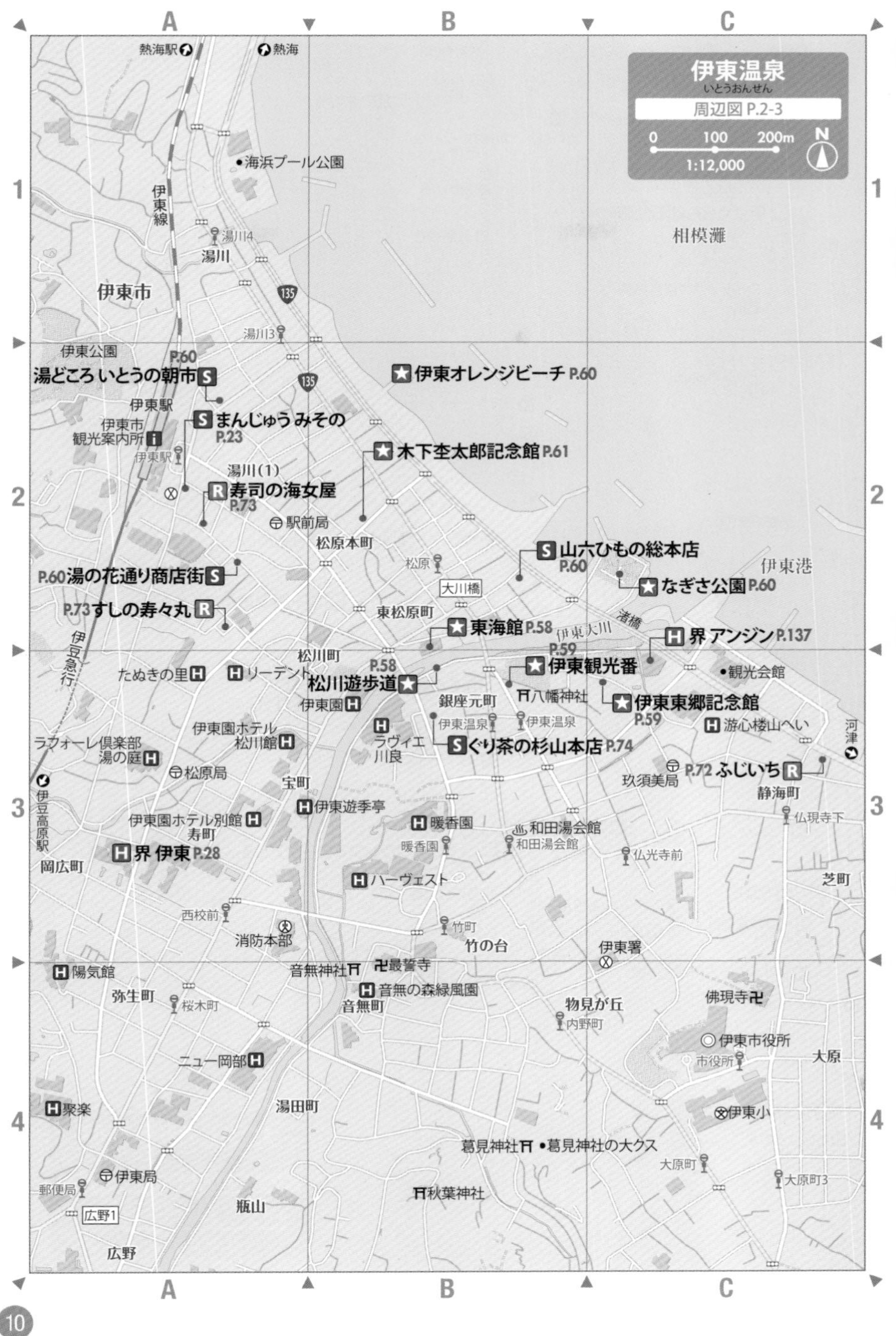
伊東温泉
いとうおんせん
周辺図 P.2-3
1:12,000
熱海駅
熱海
海浜プール公園
伊東線
湯川
伊東市
相模灘
伊東公園
湯どころ いとうの朝市 P.60
伊東オレンジビーチ P.60
伊東駅
まんじゅう みその P.23
伊東市観光案内所
木下杢太郎記念館 P.61
湯川(1)
寿司の海女屋 P.73
駅前局
松原本町
山六ひもの総本店 P.60
伊東港
P.60 湯の花通り商店街
なぎさ公園 P.60
大川橋
P.73 すしの寿々丸
東松原町
東海館 P.58
伊東大川
渚橋
界 アンジン P.137
伊豆急行
松川町
伊東観光番 P.59
たぬきの里
リーデント
松川遊歩道 P.58
八幡神社
観光会館
伊東園
銀座元町
伊東東郷記念館 P.59
伊東園ホテル松川館
ラヴィエ川良
ぐり茶の杉山本店 P.74
游心楼山へい
河津
ラフォーレ倶楽部 湯の庭
松原局
玖須美局
P.72 ふじいち
宝町
静海町
伊豆高原駅
伊東遊季亭
仏現寺下
伊東園ホテル別館
暖香園
和田湯会館
寿町
界 伊東 P.28
岡広町
仏光寺前
ハーヴェスト
芝町
西校前
竹町
消防本部
竹の台
伊東署
陽気館
音無神社
最誓寺
弥生町
桜木町
音無の森緑風園
音無町
物見が丘
佛現寺
内野町
伊東市役所
ニュー岡部
市役所
大原
聚楽
湯田町
伊東小
葛見神社
葛見神社の大クス
大原町
大原町3
伊東局
郵便局
秋葉神社
広野1
瓶山
広野

大室山・伊豆高原
おおむろやま・いずこうげん
周辺図 P.2-3/P.4-5
0
300
600m
1:28,000
N
伊東
一本のえんぴつ
伊東駅
リゾートホテル
シャトー・レ・ブルー
永昌寺
富戸小
花生の郷
陽だまりの丘
富戸駅
清富寺
コミュニティーセンター前
グランパル入口
富戸簡易局
伊豆ぐらんぱる公園 P.67
富戸
ぐらんぱる公園
三島神社
大室高原
豆ガラスと
芸美術館
コルテラルゴ伊豆高原
西下入口
東大室
東大室
ウブドの森
伊豆高原
ポイントバケーション
伊豆高原
源泉かけ流しとマリンランプの宿
ナチュラルリゾートISANA
市場入口
富戸トンネル
ピッコラルージュ
光の村
富戸港
玉響の風
払
駿潮場
食事処 ぼら納屋 P.62
先原
城ヶ崎口
城ヶ崎海岸 P.62
離れ御宿
夢のや
伊豆高原温泉 花の雲
池入口
門脇つり橋 P.63
城ヶ崎海岸駅
南回帰線
門脇埼灯台 P.63
JPリゾート
伊豆高原
駅口
リゾートイン暁
宝地寺
ペンション
シーホース
ルネッサ
城ヶ崎
城ヶ崎オレンジ村
P.63
ニューヨークランプミュージアム&
フラワーガーデン
蓮着寺
オレンジ村
伊豆いち路
花月荘
伊豆海洋公園
相模灘
蓮着寺
和食の温泉宿
あかり
スターフィールド
奥の院
レジーナリゾート伊豆無鄰
日蓮崎
リゾート四季香
ジュピター P.70
お宿 さらの木
D
E
F
1
2
3
4

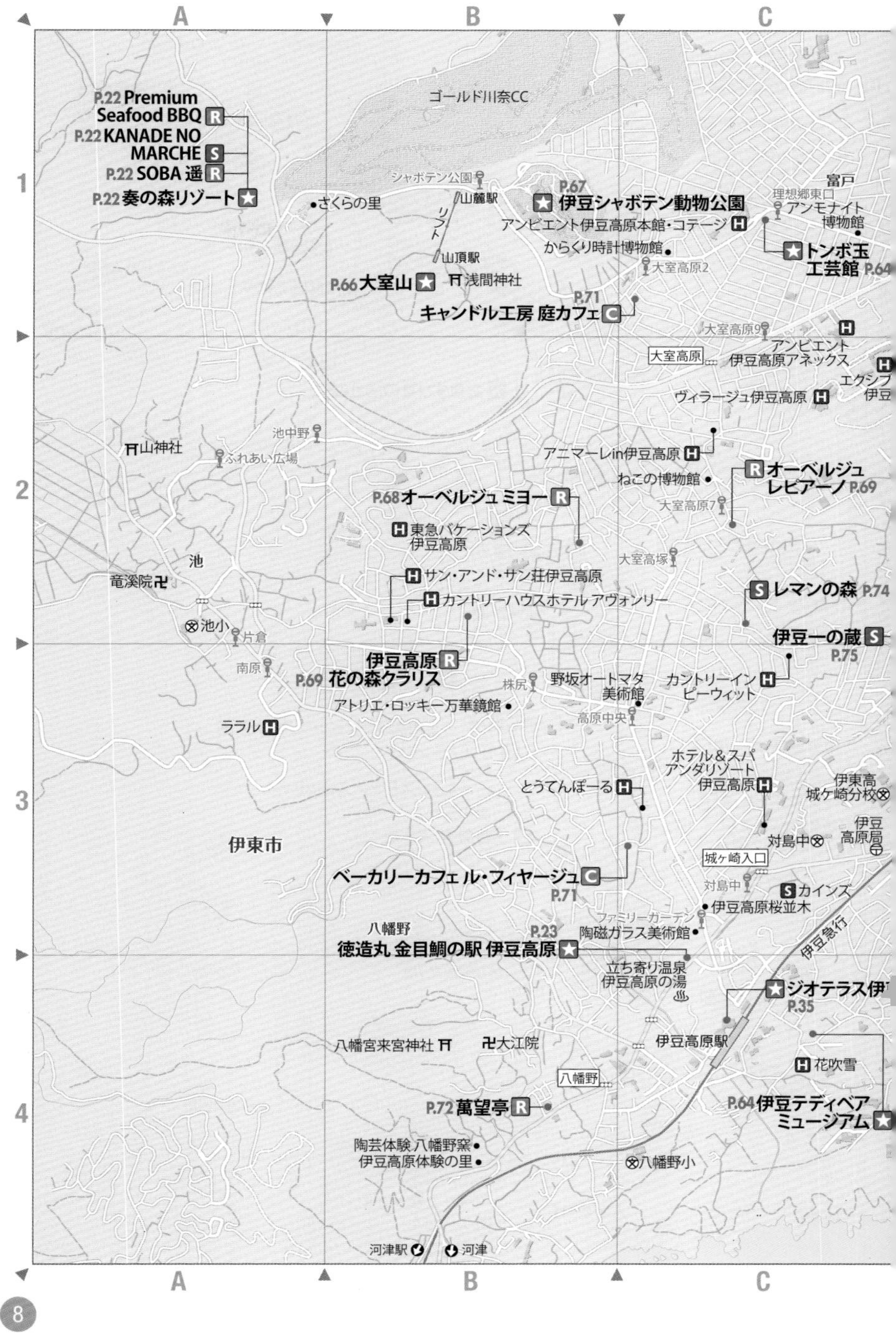
A
B
C
1
2
3
4
P.22 Premium Seafood BBQ R
P.22 KANADE NO MARCHE S
P.22 SOBA 遥 R
P.22 奏の森リゾート
ゴールド川奈CC
シャボテン公園
さくらの里
山麓駅
リフト
山頂駅
P.66 大室山
浅間神社
P.67 伊豆シャボテン動物公園
アンビエント伊豆高原本館・コテージ H
からくり時計博物館
大室高原2
P.71 キャンドル工房 庭カフェ C
富戸
理想郷東口
アンモナイト博物館
トンボ玉工芸館 P.64
大室高原9
H
アンビエント伊豆高原アネックス
大室高原
H
エクシブ伊豆
ヴィラージュ伊豆高原 H
池中野
山神社
ふれあい広場
アニマーレin伊豆高原 H
ねこの博物館
R オーベルジュ レピアーノ P.69
P.68 オーベルジュ ミヨー R
大室高原7
H 東急バケーションズ 伊豆高原
池
大室高塚
竜溪院
H サン・アンド・サン荘伊豆高原
S レマンの森 P.74
H カントリーハウスホテル アヴォンリー
池小
片倉
伊豆一の蔵 S P.75
南原
伊豆高原 R
P.69 花の森クラリス
株尻
野坂オートマタ美術館
カントリーイン ピーウィット H
アトリエ・ロッキー万華鏡館
高原中央
ララル H
ホテル＆スパ アンダリゾート 伊豆高原 H
とうてんぼーる H
伊東高 城ケ崎分校
伊豆高原局
伊東市
対島中
城ケ崎入口
ベーカリーカフェ ル・フィヤージュ C
P.71
対島中
S カインズ
ファミリーガーデン
伊豆高原桜並木
八幡野
P.23
陶磁ガラス美術館
徳造丸 金目鯛の駅 伊豆高原
伊豆急行
立ち寄り温泉 伊豆高原の湯
ジオテラス伊豆
P.35
八幡宮来宮神社
大江院
伊豆高原駅
H 花吹雪
八幡野
P.72 萬望亭 R
P.64 伊豆テディベアミュージアム
陶芸体験 八幡野窯
伊豆高原体験の里
八幡野小
河津駅
河津

熱海中心部
あたみちゅうしんぶ
周辺図 P.6
0 100 200m
1:10,000
N
D
E
F
1
2
3
4
小田原駅
湯河原駅
家康の湯 P.40
Cafe Agir P.43
駅前
熱海駅
第一ビル アタミックス 名店街
弥生
湯河原
春日町
P.52 いいらまんじゅう 阿部商店
熱海駅前仲見世通り商店街
御菓子処 一楽 P.53
大観荘
駅前局
伊東園
KKRホテル熱海
和食処 こばやし P.50
伊東線
東海道本線
東海道新幹線
仲見世入口
大学病院前
医王寺
月の栖
リゾーピア
さくらや旅館
松喜旅館
岸浅次郎商店 P.42
お魚すり身の店 山田屋 P.42
三島駅
咲見町
シーズン
咲見町
お宮の松
藤森稲荷神社
小沢の湯 P.42
大江戸温泉物語 あたみ
お宮の松
来宮駅
夢いろは
大月ホテル 和風館
熱海シーサイドスパ&リゾート
P.52 本家ときわぎ
熱海銀座 P.41
日航亭
古屋
熱海サンビーチ
P.49 カフェ ドゥ シュマン
海幸楽膳 釜つる P.51
温泉寺
ニューフジヤ
東海岸町
P.43 ボンネット
三木製菓 P.53
熱海市役所
総合庁舎入口
寿し忠 P.51
熱海サンビーチ/親水公園 P.40
中央町
中華飯店 大一楼
てんぷら 鶴吉 P.49
糸川
モンブラン P.52
市役所前
銀座
銀座
P.43 ジャズ喫茶 ゆしま
レストラン スコット P.48
まさる P.51
芸妓見番(湯めまち をどり華の舞) P.41
山木旅館
住吉屋 熱海本店 P.53
中央町
渚町
熱海港
大島、初島
初川
清水町
初川橋
東海汽船・富士急マリンリゾート
P.50 和食処 天匠
リブマックスリゾート 熱海Ocean
起雲閣
昭和町
昭和町
熱海山口 美術館
遊覧船乗り場
立花
親水公園
起雲閣 P.42/P.45
玉の湯
染井 P.42
ニュー タカハシ
和田たばこ店
金城館
和田浜南町
マリンスパあたみ
大野屋
マリンスパ熱海入口
和田
サンミ倶楽部
浄水管理 センター
サンレモ 公園
熱海港
八幡神社
和田町
ウオミサキ
伊東

熱海広域図
あたみこういきず
周辺図 P.2-3
0 0.5 1km
1:64,000
N
箱根
十国峠ケーブルカー
PANORAMA TERRACE 1059 P.36
東光寺
十国峠登り口駅
十国峠駅
熱海街道
熱海峠
岩戸山
姫の沢公園
熱海市
函南町
小田原駅
湯河原駅
小田原
泉越トンネル
東海道本線
東海道新幹線
春陽亭 P.48
熱海ビーチライン
弁天岩
P.44 伊豆山神社
P.30 ホテルグランバッハ熱海クレッシェンド
般若院
西熱海GC
熱海GC
伊豆山温泉
鷹ノ巣山トンネル
鷹ノ巣山
P.46 MOA美術館
池田満寿夫・佐藤陽子創作の家
三島駅
P.44 來宮神社
熱海中心部 P.7
熱海駅
新丹那トンネル
丹那トンネル
東海道新幹線
東海道本線
来宮駅
熱海温泉
熱海梅園
お宮の松
伊豆スカイライン P.34
双柿舎
熱海市役所
糸川
初川
P.26 ふふ 熱海 木の間の月
熱海港
星野リゾート リゾナーレ熱海
和田川
P.138 あたみ石亭
ATAMI BAY RESORT KORAKUEN
オーシャンスパ Fuua P.47
玄岳
P.47 熱海城
魚見崎
ホテルニューアカオ P.23
伊東線
錦ケ浦 P.47
錦ケ浦
P.47 ACAO FOREST
不動トンネル
雀岩
P.54 戸田幸四郎絵本美術館
二ッ根
赤根トンネル
赤根崎
神楽岩
大川
相模灘
伊豆の国市
景徳院
宝泉寺
伊豆多賀駅
熱海市
伊豆スカイライン
長浜海浜公園
長浜海水浴場
熱海高
P.54 池田満寿夫記念館
P.54 網代ひもの銀座
下多賀神社
山伏峠
中野海水浴場
網代漁港
宮川
津島神社
マリンホール
多賀中
新網代トンネル
立岩
伊東線
網代温泉
屛風岩
仲川
網代駅
海のはな
網代朝日山公園
和田木神社
松風苑
水神川
宇佐美トンネル
P.25 山flat
伊東駅
伊東

D
E
F
1
2
3
4
伊豆ハイツGC
P.2-3
天城高原
遠笠山
天城高原GC
万三郎岳
天城山
伊豆高原
伊東市
大室山 P.66
城ヶ崎海岸駅
城ヶ崎海岸 P.62
伊豆高原駅
大室山・伊豆高原 P.8-9
ABBA RESORTS IZU - 坐漁荘 P.27
赤沢迎賓館 P.137
135
八丁池
昭和の森
東伊豆町
伊豆大川駅
磯の湯
つるや吉祥亭
吉祥CAREN
黒根岩風呂
北川温泉
伊豆北川駅
穴切港
熱川 右下図
高磯の湯
伊豆熱川駅
熱川温泉
P.35 稲取細野高原
稲取GC
白田温泉
片瀬温泉
片瀬白田駅
伊豆アニマルキングダム
P.67
トモロ岬
河津町
稲取漁港
伊豆稲取駅
稲取 P.11上図
稲取温泉
河津川
峰温泉
今井浜海岸駅
河津駅
河津 P.11下図
河津浜温泉
鬼ヶ崎
伊豆急行
135
伊豆南部
いずなんぶ
周辺図 本書P.2-3
0 2 4km
1:200,000
N
下田広域図 P.12
本根岬
相模灘
白濱神社(伊古奈比咩命神社) P.33/P.104
白浜大浜海水浴場 P.85
135
爪木崎
熱川
あたがわ
0 200m
1:16,000
N
向町
濁川
熱川プリンス
熱川局
135
奈良本
奈良本局
熱川口
松葉
熱川バナナワニ園 P.67
伊豆熱川駅
バナナワニ園分園
伊豆熱川荘
熱川支所
東伊豆道路
熱川温泉
熱川トンネル
伊豆急行
伊東園
六本松
カネカ

伊豆市
嵯峨沢温泉
国士峠
八木沢温泉
湯ヶ島温泉
湯ヶ島GC&ホテル薫苑
下田街道
P.119 恋人岬
天城牧場
浄蓮の滝 P.99
湯ヶ島 P.17右図
仁科峠
宇久須温泉
P.111 伊豆近代文学博物館
駿河湾
宇久須港
天城越え
P.119 黄金崎
河津七滝 P.17左図
大滝
西伊豆町
P.99 旧天城トンネル
天城峠
登り尾
P.118 大田子海岸
笠蓋山
田子島
田子漁港
諸坪峠
尊之島
天窓洞 P.34/P.117
P.100 河津七滝
浮島海岸
堂ヶ島マリン P.117
長九郎山
P.117 堂ヶ島のトンボロ
魚季亭 P.123
宝蔵院
高島
堂ヶ島食堂 P.123
P.116 堂ヶ島
河津七滝
P.124 沢田公園露天風呂
堂ヶ島温泉
大鍋越
湯ヶ野温泉
P.121 イタリアンレストラン サルーテ
P.119 乗浜海水浴場
伊豆縦貫自動車道
仁科川
「花の三聖苑」伊豆松崎
松崎港
松崎 P.16上図
大澤温泉 野天風呂 山の家 P.124
松崎温泉
河津逆川
P.119 岩地海水浴場
田んぼをつかった花畑 P.35
P.34 岩地海岸
松崎町
婆娑羅山
黒崎
P.33 雲見海岸
P.121 国指定重要文化財 岩科学校
P.34 雲見浅間神社
石部温泉
婆娑羅峠
雲見温泉
千貫門
稲梓駅
マーガレットライン
蛇石峠
蓮台寺温泉
蓮台寺
波勝崎モンキーベイ
波勝崎
南伊豆町
下田市
石廊崎 P.14-15
伊豆急下田駅
下田温泉
開国下田みなと
下田公園 P.82
宇留井島
赤根島
妻良漁港
下賀茂温泉 湯の花
下賀茂温泉
伊豆下田CC
手石港
鍬崎
三ツ石岬
手石の弥陀岩屋
石廊崎
蓑掛島
石廊埼灯台 P.86

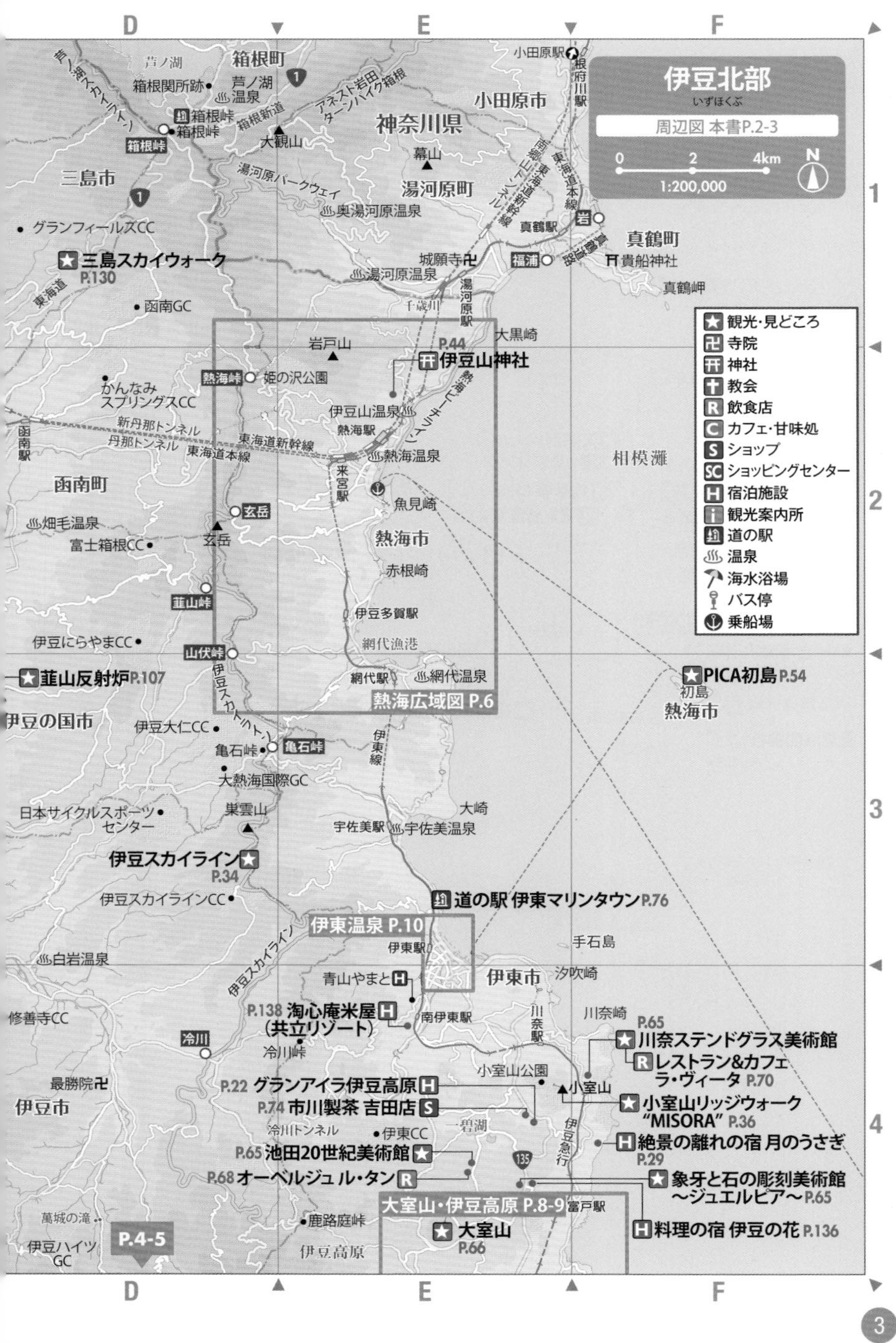

伊豆北部
いずほくぶ
周辺図 本書P.2-3
0 2 4km
1:200,000
N
観光・見どころ
寺院
神社
教会
飲食店
カフェ・甘味処
ショップ
ショッピングセンター
宿泊施設
観光案内所
道の駅
温泉
海水浴場
バス停
乗船場
D
E
F
1
2
3
4
箱根町
芦ノ湖
箱根関所跡
芦ノ湖温泉
箱根峠
箱根新道
大観山
三島市
湯河原パークウェイ
神奈川県
小田原市
幕山
湯河原町
奥湯河原温泉
グランフィールズCC
三島スカイウォーク P.130
東海道
函南GC
湯河原温泉
城願寺
真鶴駅
真鶴町
貴船神社
真鶴岬
小田原駅
根府川駅
東海道本線
東海道新幹線
湯河原駅
千歳川
大黒崎
岩戸山
伊豆山神社 P.44
熱海峠
姫の沢公園
かんなみスプリングスCC
伊豆山温泉
熱海駅
熱海温泉
新丹那トンネル
丹那トンネル
函南駅
函南町
来宮駅
魚見崎
相模灘
玄岳
畑毛温泉
富士箱根CC
熱海市
赤根崎
韮山峠
伊豆多賀駅
網代漁港
伊豆にらやまCC
山伏峠
網代駅
網代温泉
韮山反射炉 P.107
熱海広域図 P.6
PICA初島 P.54
初島
伊豆の国市
伊豆大仁CC
亀石峠
伊東線
大熱海国際GC
日本サイクルスポーツセンター
巣雲山
大崎
宇佐美駅
宇佐美温泉
伊豆スカイライン P.34
伊豆スカイラインCC
道の駅 伊東マリンタウン P.76
伊東温泉 P.10
手石島
伊東駅
白岩温泉
青山やまと
伊東市
汐吹崎
P.138 淘心庵米屋（共立リゾート）
南伊東駅
川奈崎
修善寺CC
冷川
冷川峠
川奈駅
P.65 川奈ステンドグラス美術館
レストラン&カフェ ラ・ヴィータ P.70
最勝院
小室山公園
小室山
P.22 グランアイラ伊豆高原
小室山リッジウォーク "MISORA" P.36
伊豆市
P.74 市川製茶 吉田店
一碧湖
冷川トンネル
伊東CC
絶景の離れの宿 月のうさぎ P.29
P.65 池田20世紀美術館
伊豆急行
P.68 オーベルジュ ル・タン
象牙と石の彫刻美術館 ～ジュエルピア～ P.65
大室山・伊豆高原 P.8-9
富戸駅
萬城の滝
鹿路庭峠
大室山 P.66
料理の宿 伊豆の花 P.136
伊豆ハイツGC
P.4-5
伊豆高原

富士市
静岡県
長泉町
沼津市
清水町
駿河湾
伊豆市
P.131 長泉町井上靖文学館
P.131 ベルナール・ビュフェ美術館
P.131 クレマチスの丘
三島中心部 P.18
三嶋大社 P.104/P.128
沼津中心部 P.19
P.130 柿田川公園
P.131 千本浜公園
P.131 沼津御用邸記念公園
大瀬崎 P.119
P.36 伊豆パノラマパーク
P.31 安田屋旅館
P.118 煌めきの丘
P.118 出逢い岬
P.107 戸田造船郷土資料博物館
P.122 さかなや魚清
の一食堂 P.123
P.122 丸吉食堂
P.96 修禅寺
修善寺 P.16下図
湯ヶ島 P.17右図
P.119 旅人岬
P.119 土肥海水浴場
新東名高速道路
東名高速道路
東海道新幹線
東海道本線
駿河湾沼津SIC
駿河湾沼津SA
長泉沼津IC
沼津IC
長泉JCT
愛鷹PA
愛鷹SIC
沼津岡宮
御殿場JCT
御殿場JCT
御殿場駅
裾野市
裾野駅
東名CC
沼津国際CC
沼津GC
愛鷹シックスハンドレッドクラブ
新沼津CC
新静岡IC
静岡IC
大棚の滝
沼津港
香貫山
徳倉山
本城山公園
伊豆ゲートウェイ函南
牛臥海岸
江浦湾
淡島
京風料亭旅館 正平荘
伊豆長岡温泉 割烹旅館新叶
ららラサンビーチ
葛城山
大瀬神社
若松崎
戸田港
くるら戸田
真城峠
金冠山
戸田峠（船原峠）
達磨山
西伊豆スカイライン
伊豆国際CC
虹の郷
修善寺奥の院
修善寺温泉
ラフォーレ修善寺&CC
フジ天城GC
旭滝
宝蔵院
天城ふるさと広場
善名寺
嵯峨沢温泉
国士峠
土肥峠
小土肥温泉
粋松亭
土肥港
土肥温泉
沼津駅
原駅
片浜駅
千本松原
三島駅
大岡駅
三島田町駅
三島二日町駅
下土狩駅
長泉なめり駅
伊豆仁田駅
原木駅
韮山駅
願成就院
伊豆長岡駅
大場駅
大仁駅
牧之郷駅
三島加茂
三島塚原
三島玉沢
大場・函南
函南塚本
長岡北
伊豆長岡
大仁中央
大仁南
熊坂
修善寺
大平
月ヶ瀬
長泉
三島萩
伊豆縦貫自動車道
伊豆箱根鉄道
伊豆中央道
修善寺道路
御殿場線
黄瀬川
狩野川
田子の浦
岳南電車
吉原駅
岳南原田駅
比奈駅
岳南富士岡駅
須津駅
神谷駅
岳南江尾駅
東田子の浦駅
沼川
静岡駅

MAP

付録 街歩き地図

伊豆

伊豆

伊豆北部 付録P.2-3
静岡県
神奈川県
富士市
御殿場市
裾野市
長泉町
沼津市
清水町
三島市
函南町
箱根町
小田原市
湯河原町
真鶴町
熱海市
伊豆の国市
伊東市
伊豆市
駿河湾
相模灘
新東名高速道路
東名高速道路
東海道新幹線
東海道本線
伊豆縦貫自動車道
伊豆箱根鉄道
伊豆中央道
伊東線
伊豆スカイライン
西伊豆スカイライン
箱根スカイライン
芦ノ湖スカイライン
箱根新道
アネスト岩田ターンパイク箱根
湯河原パークウェイ
真鶴道路
熱海ビーチライン
御殿場JCT
駒門PA
駒門SIC
裾野IC
長泉沼津IC
長泉JCT
沼津IC
沼津岡宮
愛鷹PA
愛鷹SIC
駿河湾沼津SIC
駿河湾沼津SA
新富士IC
富士IC
三島萩
三島加茂
三島塚原
三島玉沢
大場・函南
函南塚本
長岡北
伊豆長岡
大仁中央
大仁南
熊坂
修善寺
太平
冷川
亀石峠
山伏峠
韮山峠
玄岳
熱海峠
箱根峠
福浦
岩
早川
箱根口
田原西
★三島スカイウォーク P.130
★千本浜公園 P.131
P.131 沼津御用邸記念公園★
P.119 大瀬崎★
★韮山反射炉 P.107
伊豆スカイライン★ P.34
P.96 修禅寺卍
P.76 道の駅 伊東マリンタウン
伊豆ゲートウェイ函南
伊豆のへそ
くるら戸田
越前岳
位牌岳
愛鷹山
神山
駒ケ岳
二子山
箱根山
大観山
幕山
岩戸山
玄岳
葛城山
徳倉山
巣雲山
金冠山
達磨山
小室山
真城峠
戸田峠（船原峠）
湖尻峠
長尾峠
韮山峠
冷川峠
大瀬神社
大瀬崎
若松崎
淡島
江浦湾
内浦湾
沼津港
戸田港
初島
魚見崎
赤根崎
網代漁港
大崎
手石島
汐吹崎
川奈崎
真鶴岬
熱海温泉
伊豆山温泉
湯河原温泉
奥湯河原温泉
芦ノ湖温泉
畑毛温泉
古奈温泉
伊豆長岡温泉
修善寺温泉
白岩温泉
網代温泉
宇佐美温泉
小土肥温泉
大棚の滝
玉簾の滝
飛竜ノ滝
旭滝
虹の郷
牛臥海岸
本城山公園
日本サイクルスポーツセンター
城願寺
最勝院
宝蔵院
箱根関所跡
芦ノ湖
新丹那トンネル
丹那トンネル
冷川トンネル
一碧湖
富士岡駅
岩波駅
裾野駅
長泉なめり駅
下土狩駅
三島駅
三島広小路駅
三島田町駅
三島二日町駅
大場駅
伊豆仁田駅
原木駅
韮山駅
伊豆長岡駅
田京駅
大仁駅
牧之郷駅
修善寺駅
函南駅
来宮駅
熱海駅
伊豆多賀駅
網代駅
宇佐美駅
伊東駅
南伊東駅
川奈駅
湯河原駅
真鶴駅
根府川駅
早川駅
小田原駅
強羅駅
沼津駅
大岡駅
片浜駅
原駅
東田子の浦駅
吉原駅
富士駅
新富士駅
岳南電車
岳南原田駅
本吉原駅
比奈駅
岳南富士岡駅
須津駅
神谷駅
岳南江尾駅
田子の浦
千本松原
狩野川
黄瀬川
沼川
千歳川
清水港
箱根登山鉄道
伊豆急行

伊豆全図
いずぜんず
0
3
6km
1:270,000
N
城ヶ崎海岸
P.62
P.66
大島
伊豆高原
城ヶ崎海岸駅
伊豆高原駅
天城高原
遠笠山
万三郎岳
天城山
嵯峨沢温泉
湯ヶ島温泉
八木沢温泉
P.119
恋人岬
浄蓮の滝
P.99
下田街道
仁科峠
天城越え
宇久須温泉
宇久須港
駿河湾
黄金崎
P.119
大滝
八丁池
昭和の森
伊豆大川駅
西伊豆町
東伊豆町
北川温泉
伊豆北川駅
天城峠
登り尾
穴切港
笠蓋山
伊豆熱川駅
熱川温泉
田子漁港
諸坪峠
片瀬温泉
白田温泉
片瀬白田駅
河津七滝
P.100
河津町
長九郎山
宝蔵院
トモロ岬
伊豆稲取駅
堂ヶ島温泉
河津七滝
湯ヶ野温泉
大鍋越
今井浜海岸駅
稲取漁港
稲取岬
稲取温泉
伊豆縦貫自動車道
仁科川
松崎港
「花の三聖苑」伊豆松崎
松崎温泉
峰温泉
河津川
河津逆川
来宮神社
萩谷崎
黒崎
松崎町
婆娑羅山
河津トンネル
伊豆急行
河津駅
河津浜温泉
鬼ヶ崎
石部温泉
婆娑羅峠
下田市
千貫門
雲見温泉
稲梓駅
本根岬
マーガレットライン
相模灘
蛇石峠
P.33/P.104
白濱神社
(伊古奈比咩命神社)
蓮台寺温泉
蓮台寺駅
波勝崎
伊豆急下田駅
下田温泉
宇留井島
南伊豆町
開国下田みなと
下田港
妻良漁港
赤根島
爪木崎
田浦島
恵比須島
下賀茂温泉
下賀茂温泉
湯の花
手石港
盥岬
手石の弥陀岩屋
三ツ石岬
奥石廊
蓑掛島
石廊崎
伊豆南部 付録P.4-5
下田市
神子元島
D
E
F

あなただけの
プレミアムな
おとな旅へ！
ようこそ！

SIGHTSEEING

波により地表が削り取られてできた神秘の洞窟

〔龍宮窟〕➡P.86

IZU

伊豆への旅

踊り子の山道、文人の名湯
潮騒の聞こえる多彩な半島

川端康成、三島由紀夫、太宰治…長逗留の文人が多く、ここで書かれた作品も多いから、半島を覆う気分は情緒的だ。あるいは風光明媚な海に囲まれ、山が深く、良質の温泉にも恵まれて、地勢が情緒的なせいで、文人にゆかりが多いのか。車で走れば、東西の海の距離はさほどではなく、西伊豆からは富士山も望めて爽快だが、時間が許せば突端の石廊崎から青い海を眺めたい。遠くへきたという感慨が湧く。名宿も民宿も多いから長逗留はせずとも2泊はしたい。

SIGHTSEEING
火山の噴火口
跡が残るお椀型
の山から眺望を
楽しむ
大室山 ➡P.66
SIGHTSEEING
干潮時にしか
見られない
光景には悲恋
伝説が残る
堂ヶ島のトンボロ ➡P.117
駿河湾越しの富士山が
美しい情景となる大瀬崎
海岸線や山々が織りなす
半島独特の景観美

旅情をそそる光景を胸に
気の向くままに外へ繰り出す
熱海温泉街の温かさは
訪れる人を歓迎する
GOURMET
伊豆近海は
海の幸の宝庫。
新鮮な海鮮丼を
堪能する
まさる
➡P.51
SIGHTSEEING
山中にある
直径80mの
ループ橋。720度
ぐるりと旋回
河津七滝ループ橋
➡P.101
偉大な存在とともに
日本の産業革命の歴史を
伝える韮山反射炉

豊かな源泉を持つ温泉郷は
旅人や文人も愛してきた
HOTEL
波の音に
耳を傾けながら
くつろぐ宿は太宰
治も滞在した
安田屋旅館 ➡P.31
都会の喧騒を離れ
世古峡の自然に包まれる
谷川の湯 あせび野
HOTEL
穏やかな海を
眺めながら別荘
のような気分で
滞在を
海一望絶景の宿 いなとり荘 ➡P.136
純和風建築と竹林が
見事に調和する柳生の庄
SIGHTSEEING
大衆に親し
まれた温泉宿が
建築美とともに
今も残る
東海館 ➡P.58

CONTENTS

東伊豆

南伊豆

中伊豆・修善寺

西伊豆

沼津・三島

付録地図

本書のご利用にあたって

●本書中のデータは2023年9～10月現在のものです。料金、営業時間、休業日、メニューや商品の内容などが、諸事情により変更される場合がありますので、事前にご確認ください。
●本書に紹介したショップ、レストランなどとの個人的なトラブルに関しましては、当社では一切の責任を負いかねますので、あらかじめご了承ください。
●営業時間、開館時間は実際に利用できる時間を示しています。ラストオーダー(LO)や最終入館の時間が決められている場合は別途表示してあります。
●休業日に関しては、基本的に定休日のみを記載しており、特に記載のない場合でも年末年始、ゴールデンウィーク、夏季、旧盆、保安点検日などに休業することがあります。
●料金は消費税込みの料金を示していますが、変更する場合がありますのでご注意ください。また、入館料などについて特記のない場合は大人料金を示しています。
●レストランの予算は利用の際の目安の料金としてご利用ください。Bが朝食、Lがランチ、Dがディナーを示しています。
●宿泊料金に関しては、「1泊2食付」「1泊朝食付」「素泊まり」は特記のない場合1室2名で宿泊したときの1名分の料金です。曜日や季節によって異なることがありますので、ご注意ください。
●交通表記における所要時間、最寄り駅からの所要時間は目安としてご利用ください。
●駐車場は当該施設の専用駐車場の有無を表示しています。
●掲載写真は取材時のもので、料理、商品などのなかにはすでに取り扱っていない場合があります。
●予約については「要予約」(必ず予約が必要)、「望ましい」(予約をしたほうがよい)、「可」(予約ができる)、「不可」(予約ができない)と表記していますが、曜日や時間帯によって異なる場合がありますので直接ご確認ください。
●掲載している資料および史料は、許可なく複製することを禁じます。

■ データの見方

☎ 電話番号
所 所在地
開 開館／開園／開門時間
営 営業時間
休 定休日
料 料金
交 アクセス
P 駐車場
室 宿泊施設の客室数
in チェックインの時間
out チェックアウトの時間

■ 地図のマーク

★ 観光・見どころ
卍 寺院
⛩ 神社
✝ 教会
R 飲食店
C カフェ・甘味処
S ショップ
SC ショッピングセンター
H 宿泊施設
i 観光案内所
道 道の駅
♨ 温泉
海水浴場
バス停
乗船場

エリアと観光のポイント

伊豆はこんなところです

歴史ある温泉や情緒漂う観光地・景勝地など、グルメスポットと併せ多彩な魅力が詰まっている。旅の目的に合わせて滞在するエリアを選びたい。

伊豆半島の入口に位置する2つの街

沼津・三島 ➡P.126

ぬまづ・みしま

港町ならではの観光地が多い沼津。沼津港では深海魚料理が注目を浴びている。富士山の雪解け水が湧き出る三島では、水の都を感じられる街なか散歩がおすすめだ。

約200本の桜を楽しめる三嶋大社

観光のポイント 沼津港周辺で食事やおみやげの購入ができる。三島では三嶋大社や源兵衛川 水辺の道、白滝公園などを散策したい

自然に囲まれた静かなエリアで、名所史跡を巡る

中伊豆・修善寺 ➡P.94

なかいず・しゅぜんじ

自然そのものを生かした観光地や、修善寺温泉・伊豆長岡温泉など歴史ある温泉地が多い。のんびりと温泉街を散策して、古寺名刹や浄蓮の滝、テーマパークなども巡りたい。

老舗「伊豆の踊子の宿 福田家」

観光のポイント 『伊豆の踊子』の舞台・天城峠や河津七滝巡りが定番。開湯1200年を迎えた修善寺温泉にも滞在したい

駿河湾に面し、風光明媚な景色を楽しめる

西伊豆 ➡P.114

にしいず

海越しに富士山を望むビュースポットが多く、大海原が生み出した迫力ある風景を見ることができる。松崎には、江戸時代に普及したなまこ壁の建物が残る。

松崎を象徴するなまこ壁

観光のポイント 堂ヶ島では、観光遊覧船に乗って洞窟や奇岩を巡ることができる。ノスタルジックな松崎の街は散策にぴったり

起雲閣

三嶋大社

東京の奥座敷として栄えた、日本を代表する温泉地

熱海 あたみ

➡P.38

海水浴客が集まる熱海サンビーチ

太宰治や谷崎潤一郎など、多くの文豪が訪れた歴史ある温泉地。レトロな風情を醸し出し、多くの客で賑わう。『金色夜叉』に描かれた海岸沿いは、今は南欧風に整備されリゾート感にあふれている。熱海市街が一望できる錦ヶ浦もおすすめ。

観光のポイント 熱海銀座やサンビーチは散策に最適。中心部から足を延ばして、來宮神社や伊豆山神社などパワースポットも訪れたい

相模灘沿いに連なる見どころ満載のエリア

東伊豆 ひがしいず

➡P.56

海の真上を歩く城ヶ崎海岸の門脇つり橋

伊東大川(松川)沿いに老舗旅館が立ち並ぶ伊東温泉。文人も多く訪れ、文学碑や句碑なども多数残る。伊豆高原には、美術館や博物館とともに、美食を堪能できるオーベルジュやカフェも点在。海沿いにはハイキングコースもある。

観光のポイント 伊東温泉には東海館など歴史的建造物が残る。迫力ある海岸線が見事な城ヶ崎海岸ではスリル満点の空中散歩へ

幕末の面影を残す街並みと、壮大で美しい海

南伊豆 みなみいず

➡P.78

下田市内にあるペリー艦隊来航記念碑

幕末に黒船が来航し、開港を迫られた下田。現在もその面影が色濃く残る、のどかな港町だ。山あいには風情ある温泉地の蓮台寺が、下田からさらに南へ下れば弓ヶ浜や石廊崎など海沿いに圧倒的スケールの景色が広がる。

観光のポイント 下田では黒船で港を遊覧し、史跡を散策。石廊崎の展望台からの絶景も見逃せない。秘境・ヒリゾ浜へは渡し船で

目的地によって移動手段を使い分けて

伊豆の街を移動する

沼津、三島、熱海が伊豆半島へのアクセス拠点。半島内の移動は東・中伊豆は鉄道が利用できるが、西・南伊豆は車かバスでの移動となる。エリア間を自由に移動するなら車利用がおすすめ。

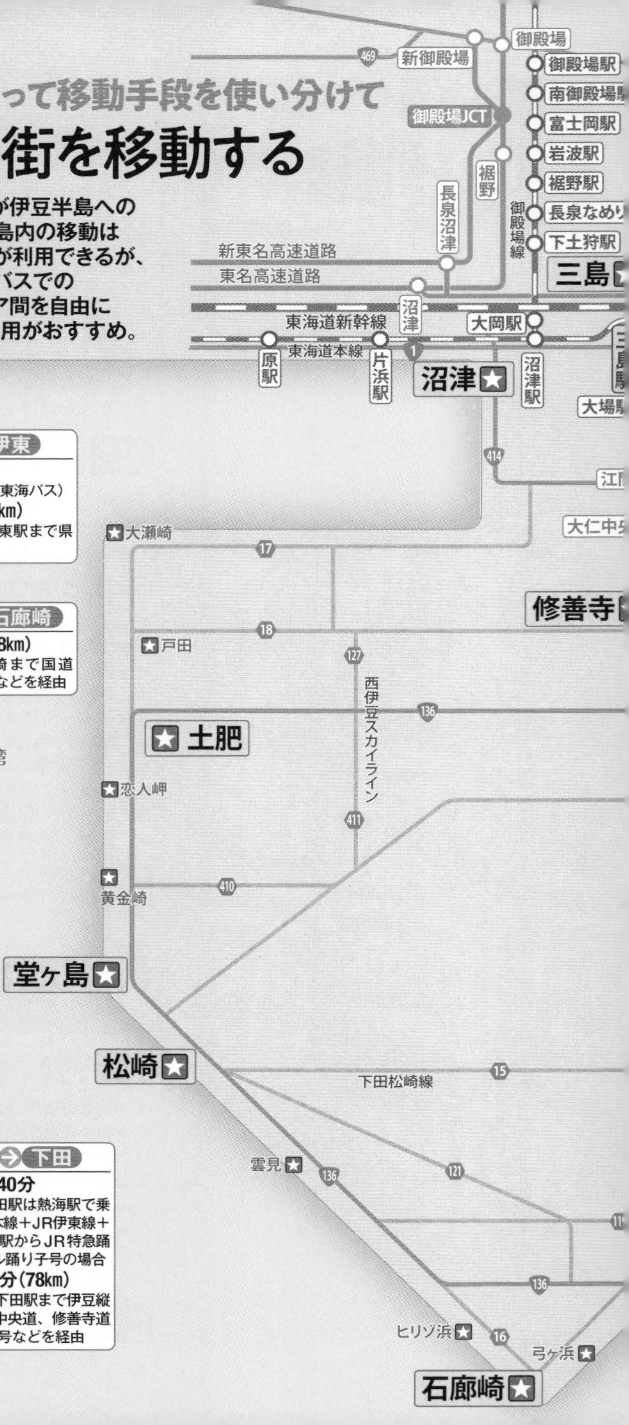

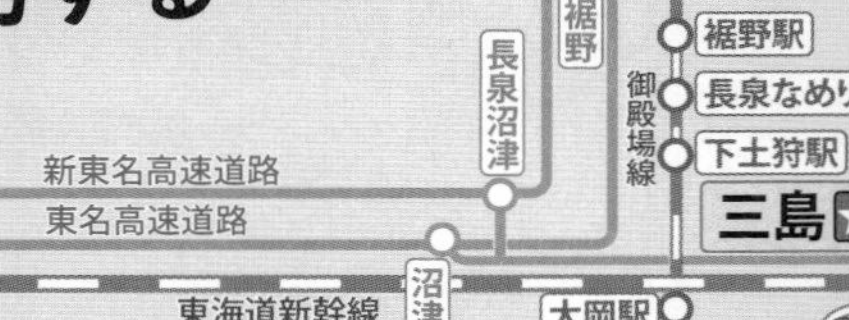

沼津／三島 → 熱海

鉄道●約20分
沼津駅〜熱海駅（JR東海道本線）

車●約45分（32km）
沼津ICから熱海駅まで伊豆縦貫自動車道、県道11号などを経由

修善寺 → 伊東

バス●約55分
修善寺駅〜伊東駅（東海バス）

車●約40分（25km）
修善寺温泉から伊東駅まで県道12号などを経由

沼津／三島 → 修善寺

鉄道●約35分
三島駅〜修善寺駅（伊豆箱根鉄道）

車●約40分（32km）
沼津ICから修善寺温泉まで伊豆縦貫自動車道、伊豆中央道、修善寺道路などを経由

堂ヶ島 → 石廊崎

車●約1時間（38km）
堂ヶ島から石廊崎まで国道136号、県道16号などを経由

沼津／三島 → 土肥

バス●約1時間15分
三島駅〜土肥温泉
（東海バス 西伊豆特急）

車●約1時間（56km）
沼津ICから土肥温泉まで伊豆縦貫自動車道、伊豆中央道、修善寺道路、国道136号などを経由

沼津／三島 → 松崎

バス●約2時間
三島駅〜松崎
（東海バス 西伊豆特急）

車●約1時間35分（80km）
沼津ICから松崎まで伊豆縦貫自動車道、伊豆中央道、修善寺道路、国道136号などを経由

修善寺 → 土肥

バス●約50分
修善寺駅〜土肥温泉（東海バス）

車●約35分（26km）
修善寺温泉から土肥温泉まで天城北道路、国道136号を経由

沼津／三島 → 下田

鉄道●約1時間40分
三島駅〜伊豆急下田駅は熱海駅で乗り換え（JR東海道本線＋JR伊東線＋伊豆急行線）、熱海駅からJR特急踊り子号／サフィール踊り子号の場合

車●約1時間40分（78km）
沼津ICから伊豆急下田駅まで伊豆縦貫自動車道、伊豆中央道、修善寺道路、国道136・414号などを経由

荻窪
強羅駅
小田原西
小田原東
東海道新幹線
小田原厚木道路
二宮
東海道本線
小田原駅
国府津駅
箱根登山電車
箱根口
早川
早川駅
石橋
小田原
酒匂
国府津
橘
西湘バイパス
西湘二宮
芦ノ湖
箱根新道
芦ノ湖スカイライン
箱根スカイライン
アネスト岩田ターンパイク箱根
根府川駅
真鶴駅
湯河原パークウェイ
真鶴道路
湯河原駅
三島二日町駅
三島田町駅
伊豆縦貫自動車道
東海道
熱海峠
三島塚原
東海道新幹線
熱海駅
熱海
東海道本線
来宮駅
大場・函南
熱海ビーチライン
相模湾
伊豆仁田駅
伊豆箱根鉄道
玄岳
原木駅
伊豆多賀駅
韮山駅
網代駅
網代
伊豆長岡駅
伊豆スカイライン
韮山峠
韮山反射炉
伊東線
初島
田京駅
宇佐美駅
大仁駅
亀石峠
牧之郷駅
伊東
修善寺駅
冷川
伊東駅
修善寺
南伊東駅
天城北道路
川奈駅
小室山
月ヶ瀬
大室山
富戸駅
天城高原
城ヶ崎海岸駅
伊豆高原
伊豆高原駅
浄蓮の滝
伊豆大川駅
天城山
伊豆北川駅
伊豆急行
伊豆熱川駅
天城峠
伊豆稲取駅
片瀬白田駅
河津七滝
河津
稲取
相模灘
今井浜海岸駅
河津七滝
河津駅
河津逆川
稲梓駅
蓮台寺駅
下田

熱海→初島
フェリー●約30分
熱海港～初島港
(富士急マリンリゾート)

熱海→伊東
鉄道●約25分
熱海駅～伊東駅(JR伊東線)
車●約35分(21km)
熱海駅から伊東駅まで国道135号などを経由

熱海→伊豆高原
鉄道●約45分
熱海駅～伊豆高原駅(JR伊東線+伊豆急行線※乗り換えなし)
車●約1時間(37km)
熱海駅から伊豆高原駅まで国道135号などを経由

熱海→河津
鉄道●約1時間10分
熱海駅～河津駅(JR伊東線+伊豆急行線 ※乗り換えなし)、JR特急踊り子号／サフィール踊り子号の場合
車●約1時間30分(60km)
熱海駅から河津駅まで国道135号などを経由

熱海→下田
鉄道●約1時間20分
熱海駅～伊豆急下田駅(JR伊東線+伊豆急行線 ※乗り換えなし)、JR特急踊り子号／サフィール踊り子号の場合
車●約1時間55分(74km)
熱海駅から伊豆急下田駅まで国道135号などを経由

修善寺→下田
車●約1時間15分(50km)
修善寺温泉から伊豆急下田駅まで国道136・414号などを経由

松崎→下田
バス●約50分
松崎～伊豆急下田駅(東海バス)
車●約40分(26km)
松崎から伊豆急下田駅まで県道15号、国道414号などを経由

下田→石廊崎
バス●約40分
伊豆急下田駅～石廊崎港口(東海バス)
車●約30分(17km)
伊豆急下田駅から石廊崎まで国道136号、県道16号などを経由

交通問い合わせ先
JR東日本お問い合わせセンター ☎050-2016-1600
伊豆急行 運輸部運輸課 ☎0557-53-1115
伊豆箱根鉄道 鉄道部運輸課 ☎055-977-1207
富士急マリンリゾート(初島航路) ☎0557-81-0541
NEXCO中日本お客さまセンター ☎0120-922-229
日本道路交通情報センター(静岡) ☎050-3369-6622 (自動音声の場合あり)
東海バス 熱海営業所 ☎0557-85-0381
東海バス 伊東営業所 ☎0557-37-5121
東海バス 下田営業所 ☎0558-22-2514
東海バス 修善寺営業所 ☎0558-72-1841
東海バス 松崎営業所 ☎0558-42-1190
東海バス 沼津営業所 ☎055-935-6611

自然と歴史あるエリアを、旬の食材や行事が彩る

伊豆トラベルカレンダー

豊かな自然に囲まれた伊豆半島。旬の魚介や果物など、伊豆ならではの食材を使った料理が楽しみ。山々や街を彩る花々や伝統行事にも注目したい。

1月

初詣で各地の神社へ。雪は少なく、梅が咲き始める。

2月

日本一早咲きの桜として知られる河津桜が、上旬には開花を迎える。

3月

寒桜やソメイヨシノが最盛期。各所で桜のイベントを楽しめる。

4月

春到来。日中は暖かいが、夜に花見をする場合には上着を持参。

5月

穏やかな気候で旅行には最適。紫外線対策も忘れずに。

6月

梅雨で雨が多いの雨具は必須。旬の目鯛も食したい。

● 熱海月平均気温（℃）　■ 熱海月平均降水量（mm）
● 石廊崎月平均気温（℃）　■ 石廊崎月平均降水量（mm）

温暖な伊豆では、雪が降っても積もることは滅多にない

梅雨入りから夏にかけてが、雨の降る日が多くなる時季

月	気温	気温	降水量	降水量
1月	8.2	7.0	76.1	67.7
2月	8.5	7.4	82.0	92.4
3月	11.0	10.1	158.0	147.5
4月	14.9	14.5	168.1	152.2
5月	18.5	18.4	172.6	176.9
6月	21.4	21.1	251.5	236.8

1月

3日
酒神社例祭
三嶋大社（P.128）の末社、酒神社の例祭。祭典後には振舞酒、地酒販売が行われる。

7日
田祭（たまつり）
三嶋大社（P.128）で行う五穀豊穣を祈る祭り。「お田打ち神事」は県の無形民俗文化財。

最終週の日曜
鵺（ぬえ）ばらい祭
伊豆長岡温泉で行われる厄祓いの祭り。中学生によるかわいらしい鵺踊りも必見。

2月

1日〜末日
河津桜まつり
河津桜の開花時期に合わせて行われる。夜には桜並木がライトアップされる。

第2日曜
大室山山焼き
700年余りの伝統がある春の訪れを告げる行事。かつては山の保全などが目的だった。

11日
鬼射祭（おびしゃさい）
下田の落合高根白山神社に伝わる神事。裏に鬼と書かれた的を射れば厄が退散するという。

3月

下旬〜4月上旬
伊豆高原桜並木
伊豆高原駅前には桜並木のトンネルが現れる。

27日
お吉祭り
唐人「お吉」の命日に行われる供養祭。投身自殺をしたお吉が淵と墓のある宝福寺（P.107）で法要などが行われる。

4月

4日
大瀬まつり
大瀬神社の例祭。駿河湾の漁師や青年が女装し、踊り船に乗る「勇み踊り」が見どころだ。

14〜16日
伊豆山神社例大祭
本殿での神事や神幸行列が行われる。837段の石段を駆け下りる神輿は圧巻だ。

21日
春季弘法忌・湯汲み式
修善寺温泉「独鈷の湯」を発見した弘法大師と温泉への感謝の祭り。

5月

第3土曜を含む金〜日曜
黒船祭
黒船の来航と開国を記念した下田市最大の祭典。伊豆急下田駅も下田関所に変身する。

下旬の土・日曜
伊東祐親（すけちか）まつり
伊東一帯を治めた豪族・伊東祐親にちなむ祭り。松川の水上特設舞台での薪能は必見。

6月

1〜30日
下田温泉あじさい
15万株のアジサイが開になる。下田太鼓の奏などイベントも満載

高足ガニ 9〜5月

金目鯛 11〜4月・6月

大根 11〜2月

大根

寒サバ 2〜3月

寒サバ

金目鯛

カツオ

カツオ 5月

伊勢エビ 9月下旬〜5月上旬

金目鯛 11〜4月・6月

三島馬鈴薯 6〜8月

イカ 6〜9月

アジ 6月〜9月中旬

河津桜まつり

春季弘法忌・湯汲み式

源氏あやめ祭

こがし祭り

7月

祭りも行われ、夏休
は観光地も混雑す
、計画はお早めに。

242.5 / 203.3 / 25.2 / 24.5

湿気が高めで蒸し暑く感じることもあるので、熱中症には注意を

1土・日曜
氏あやめ祭
安時代の武将・源頼の妻、あやめ御前をぶ祭り。伊豆長岡温で行われる。

~16日
がし祭り
宮神社(P.44)の例祭。祭りの一環であ山車コンクールには年30基以上が出場。

の日
家(よりいえ)まつり
倉2代将軍・源頼家慰霊祭。仮装行列が禅寺(P.96)から頼家墓、桂橋を巡る。

8月

海水浴で賑わうシーズン。高原は比較的涼しく過ごしやすい。

186.0 / 124.9 / 26.4 / 26.2

14・15日
下田太鼓祭り
御神輿、供奉道具、太鼓台が登場し、笛や三味線、太鼓を鳴らしながら街中を練り歩く、夏の風物詩。

29日
東司(とうす)まつり
トイレの神様として知られる湯ヶ島の明徳寺で行われる。奉納相撲や花火大会も開催。

9月

ダイビングのベストシーズン。秋の味覚とともに海を楽しもう。

263.9 / 186.4 / 23.9 / 23.3

旧暦8月14日
小稲(こいな)の虎舞
南伊豆町小稲の来宮神社の祭典。近松門左衛門の『国姓爺合戦』の一部を舞う。

中秋の名月の日
十五夜祭
歌人としても有名な源実朝を偲ぶ祭り。伊豆山神社(P.44)で献歌、献奏が行われる。

10月

行楽シーズンで混雑は必至。時間に余裕をもって予定を立てよう。

237.3 / 193.8 / 19.7 / 18.7

第1日曜
湯前神社秋季例大祭
熱海温泉の繁栄を祈願し、毎年春と秋に例大祭が開催される。

中旬
川奈の万灯(まんどう)
華やかに飾り付けた万灯を美しく振って町内を練り歩き、三島神社(伊東)に奉納する。

28日
火達祭(ひたちさい)
白濱神社(P.33)裏の海岸で行われる。神々に三島大神の祭典を知らせる。

11月

紅葉が本格化。気温も下がり始めるので羽織るものを持参しよう。

冬に入ると晴れて乾燥する日が増え、美しい富士山を眺めるのに絶好の時季

108.4 / 126.6 / 15.4 / 14.0

上~中旬
沼津御用邸記念公園菊華展
丹精込めて育てられた菊を展示。同時期に園内ではイベントも開催される。

10日
尻つみ祭
伊東市の音無神社で行われる奇祭。神事のほか境内では尻相撲大会も行われる。

16日
酉祭(とりまつり)
三嶋大社(P.128)で最も古く、重要な祭典。その年の五穀豊穣を感謝する秋祭り。

12月

積雪は少ないが、車ならスタッドレスを準備。冬の花火も美しい。

66.3 / 72.7 / 10.8 / 9.6

冬至の日
星まつり
修禅寺(P.96)奥の院で行う伝統行事。一年の災厄を祓い、新年の幸福を祈る。

下旬
よさこいソーズラ祭り
伊東市なぎさ公園で行う。個性的な衣装や振り付けに注目。花火大会も同時開催。

31日
師走の大祓(おおはらえ)
一年間の罪や穢れを人がたに託して清める、日本に古来から伝わる伝統神事。

高足ガニ 9~5月

三島馬鈴薯

高足ガニ

金目鯛 11~4月・6月

大根 11~2月

イカ

伊勢エビ

アジ

伊勢エビ 9月下旬~5月上旬

※開催日は変更されることもありますので、おでかけ前にご確認ください

プレミアム滞在 モデルプラン

伊豆 おとなの1泊2日

太古の自然がつくりだした絶景に感動し、
露天風呂で憩う、このうえもない贅沢を堪能。
川端康成や太宰治ら、名だたる文豪たちも愛した
湯の町情緒を楽しむ旅へ出かけよう。

伊豆半島の最南端、奥石廊崎の眺め。夕方に訪れれば美しい夕陽が見られることも。石廊崎では遊覧船で海からの眺望も満喫したい

1日目

豊かな自然地形と景勝美に感動する

素朴ながら野趣あふれる海辺を望む、シーサイドドライブ。

9:00 熱海市街通過
車で約1時間
東京方面からの場合、熱海ビーチラインを経由し国道135号を利用

10:00 大室山
車で約15分
国道135号を利用

11:30 城ヶ崎海岸
車で約1時間
国道135号を南へ

14:00 ペリーロード
車で約5分
県道117号を利用

15:00 下田公園
車で約5分

16:00 下田周辺の宿へ

東伊豆 の人気観光スポットへ。自然の創造に感動

晴れた日には南アルプスや房総半島が見渡せる大室山山頂

大室山 ➡P.66
おおむろやま
お椀形をした美しい山。山頂の遊歩道を歩くお鉢めぐりでは富士山や伊豆諸島など360度の大パノラマが楽しめる。

標高580mあり、国の天然記念物に指定されている

城ヶ崎海岸 ➡P.62
じょうがさきかいがん
火山噴火の溶岩で形成された切り立った海岸。手ごろな散策コースが設定されている。

ゴツゴツした岩に大きな波が打ち寄せる。迫力満点の光景だ

海の真上に架かる門脇つり橋

開国の時代の面影を探して 異国情緒あふれる 下田 を巡る

ペリーロード ➡P.82・83
平滑川（ひらなめがわ）沿いに延びる石畳の小路。ペリーが歩いたといわれ、幕末から明治の歴史を感じるおしゃれなカフェやショップが並ぶ。

どこかエキゾチックな雰囲気が漂う

下田公園 ➡P.82
しもだこうえん
下田市街を見渡せる小高い丘にある公園。3カ所の展望台を巡りたい。

公園から下田海中水族館が見える

プランニングのアドバイス

伊豆半島を海沿いに一周するプラン。走行時間も長くなるので、見どころは好みに合わせて選択したい。早めにチェックインして宿でのんびり過ごしたい場合は、1エリアに限定してもいい。
1日目の昼食は、宿の夕食をメインに考えたい。ランチで海鮮料理が食べたい場合は、漁師町・稲取などで店を探すのもおすすめ。

伊豆半島最南端の美しい海を見つめて

透き通るような海を眺めながら潮風を感じる。夕景を眺めながら帰途に。

9:00	**下田周辺の宿**
	車で約30分 伊豆急下田駅から国道136号、県道16号を利用
9:30	**石廊崎岬めぐり遊覧船／石廊崎／ヒリゾ浜**
	車で約45分 奥石廊崎から県道16号、国道136号を利用
13:00	**なまこ壁通り**
	車で約10分 県道136号を利用
14:00	**堂ヶ島**
	車で約1時間40分 堂ヶ島から国道136号、伊豆縦貫自動車道を利用
18:00	**沼津 IC**

下田からさらに南の 石廊崎 へ。伊豆諸島の島々も見渡せる

石廊崎岬めぐり遊覧船 ➡P.84

いろうざきみさきめぐりゆうらんせん

海上から石廊埼灯台や石室神社、ヒリゾ浜が望める約25分のクルージング。陸とは違う景色はまた一興。

石廊崎、奥石廊崎の美しい景色を巡る。周遊コースは天候により変わる

石廊崎 ➡P.86

いろうざき

伊豆半島の最南端。遊歩道を通り、石廊埼灯台や石室神社がある岬の先端まで行くことができる。海底火山が生み出した断崖は迫力満点。

断崖の上まで歩いて行くことができ、視界には美しい水平線が広がる

ヒリゾ浜の渡し ➡P.87

ヒリゾはまのわたし

船でしか訪れることのできない秘境の海辺「ヒリゾ浜」。抜群の透明度を誇り、海底が見えるほど。あいあい岬からはヒリゾ浜を眼下に眺めることもできる。

シュノーケリングスポットとしても人気。熱帯魚を見ることができる

レトロな 松崎の街並み を散策したあとはサンセットドライブを楽しむ

なまこ壁通り ➡P.120

なまこかべどおり

松崎を代表する名所。江戸時代から残る建物には、なまこのように白く盛り上がった漆喰が施されている。約50mほど続くなまこ壁をじっくり見て歩きたい。

建物によるなまこ壁の違いも見ておきたい

入江長八が描いた漆喰鏝絵を展示する伊豆の長八美術館(P.121)

堂ヶ島 ➡P.116

どうがしま

奇岩や小島が点在する景勝地。天然記念物の天窓洞や、干潮になると海から道が現れることで有名な象島周辺を巡る遊覧船を利用するのもおすすめ。

天窓洞は上からのぞき込むこともできる

夕陽スポットとしても有名な堂ヶ島。日没の時間を狙って訪れるのも良い

国内三大温泉のひとつ 湯の町・熱海を散策

風情を感じながら人気スポットを巡り、温泉情緒を謳歌する。

9:30 熱海駅

バスで約7分
熱海駅から東海バスを利用。バスターミナル8番乗り場から乗車。徒歩の場合は約30分

10:00 MOA 美術館

バス・電車で約35分
MOA美術館から熱海駅に戻り、JR伊東線で一駅隣の来宮駅へ。来宮駅から徒歩約3分

13:30 來宮神社

徒歩で約15分
起雲閣を目指して歩く

15:00 起雲閣／熱海銀座 熱海サンビーチ／親水公園

徒歩で約25分
起雲閣から熱海駅まで。駅前の商店街や熱海サンビーチにも立ち寄って

17:00 熱海駅

プランニングのアドバイス

熱海の温泉街は、熱海駅からサンビーチまでの傾斜地に広がる。散策距離が長いので、タクシーやバスを使うのもいい。伊豆山神社(P.44)を訪れるのもおすすめだが、奥社は山上にあるので十分な時間を確保したい。市内には高級店から手ごろな価格帯の店まで数多いが、週末は混み合う。行きたい店が予約可能なら、事前に予約をしたい。

定番のおみやげも購入したい

国宝3点を含む 東洋美術の宝庫 へ

MOA美術館 ➡P.46

エムオーエーびじゅつかん

約3500点もの作品を所蔵。高台に建ち、伊豆大島や初島(はつしま)などを望む景観も人気。

メインロビー(左)とムアスクエアから見た建物(右)

パワースポット としても人気の神社へ

緑に囲まれた本殿

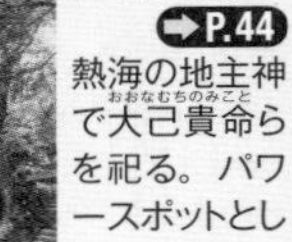

大楠は国の天然記念物

來宮神社

きのみやじんじゃ ➡P.44

熱海の地主神で大己貴命(おおなむちのみこと)らを祀る。パワースポットとしても人気だ。

熱海 の繁華街で名物グルメに舌鼓

起雲閣 ➡P.42・45

きうんかく

熱海の三大別荘のひとつ。世界の建築様式を融合させた名邸で、谷崎潤一郎など数多の文豪たちも訪れた。

光が眩しいサンルーム

熱海銀座 ➡P.41

あたみぎんざ

昭和の雰囲気を残すノスタルジックな商店街で、老舗が軒を連ねる。カフェや菓子店などグルメスポットも点在する。

和菓子店の「本家ときわぎ」

熱海サンビーチ/親水公園 ➡P.40

あたみサンビーチ/しんすいこうえん

『金色夜叉(こんじきやしゃ)』にも描かれた海岸。現在はきれいに整備され、夏は海水浴客で賑わう。

南欧風のデッキがある

タウンゼント・ハリスも歩いた伊豆路へ

絶えることなく滝の音が響き渡る、山々に抱かれた中伊豆を縦走。

8:00	**沼津 IC**
	車で約40分 伊豆縦貫自動車道、伊豆中央道、修善寺道路などを利用
8:40	**修禅寺／竹林の小径**
	車で約25分 県道349号、国道414号を利用
10:30	**浄蓮の滝**
	車で約10分 国道414号を利用
11:30	**旧天城トンネル**
	車で約20分 国道414号を南下し、河津七滝ループ橋を渡ったら左折する
13:00	**河津七滝ループ橋／河津七滝**
	車で約10分 国道414号を利用
15:00	**伊豆の踊り子の宿 福田屋**
	車で約30分 国道414号を利用
16:30	**月ヶ瀬 IC**

桂川 のほとりにたたずむ温泉街へ

修禅寺 ➡P.96

しゅぜんじ

弘法大師(こうぼうだいし)により創建されたという古刹。温泉街の中心にあり地名の元になった。

○源頼家が幽閉されたとして有名

竹林の小径 ➡P.96

ちくりんのこみち

桂川沿いにある石畳の散策路。竹のすき間から差し込まれるやわらかな光に包まれて心が和む。

○途中には茶処や竹製のベンチなどもある

プランニングのアドバイス

見るべきスポットが多いので、移動には車が便利。旅の日程に余裕があれば、修善寺や湯ヶ島をはじめ、古奈、船原など中伊豆の温泉地で、静かに過ごすのも贅沢だ。浄蓮の滝などは駐車場から距離があるので、歩きやすい靴、服装がおすすめ。河津七滝も巡る場合は時間に余裕をもって行動したい。

修善寺以外は、飲食店の数は多くはないので注意。観光スポット周辺には、手軽に味わえるご当地グルメ、スイーツなどが楽しめる店もある。

天城の峠 を目指して山間の道を走る

浄蓮の滝

じょうれんのたき

➡P.99

落差約25mで伊豆最大級の滝。日本の滝百選にも選ばれた名瀑だ。

○轟音を立てて流れ落ちる滝は迫力満点。演歌『天城越え』にも歌われている

旧天城トンネル ➡P.99

きゅうあまぎトンネル

小説『伊豆の踊子』の舞台としても登場。苔むした静かなトンネルだ。

○石造りの美しいトンネル

河津川沿いを歩いて、爽やかな風を感じながら 7つの滝巡り

河津七滝ループ橋 ➡P.101

かわづななだるループきょう

七滝大滝温泉の入口にある。円を2周して45mの高低差を移動する。スピードの出し過ぎにはくれぐれも注意。

○早春には河津桜が満開になる

河津七滝

かわづななだる

➡P.100

大小7つの滝が河津川の渓谷にかかる。遊歩道を歩き、落差約30mの大滝をはじめとした滝巡りを楽しめる。

○初景滝と『踊子と私』の像が自然のなかで調和する

伊豆の踊子の宿 福田家

いずのおどりこのやど ふくだや

➡P.101

明治創業の老舗温泉宿。川端康成(かわばたやすなり)や太宰治(だざいおさむ)などの資料や生原稿なども展示されている。

○小説の舞台となった部屋も残る

ニュース&トピックス

2023年、伊豆には自然、温泉、リゾートの魅力が詰まった宿泊施設やご当地グルメが楽しめる注目スポットが続々オープン。旅行前にチェックしておきたいニュース&トピックスはこちら。

新しい 伊豆高原の複合観光施設 は 自然の癒やしがコンセプト

伊豆・大室山麓に自然と調和して、自然に癒やされる複合型エコリゾートが誕生した。約30.7万平方メートルの敷地は、森の息吹を間近に感じ、親しめるグランピング施設のほか、BBQやアクティビティ施設を配した「こもれびエリア」、地元の特産や名物をはじめ厳選商品を扱うマルシェ、レストランを設けた「せせらぎエリア」からなる。

奏の森リゾート

かなでのもりリゾート

2023年10月オープン

伊豆高原 MAP 付録 P.8 A-1

☎0557-55-7200(代表) 所伊東市十足325-1 営7:00〜21:00(店舗により異なる) 休無休(メンテナンス休業あり) 交伊豆急・伊豆高原駅から東海バス(桜並木経由)で16分、シャボテン公園下車、徒歩15分 Pあり(247台)

旅行者も日帰り客も地元の人も、多目的に楽しめる新たな観光スポット

注目のお店をピックアップ

SOBA 遥

そば はるか

こだわりの伊豆産素材を用いた和食とそばの店。料亭仕込みの職人による料理は、素材の持ち味が豊かで上品な味に定評がある。

営11:00〜21:00(LO20:30)
休施設に準ずる

駿河湾の地魚や地元野菜などバラエティー豊か。打ちたてのそばも好評

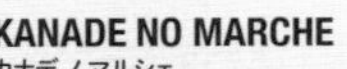

KANADE NO MARCHE

カナデ ノ マルシェ

地元の特産品、朝どれの農産物のほか、一風変わった調味料や食品など、食欲と探究心をかきたてる商品がズラリと並ぶ。

営9:00〜18:00
休施設に準ずる

「地産地消」「ユニーク」「健康とバランス」がテーマの食のセレクトショップ

入場料880円(フリーソフトドリンク込み)。お得なセットメニューも用意

Premium Seafood BBQ

プレミアム シーフード バーベキュー

伊勢エビやアワビ、ジビエなど豪華な地元食材を、豪快に網焼きにして楽しめる。食材や道具の準備は不要、手ぶらでOK。

営10:30〜21:00(LO20:00)
休施設に準ずる(冬期は火・水曜休)

相模湾を望む グランピング施設 には 源泉かけ流しの客室温泉がついている

相模湾を見渡す絶景地に、静岡県初の客室温泉付きグランピングが登場。全5棟のドーム型テントは直径8mの大型で、室内にシアターを配するなど、ラグジュアリーな造り。夕食は伊豆を代表する豪華な食材を用いたBBQ。素泊まりにして、食材を持ち込んでのBBQも楽しめる。

グランアイラ伊豆高原

グランアイラいずこうげん

2023年8月オープン

伊豆高原 MAP 付録 P.3 E-4

☎0557-52-4088 所伊東市吉田952-19 交各線・伊東駅から東海バス伊豆高原駅行きで22分、吉田風越下車、徒歩1分 P10台
in15:00 out10:00 室5棟 予算1泊2食付1人あたり2万7500円〜

選び抜かれた調度、インテリアを配した客室から雄大な海が望める

朝食はアジの干物やサバのみりん干しを炭火焼きにして味わえる

客室の専用露天風呂では源泉かけ流しの塩化物温泉の良泉が楽しめる

「メインダイニング錦」は、朝夕ともに豪華なバイキングスタイル

レトロスポットや立地も話題。熱海の老舗ホテル に泊まりたい

相模灘を望む絶景ホテル「ホテルニューアカオ」の、オーシャン・ウイングがリニューアルオープンした。客室数は和室が中心の250室。海を舞台に見立てた劇場型のレストランも復活。インフィニティ温泉やアクティビティも豊富で、ホテルに居ながらさまざまな過ごし方ができる。

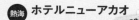

熱海 ホテルニューアカオ

2023年7月リニューアルオープン

錦ヶ浦 MAP 付録 P.6 B-2
☎0557-83-6161
所熱海市熱海1993-250
交JR熱海駅から定時運行無料送迎バスで10分 Pあり（1泊1000円）
in15:00 out10:00 室オーシャン・ウイング250室、ホライゾン・ウイング100室 予算1泊2食付1万5800円〜

世界ジオパークに登録されている錦ヶ浦の突端に建つリゾートホテル

シンプル&モダンなオーシャン・ウイングのスーペリアツイン

湯船に水平線の境界線が重なるインフィニティデザインの露天風呂

伊豆名物・金目鯛 をテーマにした複合施設でグルメや買い物を満喫

静岡県が水揚げ日本一を誇る「キンメダイ」がテーマの複合施設で、地元特産品の直売店、カフェ・レストランに加え、ドッグランを併設。直営店では干物や姿煮、レストランでは郷土料理の煮付けや海鮮丼など、買い物も食事もキンメダイづくしの商品が豊富に並ぶ。

東伊豆 徳造丸 金目鯛の駅 伊豆高原

とくぞうまる きんめだいのえき いずこうげん

2023年7月オープン

伊豆高原 MAP 付録 P.8 C-4
☎0557-53-6666
所伊東市八幡野1178-10
営9:00〜17:30（LO17:00）
休無休 交伊豆急・伊豆高原駅から徒歩5分 Pあり（30台）

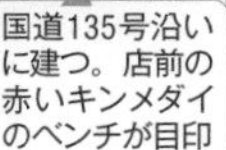

国道135号沿いに建つ。店前の赤いキンメダイのベンチが目印

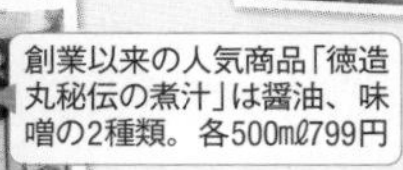

創業以来の人気商品「徳造丸秘伝の煮汁」は醤油、味噌の2種類。各500mℓ799円

刺身と漬けの2種類のキンメダイにイクラをのせた「金目鯛の紅白二色丼」2700円

復活オープンした 伊東の名物まんじゅう店 に熱視線

2022年に惜しまれながら廃業した伊東駅前の名物店「まんじゅう みその」が復活オープン。伝統を継承しつつも、隠し味に稀少な天然海塩の戸田塩を効かせるなど、おいしさをアップ。看板商品の「あげまん」に加え、ドリンクやソフトクリームなど食べ歩きグルメも仲間入り。

東伊豆 まんじゅう みその

2023年11月オープン

伊東 MAP 付録 P.10 A-2
☎0557-38-0555 所伊東市湯川1-16-14
営9:00〜17:00 休無休
交各線・伊東駅から徒歩1分 Pなし

サクッとした食感と黒糖の風味がクセになる「あげまん」151円

伊東駅前の名物店が復活。プレオープン日は約1時間半で完売した

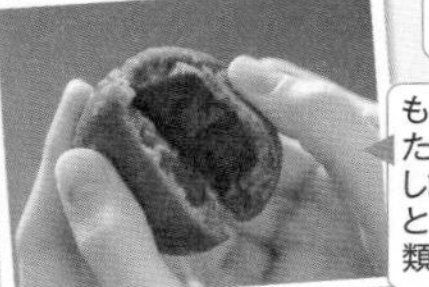

もっちりとした生地の「むしまん」は黒糖と抹茶の2種類各129円

「ソフトクリーム」486円にプラス108円で自慢の餡をトッピング

新旧が競い合う温泉力

Hotels in Izu

一度は滞在したい伊豆の名宿

平安時代に弘法大師が開湯したと伝わる修善寺温泉、徳川家康をはじめ多くの大名が訪れた熱海温泉…。長い歴史のうえに成り立つ伊豆の温泉文化を感じさせる宿へ。

1

温泉、料理、細やかな心遣い 世界が認める日本の老舗旅館

あさば

修善寺 MAP 付録 P.16 B-4

延徳元年(1489)に浅羽弥九郎幸忠が宿坊として開いた、修善寺の山あいにある温泉宿。豊かな自然のなか、のびやかに配置された客室から望む四季折々の風景や、水辺のほとりに建つ能舞台も見どころのひとつ。明治時代後期に移築されたもので、日本の伝統芸能の能楽や狂言などが毎年、一流の演者によって公演されている。洗練されたおもてなしや空間、料理など世界基準で認められた国内20カ所の「ルレ・エ・シャトー」の会員でもある格式の高い宿だ。

HOTEL DATA

☎0558-72-7000
所 伊豆市修善寺3450-1
交 伊豆箱根鉄道・修善寺駅から車で7分
P あり
in 14:30 out 11:30
室 12室 予算 1泊2食付8万2650円～

SPA MENU

【月のひかり（全身アロマオイルマッサージ)】90分3万5000円～
【月のなぎさ（貝殻を使用したボディトリートメント)】90分3万5000円～
【月のみがき（デトックストリートメント)】90分3万5000円～ほか

温泉 DATA

風呂数 露天風呂：1、内湯：2、貸切風呂：2
※客室風呂は除く
泉質 アルカリ性単純泉

2

3

4

5

1. 幻想的な雰囲気を醸す能舞台「月桂殿」。「修善寺藝術紀行」と題した能楽や狂言、文楽など伝統芸能の公演も行われている
2. 源泉かけ流しの湯が満喫できる内風呂
3. 歴史を感じながら源泉かけ流しの温泉を堪能したい
4. 季節の素材を生かした食事は部屋でいただける
5. 春には窓の外のしだれ桜が美しい客室「藤」

贅を尽くしたこだわりの客室 上品なひとときが満喫できる宿

山龢

さんが

網代 MAP 付録 P.6 C-4

和モダンテイストの格調高い空間で、究極のおもてなしが堪能できる大人の隠れ宿。客室は貴賓館と本館にあり、貴賓館では1フロアを1部屋で独占、食事は客室に隣接する専用の個室食事部屋が用意され、よりプライベートな時間を満喫できる。内装や家具にもこだわり、寝具は京都の老舗 イワタ社の最高級寝具、タオルは英国王室御用達の海島綿を使用する。上質で雅やかな客室には、全室に熱海で最も成分が濃いといわれる強塩泉の露天風呂が付く。

HOTEL DATA

☎0557-68-3310
所 熱海市網代591-102
交 JR網代駅から車で10分(送迎あり、要予約。詳細はHPを確認) P あり(6台)
in 15:30 out 11:00 室 7室 予算 1泊2食付8万円〜 URL www.atami-sanga.jp

温泉 DATA

風呂数 全室露天風呂付き
泉質 ナトリウム - 塩化物温泉

1. 貴賓室「山」の隣には専用の個室食事処「利休」がある
2. 客室に設置された露天風呂からは、相模湾が一望できる
3. 伊豆産を中心とする新鮮な食材を使用した懐石料理
4. ジョージナカシマの家具や北大路魯山人の作品が置かれたロビー
5. 貴賓館の最上階にある貴賓室「山」。約 30 坪の広さを誇る

1

プライベートガーデンテラス付 たった6室の究極のリゾート

ふふ 熱海 木の間の月

ふふ あたみ このまのつき

熱海 MAP 付録 P.6 B-2

日本屈指の温泉地、熱海の閑静な森にたたずむ宿。すべて80㎡以上の贅沢な広さの客室には、自家源泉の露天風呂が付いたプライベートガーデンテラスを備える。また、充実したBARコーナーや大きなクローゼットが設けられ、暮らすように滞在するスモールラグジュアリーリゾートを演出。食事は熱海の地ならではの鮮魚をより深く味わえる「鮨割烹 海の悠波」で。プライベート性を重視した店内で、職人の手さばきを目の前で愉しみながら、旬を厳選したコースを味わえる。

HOTEL DATA

☎0570-0117-22
所 熱海市水口町11-48
交 JR来宮駅から徒歩5分(送迎あり、要予約)
P 6台 in 15:00 out 11:00 室 6室
予算 1泊2食付12万1600円～

温泉 DATA

風呂数 全室露天風呂付き
泉質 カルシウム・ナトリウム・硫酸塩・塩化物泉

1. 部屋ごとに異なる仕様のプライベートガーデンテラス
2. 月あかりをイメージさせる照明で演出された客室風呂
3. 目の前で職人が調理するライブ感も魅力の「鮨割烹 海の悠波」のカウンター席
4. 鮨と季節の料理を織り交ぜながら提供するコース

※平成19年(2007)に「ふふ」1号店として開業した、本館「ふふ 熱海」は2023年10月現在改装中。リニューアルオープンは2024年夏を予定

全室スイートルーム
私邸を思わす欧風宿

別邸 洛邑

べってい らくゆう

下田 MAP 付録 P.12 C-3

和の趣と欧風なおもてなしが魅力の隠れ宿。野外にはプールやジャクジー、フィンランド式サウナを完備。全8室の客室すべてに源泉かけ流しの露天風呂があり、浴室には寝湯やDVDもある。「レストラン洛邑亭」では、コバルトブルーの海を眺めながら本格フレンチや懐石料理が楽しめる。

1. プールの眼前には外浦海岸が広がり、プライベートビーチのような空間
2. 波の音に癒やされながら檜の露天風呂に浸かる
3. ブラウンを基調とした、落ち着いた雰囲気の和洋室に心が和む
4. 地元の食材や、世界中から季節ごとに最も美味しい食材を厳選

HOTEL DATA

☎0558-22-1233
所 下田市柿崎1116-8
交 伊豆急下田駅から車で5分(送迎あり、要予約) P 8台 in 13:00 out 11:00
室 8室 予算 1泊2食付8万6953円～

温泉 DATA

風呂数 全室露天風呂付き
泉質 単純温泉

1. 別荘風のプライベートな空間「露天風呂付きヴィラ」は心身ともにくつろげる
2. 伊豆の恵みをふんだんに使った唯一無二の逸品を提供
3. これから始まる休日に期待が高まる
4. ユニークな六角形の庭園露天風呂「葵」。風を感じ森林浴感覚で湯浴みが楽しめる

坐して魚を釣るように
豊かな時間が過ごせる宿

ABBA RESORTS IZU-坐漁荘

アバリゾートイズ - ざぎょそう

伊豆高原 MAP 付録 P.5 E-1

城ヶ崎海岸の浮山(うきやま)温泉郷で半世紀の歴史を紡いできた温泉宿をモダンなスタイルで継承するアバリゾートの宿。森に囲まれた約6000坪の広大な敷地内には露天風呂付きのヴィラやレストラン棟が点在。風情ある温泉や季節の旬の味覚でくつろげる。

HOTEL DATA

☎0557-53-1170
所 伊東市八幡野1741 交 伊豆急・伊豆高原駅から車で5分(送迎あり、要予約)
P あり in 15:00 out 11:00 室 35室
予算 1泊2食付5万4600円～

温泉 DATA

風呂数 露天風呂：2、内湯：2、貸切風呂：2 ※客室風呂は除く
泉質 弱アルカリ単純泉

伊東の四季を感じる客室と
情緒豊かな日本庭園

界 伊東

かい いとう

伊東 MAP 付録 P.10 A-3

星野リゾートの温泉旅館ブランド「界」の宿。湯量が豊富で源泉かけ流しの温泉が堪能できる。伊豆の四季を草花で表現した「伊豆花暦の間」からは日本庭園を望み、桜や椿など四季を通して彩りを変える風景が楽しめる。地元の山海の幸を組み合わせた季節の和会席料理も好評。

HOTEL DATA

☎050-3134-8092(界予約センター)
所 伊東市岡広町2-21
交 各線・伊東駅から徒歩10分
P あり　in 15:00　out 12:00　室 30室
予算 1泊2食付3万1000円～

1. 古代檜の浴槽にたっぷり湯をたたえる源泉かけ流しの内湯は開放感たっぷり
2. 湯量豊富な伊東温泉を館内のいたる場所で楽しめる。写真は「源泉プール」。
3. 伊豆に伝わる「つるし飾り」と「つるし飾りモチーフのクッション」を配した「伊豆花暦の間　特別和室」

温泉 DATA

風呂数
露天風呂:2、内湯:2、貸切風呂:なし　足湯、源泉プールあり
※客室風呂は除く

泉質
カルシウム・ナトリウム - 塩化物・硫酸塩温泉

現代の匠が伝統と革新を
融合した個性的空間

玉峰館

ぎょくほうかん

河津 MAP 付録 P.11 D-3

インテリアデザイナー・内田繁(うちだしげる)氏の監修により、大正15年(1926)創業の老舗の伝統と現代の意匠が融合した湯宿。いにしえの時から湧き出る源泉かけ流しの湯や、日本の心を伝える和食に創造をプラスした「新日本料理」で贅沢なひとときが過ごせる。

SPA MENU

【フェイシャル】40分7150円
【アロマオイル(ボディ)】40分7150円ほか

温泉 DATA

風呂数 露天風呂:2、内湯:1、貸切風呂:3　※客室風呂は除く
泉質 ナトリウム - 塩化物温泉

HOTEL DATA

☎0558-34-2041
所 河津町峰440　交 伊豆急・河津駅から車で5分(送迎あり、要予約)　P あり
in 15:00　out 11:00　室 16室
予算 1泊2食付3万6000円～

1. 一度に30人ほどが入れる「大岩露天 吹花」は朝と夜、時間帯で男女が入れ替わる
2. 国内外で数々の受賞歴を誇る内田氏デザインの露天風呂付き離れは贅沢な空間
3. 和食に洋食の調理方法を取り入れた料理
4. 温泉やぐらが迎えてくれる

四季の風情と日本料理に
ゆるりと流れる時を愛でる

柳生の庄

やぎゅうのしょう

修善寺 MAP 付録 P.16 A-4

東京・白金の料亭を原点に、宿を開いたのは昭和45年(1970)。本数寄屋造りと緑の竹林との調和が建築美を醸し、その空間に個性ある15の客室を展開。伝統を重んじた懐石料理は、走りから名残まで旬の素材の味わいを十分に楽しませてくれる。

HOTEL DATA

☎0558-72-4126
所 伊豆市修善寺1116-6　交 伊豆箱根鉄道・修善寺駅から車で10分　P あり
in 14:00　out 11:00　室 15室
予算 1泊2食付4万4150円〜

温泉 DATA

風呂数 露天風呂：2、内湯：2、貸切風呂：なし※客室風呂は除く
泉質 アルカリ性単純温泉

1. 静謐なたたずまいが魅力
2. 季節ごとに変わる風景に心身ともに癒やされる、石造りの大露天風呂
3. 落ち着いたたたずまいの離れ「松の生」は、一番広い部屋で露天風呂付き
4. 純和風建築の美しさを見せる本数寄屋造りの客室

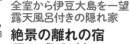

全室から伊豆大島を一望
露天風呂付きの隠れ家

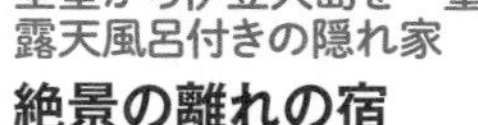

絶景の離れの宿 月のうさぎ

ぜっけいのはなれのやど つきのうさぎ

伊豆高原 MAP 付録 P.3 F-4

懐かしさが漂う古民家調の離れが全8棟。プライベートな時間を大切にした客室からは、広い海に浮かぶ伊豆大島を望み、ゆっくりくつろげる。食事は個室の食事処で、伊勢エビやアワビなど地元の新鮮な素材を使った創作和会席がいただける。

HOTEL DATA

☎0557-52-0033
所 伊東市富戸沢向1299-3
交 伊豆急・川奈駅から車で10分
P あり　in 15:00　out 11:00　室 8室
予算 1泊2食付4万7300円〜

SPA MENU

客室で各種エステを受けられる宿泊プランあり。詳細は要問い合わせ

温泉 DATA

風呂数 全室露天風呂付き
泉質 カルシウム・ナトリウム硫酸塩塩化物泉

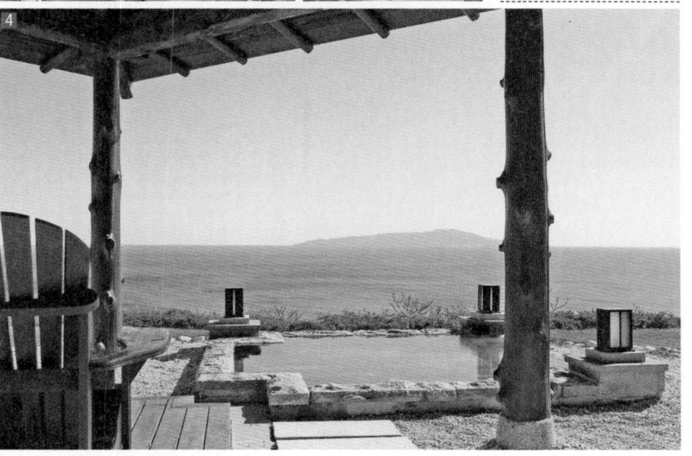

1. 獲れたての魚介など地元の特産品に舌鼓。器にもこだわり、目と舌で楽しむ料理
2. 古民家調の和情緒あふれる客室
3. 土壁や太い梁が見える趣のある母屋
4. 開放感たっぷり、雄大なオーシャンビューの露天風呂。月夜の幻想的な景色も必見

天然温泉プールもかけ流し
健康美も目指せる温泉宿

清流荘
せいりゅうそう

下田周辺 MAP 付録 P.12 A-2

3本の自家源泉を持ち湯量豊富な大浴場や露天風呂のほか、天然温泉のプールや古代ローマ式のアロマサウナ「テルマリウム」と温泉三昧が楽しめる。素材に適した温度で提供する旬の料理や、モダンな空間の客室でゆったりした休日が過ごせる。

SPA MENU

【ボディトリートメント】60分1万3200円 【アンチエイジングフェイストリートメント】60分1万3200円など

温泉 DATA

風呂数 露天風呂：2、内湯：2、貸切風呂：1 ※客室風呂は除く

泉質 弱アルカリ単純泉

HOTEL DATA

☎0558-22-1361
所 下田市河内2-2 交 伊豆急・蓮台寺駅から徒歩10分（送迎あり、要予約） P あり
in 14:00 out 11:00 室 26室
予算 1泊2食付2万4750円～

1. 四季の庭園を望む和洋室は、半露天風呂とテラス付きでくつろげる
2. かけ流しの温泉が堪能できる「朱鷺の湯」
3. 山海の恵みを生かした旬の料理が味わえる
4. 美容と健康にも期待ができる天然温泉プール＆テルマリウムはここだけの究極の癒やし

1. ゆとりある大浴場からは熱海の大パノラマが広がる 2. 旬の海と山の幸の食材を華やかなフランス料理で堪能 3. 窓から眺める木々の緑が開放的な「ビューバス（温泉）付き客室」（イメージ） 4. 最大4人まで宿泊できる「グランバッハ・デラックストリプル」（イメージ）

心に響くおもてなしが人気
自然と調和する贅沢なくつろぎ

ホテルグランバッハ 熱海クレッシェンド
ホテルグランバッハ あたみクレッシェンド

熱海 MAP 付録 P.6 B-1

相模湾を一望できる伊豆山の標高361mにたたずむ「森の邸宅」。「快適性と癒し」を追求した客室は、砂浜をイメージしたサンドベージュのグラデーションが印象的だ。2023年12月にリニューアルオープン。

HOTEL DATA

☎0557-82-1717
所 熱海市伊豆山1048-4
交 JR熱海駅から車で15分 P 35台
in 15:00 out 11:00 室 16室
予算 1泊2食付6万5830円～

温泉 DATA

風呂数 露天風呂：なし、内湯：2、貸切風呂：なし ※客室風呂は除く

泉質 カルシウム - 硫酸塩温泉

伊豆の雄大な山々に包まれ
ゆったり流れる時をくつろぐ

天城湯ヶ島温泉 おちあいろう

あまぎゆがしまおんせん おちあいろう

湯ヶ島 MAP 付録 P.17 E-3

明治7年（1874）創業の国登録有形文化財の旅館。サウナシュランにも紹介された茶室サウナと天狗サウナ、狩野川の水が流れ込む水風呂が人気だ。

1. 富士山と千網の組子細工が特徴の客室「露草」 2. 茶室がモチーフの茶室サウナは風情ある造り 3. 貸切露天風呂「星の湯」。渓流の音をききながら贅沢なひとときを過ごす

HOTEL DATA

☎0558-85-0014
所 伊豆市湯ヶ島1887-1 交 伊豆箱根鉄道・修善寺駅から車で20分（送迎可、要事前予約） P あり in 15:00 out 11:00 室 14室 予算 1泊2食付6万2000円～

温泉 DATA

風呂数 露天風呂：1、洞窟温泉：1、内湯：1、貸切露天風呂：1 サウナあり ※客室風呂は除く

泉質 カルシウム・ナトリウム硫酸塩泉

文人墨客に愛された
歴史ある名湯

文化財の宿 新井旅館

ぶんかざいのやど あらいりょかん

修善寺 MAP 付録 P.16 B-4

15棟の建物が国の登録有形文化財に登録され、和の風情を感じる客室が自慢。昭和9年（1934）築の総檜造りの「天平（てんぴょう）大浴堂」は縁に伊豆石を使った名建築。

1. 源泉かけ流しで温泉本来の効能が堪能できる
2. 庭園では季節ごとに花が楽しめる。なかでも秋の紅葉は特に見応えがあり素晴らしい

HOTEL DATA

☎0558-72-2007
所 伊豆市修善寺970
交 伊豆箱根鉄道・修善寺駅から車で5分
P あり in 15:00 out 11:00 室 31室
予算 1泊2食付2万8200円～

温泉 DATA

風呂数 露天風呂：2、内湯：2、貸切風呂：2 ※客室風呂は除く

泉質 アルカリ性単純温泉

日帰りプラン

昼の会食プラン・ミニ会席（11:30～14:30、食事は食事処、休憩は客室を利用、貸切風呂利用可）7300円～ほか

季節を感じる回廊を巡り
悠久の湯に身をゆだねる

湯回廊 菊屋

ゆかいろう きくや

修善寺 MAP 付録 P.16 C-3

夏目漱石（なつめそうせき）も滞在したという、創業約400年の名湯。館内の湯処は長い廊下で結ばれ、美しい庭園も見どころ。地元の食材を使った郷土料理や会席料理が味わえる。

HOTEL DATA

☎0558-72-2000
所 伊豆市修善寺874-1
交 伊豆箱根鉄道・修善寺駅から車で5分
P あり in 15:00 out 11:00
室 71室 予算 1泊2食付2万6000円～

温泉 DATA

風呂数 露天風呂：2、内湯：2、貸切風呂：4
※客室風呂は除く

泉質 アルカリ性単純泉

日帰りプラン

月替わりの趣肴会席を満喫（最大6時間滞在）
1万7000円～

1. 料理は月替わりで選べる
2. どこか懐かしく落ち着いた雰囲気
3. 露天風呂は檜風呂と岩風呂がある

潮騒に包まれた数寄屋造り
文豪・太宰治ゆかりの宿

安田屋旅館

やすだやりょかん

伊豆長岡周辺 MAP 付録 P.2 C-3

三津浜（みとはま）にある創業100余年の純和風温泉宿。国の登録有形文化財に指定されたなかで最も古い建物は大正7年（1918）築で、廊下も含めすべて畳敷き。

HOTEL DATA

☎055-943-2121
所 沼津市内浦三津19 交 伊豆箱根鉄道・伊豆長岡駅から車で15分
P あり in 14:00 out 10:00 室 15室
予算 1泊2食付1万8000円～（税別）

温泉 DATA

風呂数 露天風呂：2、内湯：2、貸切風呂：1 ※客室風呂は除く

泉質 単純アルカリ泉

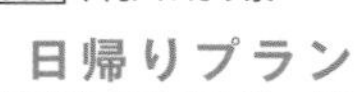

日帰りプラン

食事付き入浴（12：00～14：00、18：00～20：00、10名～、要予約）
昼3000円～、夜6000円～（税別）

1. 露天、内湯ともに2つある
2. 館内にある「伊豆文庫」は、ちょっとした太宰治記念館になっている
3. 太宰治が執筆した「松棟2階月見草の間」は海を望む10畳の和室

長い歳月が築きあげた美しい半島

伊豆の絶景を愛でる

変化に富んだ海岸線や、なだらかな山並みの風景、駿河湾越しに望む富士山。
季節や時間でその表情を変える自然の美しさに感動する。

自然が
織りなす
佳景に出会う

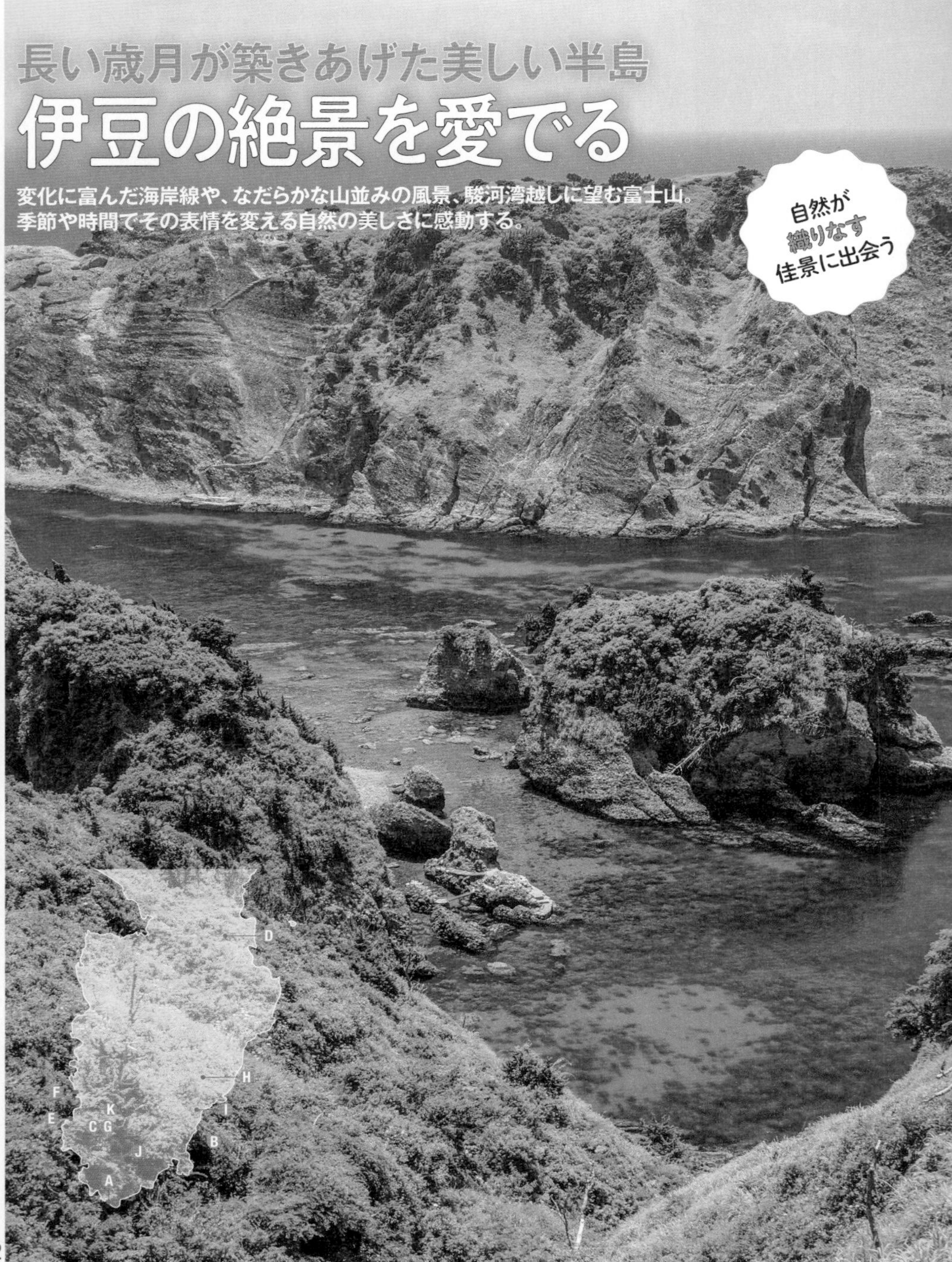

B 神秘的な海岸鳥居

白濱神社(伊古奈比咩命神社)

しらはまじんじゃ(いこなひめのみことじんじゃ)

白浜 MAP 付録P.12 C-2

白浜海岸沿いにある神社。海に突き出た岩場にある鳥居は、伊豆七島の神々を迎えるとされ、神聖な雰囲気に包まれている。

☎0558-22-1183 所下田市白浜2740
開休料境内自由 交伊豆急下田駅から東海バスで10分、白浜神社下車すぐ Pあり

C 海上の牛着岩越しに秀麗な富士山を望む

雲見海岸 くもみかいがん

雲見 MAP 付録P.4 A-3

牛着岩と富士山の競演が美しい海岸。穏やかで透明度の高い海は、海水浴やダイビングの名スポット。ビーチの横には「渚の足湯」もある。

☎0558-45-0844(雲見温泉観光協会) 所松崎町雲見
開休料散策自由 交松崎バス停から東海バスで19分、雲見浜下車、徒歩5分 Pあり

A ターコイズブルーの楽園

ヒリゾ浜 ヒリゾはま

石廊崎 MAP 付録P.14 C-4

船でしか行くことのできない秘境の浜辺。本州屈指の高い透明度を誇る。南国の回遊魚が生息し、シュノーケリングスポットとしても有名。

☎0558-65-1050(ヒリゾ浜渡し組合)
所南伊豆町中木 交伊豆急下田駅から車で32分 Pあり

D
東伊豆の峠を結ぶ絶景ロード

伊豆スカイライン いずスカイライン

東伊豆 MAP 付録 P.3 D-3

伊豆半島東部、熱海峠から韮山峠などを経て天城高原まで40.6kmにわたって延びるパノラマロード。途中8カ所に展望台があり、伊豆七島や富士山などを望むことができる。

☎0558-79-0211(伊豆スカイライン亀石峠料金所)

E
東洋のコートダジュールとも称される美しい景色

岩地海岸 いわちかいがん

松崎 MAP 付録 P.4 A-3

風光明媚な入り江、白砂の海岸がある岩地は、かつてはカツオの遠洋漁業で栄えた漁村だ。夏場は海水浴場として賑わいをみせる(P.119)。

☎0558-42-0745(松崎町観光協会)
所松崎町岩地　開休料散策自由
交松崎バス停から東海バスで11分、岩地温泉下車、徒歩5分
Pあり(夏期有料)

F
透き通る青い海が神秘的

天窓洞 てんそうどう ➡P.117

堂ヶ島 MAP 付録 P.4 A-2

白い凝灰岩からできた洞窟。中央は天井に穴が空いたように抜け落ちて光が差し込む。コバルトブルーに輝く海面は青の洞窟とも称されている。

☎0558-52-1268(西伊豆町観光協会)　所西伊豆町仁科堂ヶ島
開休料周辺散策自由
交伊豆箱根鉄道・修善寺駅から東海バスで1時間45分、堂ヶ島下車すぐ

G
岩山に鎮座する神々の物語が伝わる古社

雲見浅間神社 くもみせんげんじんじゃ

雲見 MAP 付録 P.4 A-3

伊豆半島最西端、標高162mの烏帽子山にある神社。約450段の石段と山道を登ると本殿がある。祭神として、浅間神社では珍しい磐長姫を祀り、その妹である木花開耶姫との伝説が残る。

☎0558-45-0844(雲見温泉観光協会)　所松崎町雲見386-1
開休料境内自由　交松崎バス停から東海バスで20分、雲見温泉下車、徒歩3分　Pなし

H 国内最大級のススキ野原。黄金に輝く幻想的な風景

稲取細野高原 いなとりほそのこうげん

稲取 MAP 付録P.5 D-2

開放感あふれる広い草原と4つの湿原が点在。春は種類豊富な山菜、秋はススキの大群生を目当てに多くの人が訪れ、ハイキングに最適。

☎0557-95-0700(東伊豆町観光協会) 所東伊豆町稲取細野高原
開休料散策自由、4月中旬～5月中旬の山菜狩り・10月～11月上旬のすすきのイベント期間中は入山料が必要
交伊豆急・伊豆稲取駅から車で15分
Pあり

I 伊豆にひと足早く春を知らせる桜並木

河津桜まつり かわづざくらまつり

河津 MAP 付録P.11 E-4

河津桜が咲く2月上旬から約1カ月間、河津桜まつりを開催。桜とともに楽しみなのが約100軒の出店。地元の味や特産品がズラリと並ぶ。

☎0558-32-0290(河津町観光協会)
所河津町内
開休料散策自由(2月1日～末日開催)
交伊豆急・河津駅からすぐ
Pあり

J 見ると元気になれる一面黄色の菜の花畑

元気な百姓達の花畑 げんきなひゃくしょうたちのはなばたけ

南伊豆 MAP 付録P.15 E-2

地元の人々が協力し育てている菜の花畑。休耕地を利用したもので、約3万㎡の敷地を菜の花が埋め尽くすさまは圧巻。

☎0558-62-0141(南伊豆町観光協会) 所南伊豆町湊
開休料散策自由
交伊豆急下田駅から東海バスで18分、日野下車すぐ
Pあり

K 広大な田園に咲く色とりどりの花々

田んぼをつかった花畑 たんぼをつかったはなばたけ

松崎 MAP 付録P.4 B-2

3万㎡を超える農閑期の広大な田んぼに、アフリカキンセンカなど6種類の花が順々に開花。4月には桜並木も楽しめる。

☎0558-42-0745(松崎花畑実行委員会) 所松崎町那賀
開休料散策自由(2月中旬～5月5日開催)、要花畑協力金(1～9人の場合は500円) 交伊豆急下田駅から東海バスで44分、桜田下車、徒歩3分 Pあり

「伊豆半島ジオパーク」とは?

伊豆半島ジオパークは、固有の地形や地層など貴重な地質遺産がある地域のひとつであり、2018年4月に「ユネスコ世界ジオパーク」に認定された。かつて南洋の海底火山だった伊豆半島は、プレートの北上で本州に衝突。火山活動や地殻変動によって、日本一深い駿河湾や変化に富んだ地形が生み出された。「ジオテラス伊東」など、伊豆半島に点在するビジターセンターでは、ガイドマップを配布し、ジオサイト(地質や文化・歴史を感じることができる場所)の案内も行っている。

3つのプレートが接する本州で、伊豆半島は唯一フィリピン海プレートの上に位置する

ジオテラス伊東

ジオテラスいとう

伊豆高原 MAP 付録P.8 C-4

☎0557-52-6100 所伊東市八幡野1183 伊豆高原駅2F
開9:30～16:30 休無休
料無料 交伊豆急・伊豆高原駅直結 Pあり(有料)

注目のジオラマは、伊豆半島全域を表す立体模型

伊豆半島ジオパーク（ izugeopark.org/ ） ビジターセンターは、中央拠点施設である伊豆市「ジオリア」のほか、伊東、天城、松崎、下田など、伊豆エリアに 16 カ所あります。※図版作成にあたっては、伊豆半島ジオパーク公式サイトの図版をもとに作製しています。

ずっと居たくなる抜群の開放感と景色が待っている

展望デッキで海と山を見晴るかす

**今や旅の人気テーマとして定着した、絶景を望むデッキやテラスをご紹介。
気の向くままに散策したり、ドリンクやスイーツ片手におしゃべりしたり、楽しみ方も多彩だ。**

真っ青な海と空、遠くに見える島々に感動

小室山リッジウォーク “MISORA”

こむろやまリッジウォーク“ミソラ”

伊豆高原 MAP 付録P.3 E-4

4月に咲く10万本のツツジのほか、冬の椿など花の名所としても知られる小室山。晴れた日には富士山、相模灘、伊豆諸島や天城連山、房総半島まで見渡せる山頂を囲むように木製の遊歩道が整備されている。

☎0557-45-1444 所伊東市川奈小室山1428
営9:30～16:00 休無休(リフトは点検・荒天時運休)
交JR伊東駅から東海バス小室山リフト行きで25分、終点下車、小室山リフトで山頂まで5分 Pあり

↑屋外の展望フリッジはカフェ利用者専用のスポット

↑山頂のカフェ「Café・321」でドリンクを販売している

山頂へはリフトで向かう。ボードウォークの上からは、遮るもののない絶景が楽しめる

甲斐国など古い地名が書かれた矢印が置かれており、その昔、この峠から見えたという10の国の方向が示されている

熱海と箱根の間にある十国峠で絶景鑑賞

PANORAMA TERRACE 1059

パノラマ テラス いちまるごーきゅー

熱海周辺 MAP 付録P.6 A-1

十国峠の名前は伊豆や駿河など10の国が見えたことに由来。山頂にはいろいろな形のデッキが置かれ、座ったり寝転んだりと自由な姿勢で過ごせる。スイーツやドリンクを扱うカフェもおすすめ。

☎0557-83-6211(十国峠) 所函南町桑原1400-20
営十国峠ケーブルカー9:00～17:00(TENGOKU CAFEは9:30～16:00) 休荒天時 交JR熱海駅から伊豆箱根バス元箱根行きで40分、十国峠登り口下車すぐ Pあり

↑富士山をバックに撮影できる絶好のフォトスポット

水盤に映り込む富士山に注目

伊豆パノラマパーク

いずパノラマパーク

伊豆長岡 MAP 付録P.2 C-3

標高452mの葛城山に広がるレジャー施設。山頂エリアでは360度の大パノラマの絶景はもちろん、「碧テラス」に設けられた水盤に映り込む富士山と空も人気を集めている。

☎055-948-1525 所伊豆の国市長岡260-1
営ロープウェイ運行9:00～17:00(天候により変動) 休無休 交伊豆箱根鉄道・伊豆長岡駅から伊豆箱根バスで8分(温泉場北口循環)、伊豆の国市役所下車すぐ Pあり

水盤は3カ所用意。富士山、駿河湾、空との一体感を堪能したい

熱海

徳川家康が湯治に訪れたことから
全国にその名が広まった
熱海の温泉郷。
約400年経った今でも、
豊富な湯量を誇る温泉や
温暖な気候からなる豊かな自然、
多彩な食文化で観光客を魅了する。

伊豆の
玄関口でもある、
由緒ある
温泉郷

旅のきほん

エリアと観光のポイント

熱海はこんなところです

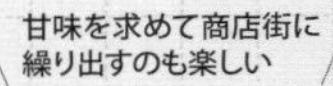
甘味を求めて商店街に繰り出すのも楽しい

熱海駅を中心にコンパクトにまとまっている。海も温泉も食も充実した贅沢なエリアだ。

商店街とビーチを歩く
熱海 あたみ
➡P.40

熱海駅前には昭和の薫りが色濃く残る2つの商店街が延びる。レトロな商店街を抜けた先には熱海サンビーチが広がり、夏はもちろん、冬も海を見る人々で賑わう。すべて徒歩圏内だ。

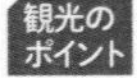
観光のポイント 起雲閣、MOA美術館など見どころが多い

↑甘さを控えた、小豆本来の味が楽しめるようかんが人気の本家ときわぎ

のどかでどこか懐かしい
多賀・網代 たが・あじろ
➡P.54

熱海から車で15分ほど。別名「南熱海温泉」とも呼ばれる熱海の秘湯だ。美術館や記念館で芸術鑑賞をしたあとは網代漁港前の干物銀座で買い物をして、静かな温泉で疲れを癒やしたい。

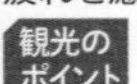
観光のポイント 網代が発祥の地というアジの姿造りをぜひ

↑多賀の長浜海水浴場や豊富な水揚げ量を誇る漁港が広がる

人気のビーチリゾート
初島 はつしま
➡P.54

熱海港から高速船で30分、周囲4kmほどの島。一年を通して温暖な気候で、気軽に南国リゾート気分を味わえる。PICA初島ではキャンプや露天風呂も楽しめる。港のすぐそばには食堂街も。

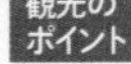
観光のポイント 見どころは島北部に集中する。徒歩で移動可

↑一周約4kmの島。亜熱帯の植物に囲まれたカフェは雰囲気抜群だ

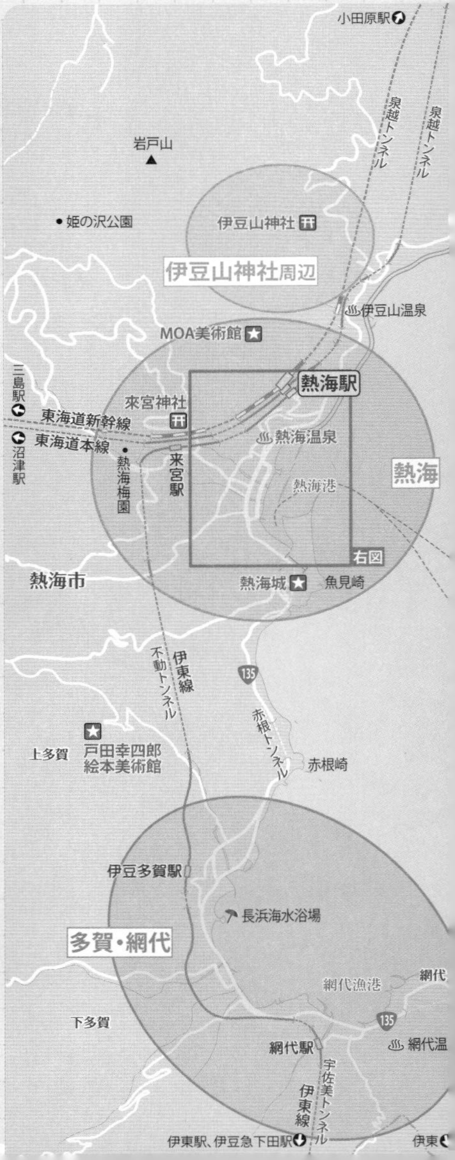

小田原駅
泉越トンネル
泉越トンネル
岩戸山
姫の沢公園
伊豆山神社
伊豆山神社周辺
伊豆山温泉
MOA美術館
熱海駅
三島駅
來宮神社
東海道新幹線
東海道本線
沼津駅
熱海梅園
来宮駅
熱海温泉
熱海
熱海港
右図
熱海市
熱海城
魚見崎
不動トンネル
伊東線
135
赤根トンネル
戸田幸四郎絵本美術館
上多賀
赤根崎
伊豆多賀駅
長浜海水浴場
多賀・網代
網代漁港
網代
下多賀
135
網代駅
網代温泉
宇佐美トンネル
伊東線
伊東駅、伊豆急下田駅
伊東

人気のパワースポット

伊豆山神社周辺 ➡P.44

いずさんじんじゃ

縁結びの神として注目されている伊豆山神社には多数の参拝客が訪れる。海抜170mのところにあるため、境内からは相模灘（さがみなだ）を一望できる。神社の麓には走り湯という横穴式源泉が残る。

観光のポイント 走り湯から伊豆山神社まで837段の階段が延びる

境内からの眺めが素晴らしい伊豆山神社。さらに山を登ると本宮社がある

このエリアの主な温泉地

熱海温泉

開湯は奈良時代にまで遡る、伊豆を代表する温泉地。江戸時代には、江戸城に湯が献上されていた。

交通information

主要エリア間の交通

鉄道・バス・定期船

小田原駅
↓ JR東海道本線で23分
熱海駅
- ↓ JR伊東線で2分 → 来宮駅
  - ↓ JR伊東線で6分 → 伊豆多賀駅
  - ↓ JR伊東線で4分 → 網代駅
  - ↓ JR伊東線で10分 → 伊東駅
- ↓ 東海バスで15分 → 熱海港
  - ↓ 富士急マリンリゾート高速船で30分 → 初島港

車

小田原IC
↓ 熱海ビーチライン、国道135号経由37分
熱海
- ↓ 県道103号経由10分 → 来宮
  - ↓ 国道135号経由15分 → 伊豆多賀
  - ↓ 国道135号経由10分 → 網代
  - ↓ 国道135号経由25分 → 伊東
- ↓ 国道135号経由10分 → 熱海港

観光の拠点として賑わうJR熱海駅。近くには商店街がある

問い合わせ先

交通

JR東日本お問い合わせセンター ☎050-2016-1600

富士急マリンリゾート（初島航路） ☎0557-81-0541

NEXCO中日本お客さまセンター ☎0120-922-229

日本道路交通情報センター（静岡） ☎050-3369-6622（自動音声の場合あり）

東海バス 熱海営業所 ☎0557-85-0381

観光案内

熱海市観光協会 ☎0557-85-2222

熱海温泉ホテル旅館協同組合 ☎0557-81-5141

華やぐ海辺に薫るノスタルジー

熱海温泉街散策

あたみおんせんがい

歴史ある温泉郷には癒やしの時を求めて多くの人々が訪れる。温泉まんじゅうを片手に商店街を歩き、温泉を満喫したい。

ゆっくり時間が流れる商店街とロマンティックなビーチが楽しめる

起源は1300年ほど前まで遡るという熱海の温泉郷。昭和10年代には太宰治や谷崎潤一郎など多くの文人墨客の逗留先となり、昭和30年代には新婚旅行先としても人気を集めた。現在も駅前の商店街や旅館などには昭和レトロな雰囲気が残る。一方、ビーチ沿いは美しく整備されており、南国のリゾートさながら。ファミリーやカップルに人気の観光スポットとなっている。

立ち並ぶホテル、青い海と砂浜はまるで南国のリゾートのよう

1 無料で入れる天然温泉の足湯

家康の湯

いえやすのゆ

MAP 付録P.7 F-1

平成16年(2004)に徳川家康来熱400年の記念事業として設置され、連日多くの人で賑わう足湯。オリジナルタオルを100円で自販機にて販売している。

☎0557-86-6218(熱海市公園緑地課)
所 熱海市田原本町(熱海駅前)
開 9:00〜16:00
休 無休(メンテナンスや悪天候で休止の場合あり)
料 無料
交 JR熱海駅からすぐ
P なし

天然温泉を使用している

2 日本初の砂浜ライトアップ

熱海サンビーチ/親水公園

あたみサンビーチ/しんすいこうえん

MAP 付録P.7 E-3

南欧風に整備されたデッキが海岸沿いに続く。夜には月の光をイメージしたという青い光で砂浜が照らされ、幻想的な雰囲気だ。

☎0557-86-6218(熱海市公園緑地課) 所 熱海サンビーチ:熱海市東海岸町、親水公園:熱海市渚町
開 休 料 散策自由 交 JR熱海駅から徒歩20分 P あり

「恋人の聖地」に認定されているロマンティックなムーンテラス

マリーナ沿いの遊歩道は、散策にぴったり

➡熱海駅前仲見世通り商店街は食べ歩きができる店もいっぱいだ

3 老舗も多いレトロな商店街

熱海銀座

あたみぎんざ

MAP 付録P.7 E-3

昭和の薫りを色濃く残す商店街。熱海の名産品、干物を扱う店やスイーツ店などが軒を連ねる。

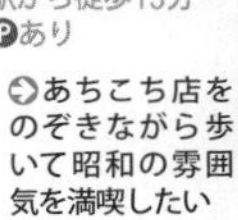

☎0557-85-2222（熱海市観光協会）
所 熱海市銀座町
営休 店舗により異なる　交 JR熱海駅から徒歩15分
P あり

➡あちこち店をのぞきながら歩いて昭和の雰囲気を満喫したい

⬅温泉まんじゅうの湯気が立ち上る熱海駅前平和通り商店街

P.42に続く ➡

全国屈指の芸妓街・熱海

明治時代から熱海に根付いてきた芸妓文化。現在も熱海には約50の置屋があり、100名ほどの芸者が活躍している。粋な文化を普段着で鑑賞できるようにと、週末には「湯めまちをどり華の舞」を上演。華やかな踊りを鑑賞したい。

芸妓見番（湯めまちをどり華の舞）

げいぎけんばん（ゆめまちをどりはなのまい）

MAP 付録P.7 D-3

☎0557-81-3575　所 熱海市中央町17-13
開「華の舞」開演 土・日曜11:00（上演時間30分）
休 月～金曜、不定休
料「華の舞」鑑賞1800円（お茶付）
交 JR熱海駅から徒歩20分　P なし

➡芸妓の舞を身近で感じられる舞台

移動時間◆約1時間

散策コース

熱海駅

⬇ 駅を出て目の前の広場へ。徒歩すぐ

1 家康の湯

⬇ 蛇行する坂を下りればビーチが見えてくる。徒歩15分

2 熱海サンビーチ / 親水公園

⬇ 右手に駐車場のある角を右折し進むと商店街の入口。徒歩5分

3 熱海銀座

⬇ 国道135号を南下し、途中で右手の路地へ。徒歩8分

4 起雲閣

⬇ 市役所前などを通りながら北へ進む。徒歩9分

5 小沢の湯

⬇ 駅前にある商店街に立ち寄ってみるのもいい。徒歩14分

熱海駅

※上記の「移動時間」は施設などの入口までの目安です。見学時間などは含みません。

4 熱海の三大別荘と称された名邸

起雲閣 ➡P.45
きうんかく

MAP 付録P.7 D-4

大正8年(1919)竣工。広大な庭園と日本家屋らしい優美な本館、欧州・中国などさまざまな様式や装飾を併せ持つ洋館からなる。

複数の建築様式が合わさった独特の建築美

旅館だった時代には、太宰治や山本有三をはじめ、多くの文豪が宿泊したという

レトロマニアなら吸い寄せられるように入っていきそうな、和田たばこ店

5 湧き方が変化した湯

小沢の湯
こさわのゆ

MAP 付録P.7 D-2

平左衛門(へいざえもん)の湯とも呼ばれる源泉。高温の蒸気を利用して、ゆで卵を作ることができる。生卵は近隣で購入するなど、あらかじめ自分で用意を。

☎0557-86-6218(熱海市公園緑地課)
所 熱海市銀座町14地内 開休料 見学自由
交 JR熱海駅から徒歩12分 P なし

80℃以上になるので、ゆで卵を作る際にはやけどに注意したい

熱海七湯めぐりとは?

熱海銀座近辺には湯けむりが上がる場所が7カ所ある。すべて当時の温泉施設を復元したモニュメントで、入浴施設ではない。由来が書かれた看板もあり、熱海七湯をめぐる話と歴史にふれながら源泉めぐりを楽しみたい。

大湯間欠泉 おおゆかんけつせん
河原湯 かわらゆ
佐治郎の湯・目の湯 さじろうのゆ・めのゆ
清左衛門の湯 せいざえもんのゆ
風呂の湯・水の湯 ふろのゆ・みずのゆ
小沢の湯 こさわのゆ
野中の湯 のなかのゆ

立ち寄りスポット

お魚すり身の店 山田屋
おさかなすりみのみせ やまだや

熱海市内の旅館に長年かまぼこを卸してきた、すり身専門店。上級グレードの助宗とグチのすり身を厳選して作る保存料無添加の串揚げは、小腹がすいたときにうってつけ。

MAP 付録P.7 E-2

☎0557-82-3170 所 熱海市咲見町10-1
営 9:00～18:00 休 木曜
交 JR熱海駅から徒歩7分 P なし

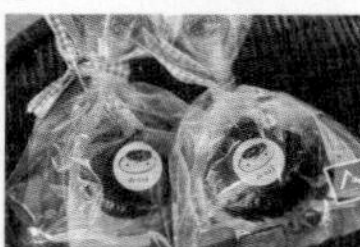

熱海産シイタケがダイナミックに入ったお揚げ「しいたけ坊ちゃん丸」356円は、持ち帰りも可

伊豆揚げ(左・イカと大葉、右・イタリアン)各378円。一度食べたら忘れられない食感

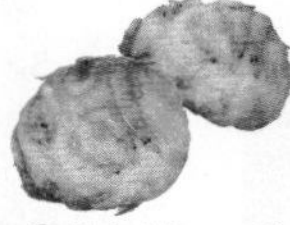

品よくちょっぴり海の香りを楽しみたければ「大漁!えび娘」330円

和田たばこ店
わだたばこてん

古き良き昭和を今に伝えるアナログゲームの名機がずらり。今では高価な蒐集品を当時の価格のまま実際に遊べるのは名物オーナーのおかげ。

MAP 付録P.7 D-4

☎0557-83-6000 所 熱海市昭和町4-27
営 10:00～17:00 休 不定休
交 JR熱海駅から徒歩25分 P あり

懐かしの駄菓子を見つければ大人も童心に

レトロなゲーム機が店内に並ぶ

岸浅次郎商店
きしあさじろうしょうてん

「七尾たくあん浅次郎漬」の原材料は、契約農家で作られた干大根、糠、塩のみ。深い味わいは、使い込まれた四斗樽で静かに育てられ3年間で完成する。

MAP 付録P.7 E-2

☎0557-82-2192 所 熱海市咲見町12-12
営 9:00～18:00 休 木曜
交 JR熱海駅から徒歩7分 P なし

常時40～50種類の漬物を用意

七尾たくあん浅次郎漬3年物1620円。大根自体が結わけるくらいに天日干しにするのが味の秘訣

(左から)七尾たくあん一味風味741円、料亭風味741円、ごはんのお友達540円

昔ながらの雰囲気のなかでゆったりとくつろげる

温泉街の老舗レトロ喫茶

ノスタルジーに満ちた
店内に流れるゆるやかな時間。
昔懐かしいメニューや
本格コーヒーを味わってみたい。

昭和の息づかいが聞こえる
時代の生き証人として約70年

ボンネット

MAP 付録P.7 D-3

開店当初に施された質の高いインテリアが、時を経て優雅さを感じさせ、客を楽しませる。半世紀を超えてお店に立ってきたマスターの存在感もさることながら、そのやさしい心遣いもうれしいかぎり。

☎0557-81-4960
所 熱海市銀座町8-14　営 10:00～15:00　休 日曜ほか不定休
交 JR熱海駅から徒歩15分　P なし

1.2.4.華やかなりし昭和の空気が今なお漂う店内と外観　3.ハンバーガーセット900円。当時は誰も見たことがなかったハンバーガーを人々に知らしめたのがこのお店

待ち合わせに最適な駅前
老若男女に愛される老舗

Cafe Agir

カフェ アジール

MAP 付録P.7 F-1

大きなガラス窓から熱海駅前の人々の往来を見下ろせば、それはまるで映画の1シーン。ノスタルジックな雰囲気を盛り上げるジャズのけだるさに、昭和にタイムトリップしたような気分を味わえる。

☎0557-83-3412
所 熱海市田原本町8-5 2F
営 9:00～19:00(LO18:00)
休 無休
交 JR熱海駅からすぐ
P なし

1.プリンアラモード1200円 甘すぎずそれでいて濃厚な、こだわり生クリームを使用
2.観光客や地元住民の朝食の場としても愛され、はや半世紀
3.賑やかでかわいらしい黒板メニューが目印
4.高貴なレッドカーペットが懐古カフェへと導いてくれる

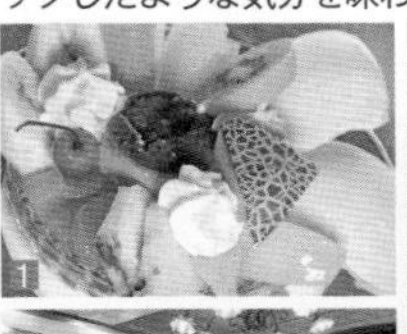

希少な正統派ジャズ喫茶
一度行ったらママの虜に

ジャズ喫茶 ゆしま

ジャズきっさ ゆしま

MAP 付録P.7 D-3

街の変遷を見守ってきた店内で、ジャズの音色とともに、流れる時代を超えたエスプリと、人々を大きく包み込むアナログ感。常連、一見問わず、心地よい居場所をくれる店主。ファンが多いのもうなずける。

1.センスの光る空間アートのような店内。時間を忘れる居心地　2.ママの息子さん手製の扉。自由な発想が人々に元気を与える　3.コーヒー400円。ていねいなネルドリップの香り豊かな一杯

☎0557-81-4704
所 熱海市中央町5-9
営 12:00～17:00
休 日～火曜　交 JR熱海駅から徒歩15分　P なし

静謐な空気に満ちた由緒あるパワースポットへ

開運招福の古社に詣でる

伊豆を代表する2つの神社。神聖な空気を体いっぱいに取り入れて強運や縁結び、無病息災などを願いたい。お参りの作法も忘れずに。

階段の参道を上った先にある本殿

強運・天下取りの神社

伊豆山神社

いずさんじんじゃ

伊豆山 MAP 付録P.6 B-1

かつては伊豆御宮、走湯大権現と呼ばれた神社。伊豆という地名の元になったという。源頼朝と北条政子が結ばれた場所として縁結びのパワースポットとしても人気だ。本殿横には頼朝・政子の腰掛け石が残る。

☎0557-80-3164
所熱海市伊豆山708-1　開休料境内自由
交JR熱海駅から東海バスで7分、伊豆山神社前下車すぐ　Pあり

↑相模灘を一望できる

↑縁結びの神である日精・月精を祀る結明神社の里宮

←手水舎には火と水を司る紅白の龍が。温泉を生み出す最強の守護神だ

→政治を司る神を祀る雷電社。多くの将軍に敬われた

山上にたたずむ本宮社

本殿からさらに山を登ると、病気平癒の神を祀る白山神社、結明神本社、本宮社がある。修験道の行場だった険しい山道だが、本宮社にたどり着いたときの達成感は格別。

↑権現造の本殿。境内には弁財天や稲荷社などがある

→参集殿内には御守り授与所や茶寮がある

御神木の大楠

樹齢2100年超えという大楠は「不老長寿」「無病息災」の象徴。一周すると寿命が1年延びる、願い事を心に秘めながら一周すると願いが叶うという言い伝えがある。

←飲酒による災難から守ってくれる。禁酒の神としても名高い

山と水のパワーを持つ名刹

來宮神社

きのみやじんじゃ

来宮 MAP 付録P.6 B-2

古くから熱海郷の地主の神として知られる神社。来福・縁起の神として信仰されており、営業繁盛・身体強健・縁結びの神、大己貴命をはじめ3柱の神を祀る。本殿の左奥にある大楠は樹齢2100年以上で、国の天然記念物に指定されている。

☎0557-82-2241
所熱海市西山町43-1　開休料境内自由(祈願奉仕は9:00～16:30)
交JR来宮駅から徒歩3分　Pあり

洋館「金剛」
ようかん「こんごう」

昭和4年(1929)完成。洋館には珍しい螺鈿細工が随所に施されている。

多彩な建築美が調和する別荘地の名邸

文豪らにも愛された 起雲閣の浪漫に浸る

3000坪に及ぶ広大な敷地に残る屋敷。細部にまでこだわったしつらえと眺望、散策を楽しめる庭園をじっくり見てまわりたい。

起雲閣

きうんかく

MAP 付録P.7 D-4

世界各地の建築美を融合させた大正・昭和の面影を残す邸宅

大正8年(1919)に個人の別荘として築かれ、熱海の三大別荘と称された名邸。広々とした敷地内には日本家屋の伝統を有する和館、各国の装飾や様式を用いた洋館、緑豊かな庭園がある。昭和22年(1947)に旅館となってからは、谷崎潤一郎(たにざきじゅんいちろう)や山本有三(やまもとゆうぞう)、太宰治(だざいおさむ)など多くの文豪が訪れた。現在は熱海市の指定有形文化財であり、人気の観光施設となっている。

☎0557-86-3101 所熱海市昭和町4-2
開9:00～17:00(入館は～16:30)
休水曜(祝日の場合は開館) 料610円
交JR熱海駅から徒歩25分 Pあり

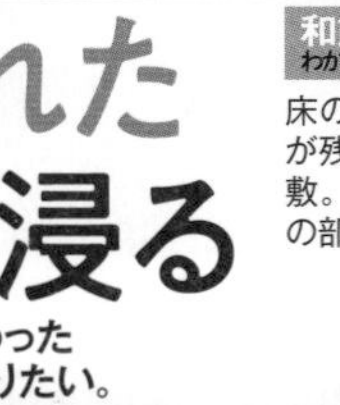

和館「孔雀」
わかん「くじゃく」

床の間や付け書院が残る伝統的な座敷。上品な雰囲気の部屋だ。

洋館「玉渓」
ようかん「ぎょくけい」

中世イギリスのチューダー様式をもとにしたヨーロッパの山荘風の造り。

洋館「玉姫」
ようかん「たまひめ」

正面中央には暖炉。和洋折衷のデザインに中国風の彫刻も加わる。

ローマ風浴室
ローマふうよくしつ

洋館「金剛」に併設。ステンドグラスなどは建築当時のものだ。

サンルーム

アール・デコのデザインが基調。美しいステンドグラスは必見だ。

和館「麒麟・大鳳」
わかん「きりん・たいほう」

伝統的な和風建築で大正8年(1919)完成。大鳳には太宰治が滞在した。

館内は傾斜を生かした設計で、エスカレーターをつなぐ円形ロビーも幻想的な雰囲気に

高台に建つ美術の殿堂へ

MOA美術館

エムオーエーびじゅつかん

東洋美術を多岐にわたり収蔵展示 美術館からの眺望も素晴らしい

設立者・岡田茂吉のコレクションをもとに、尾形光琳筆の『紅白梅図屏風』をはじめとする国宝3点を含む約3500点を所蔵。内容は東洋美術が中心で、絵画、書跡、彫刻など幅広い。約1カ月半ごとに展示内容が変わり、各種イベントも盛ん。

熱海 MAP 付録P.6 B-1

☎0557-84-2511 所熱海市桃山町26-2
開9:30～16:30(入館は～16:00)
休木曜(祝日の場合は開館)、展示替え日
料1600円、高校・大学生1000円、小・中学生無料
交JR熱海駅から東海バスMOA美術館行きで7分、終点下車すぐ Pあり

定期的に演能会が開催される能楽堂

リニューアルにより展示空間も一新された

美術館は高台にあり、相模灘が一望できる

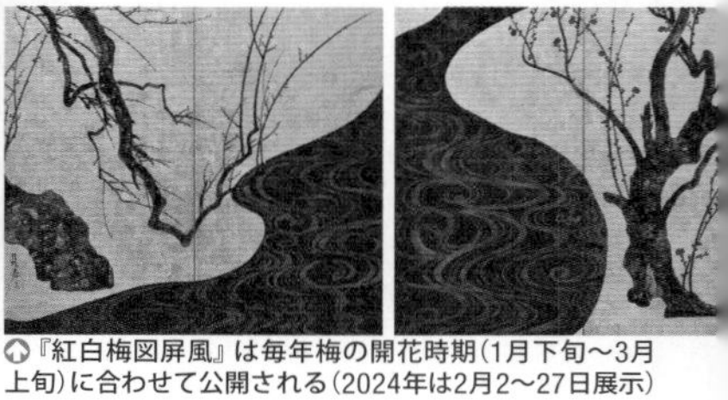

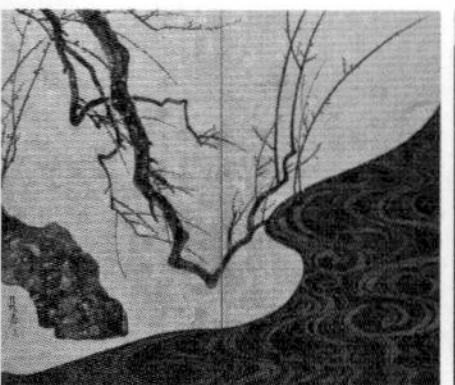

『紅白梅図屏風』は毎年梅の開花時期(1月下旬～3月上旬)に合わせて公開される(2024年は2月2～27日展示)

海岸沿いの一帯とその頂上で出会う印象的な風景

熱海の人気景勝スポットを楽しむ

水平線を望む庭園や日帰り温泉施設、ビュースポットなど、熱海の旅行がより充実する施設はコチラ。

熱海や伊豆半島を見渡せる360度のパノラマ

熱海城

あたみじょう

熱海 MAP 付録P.6 B-2

錦ヶ浦の山頂に建ち、海抜160mの天守閣からの眺めは熱海随一。日本全国の城に関する資料を集めた日本城郭資料館、武士が身につけていた鎧や兜を展示する武家資料館など、見どころも満載だ。1階のバルコニーにはジェット付き足湯もある。

☎0557-81-6206 所熱海市熱海1993
開9:00～17:00(入場は～16:30) 休無休
料1100円 交JR熱海駅から観光周遊バス「湯～遊～バス」で19分、熱海城下車すぐ
Pあり

7・8月の熱海海上花火大会時には夜間も営業する。夜景と花火を同時に楽しめる特等席だ

晴れた日には初島や大島、伊豆半島が見えることも

迫力のある景色で、熱海を代表する景勝地

錦ヶ浦

にしきがうら

錦ヶ浦 MAP 付録P.6 B-3

高さ80mの断崖が1km続く景勝地。朝日が海の奇岩・洞窟に注ぐと眩しい5色の光を放つことから、京の錦織の名を借り、錦ヶ浦と呼ぶようになったという。荒波に浸食されてできた兜岩などの奇岩が並び、源頼朝などにまつわる伝説も残る。

☎0557-85-2222
(熱海市観光協会)
所熱海市熱海
開休料見学自由
交JR熱海駅から東海バスで13分、錦ヶ浦下車すぐ Pなし

錦ヶ浦は、魚見崎からホテルニューアカオ周辺までを指す。古くから歌にも詠まれてきた場所だ

絶景とともに楽しむ日本最大級の露天立ち湯

オーシャンスパ Fuua

オーシャンスパ フーア

熱海 MAP 付録P.6 B-2

海を眺めながら温泉に入ることができる熱海最大級の日帰り温泉施設。全長約25m、深さ110cmの露天立ち湯では、海に浮いているような浮遊感を感じながら入浴を楽しめる。夕暮れや夜景など、時間によって変わるダイナミックな景色も堪能できる。

☎0557-82-0123
所熱海市和田浜南町10-1
開10:00～22:00
(最終入館21:00)
休不定休
料平日3230円
交JR熱海駅から車で10分(無料送迎バスあり)
Pあり(230台)

入浴しながら熱海の景色を一望できるのが珍しい

バラとハーブが広がる20万坪の優雅な花園

ACAO FOREST

アカオ フォレスト

熱海 MAP 付録P.6 B-3

相模湾を見下ろす丘陵地に、多様な花が咲く花園。13のガーデンが点在し、特に5～6月は約600種4000株のバラが見頃を迎える。隈研吾氏が設計したカフェ「COEDA HOUSE」では、バラを使ったオリジナルメニューが味わえる。

☎なし 所熱海市上多賀1027-8
開9:00～17:00(受付は～16:00)
休無休(荒天時は臨時休園の場合あり)
料4000円 交JR熱海駅から東海バスで15分、アカオフォレスト下車すぐ
P100台

イングリッシュローズや宿根草が咲くイングリッシュローズガーデン

海を眺めながら乗る「空飛ぶブランコ」は人気のフォトスポット

予約 不可
予算 Ⓛ4000円～ Ⓓ5000円～

ビーフシチュー 3630円
時間と手間が生み出すコクたっぷりの深い味わい。昭和21年(1946)からの変わらぬ味

レトロな店内で食べる老舗の洋食は格別

レストラン スコット

洋食

熱海銀座周辺 MAP 付録P.7 E-3

昭和の文豪らが通いつめた名店 別荘族の豊かな時間ここにあり

とろけるようにやわらかな牛肉と、1週間かけて仕込まれるデミグラスソースのマリアージュ。志賀直哉や谷崎潤一郎、村上春樹といった作家が多く訪れ、創業当初から変わらないていねいな味づくりは、ここを愛する別荘族に「熱海の洋食店の頂点」と言わしめている。

☎0557-81-9493
所熱海市渚町10-13
営12:00～13:30、17:00～19:00
休木曜 交JR熱海駅から徒歩15分 Pあり

温泉街の発展とともに歩んできた、確かな歴史を実感する一皿

愛され続ける別荘地の名店

明治時代以降、文豪や著名人たちの人気を博し、数多くの別荘が建てられ栄えた熱海。
人々の憧れを集めた別荘地で生まれた各店の看板メニューは、どこか懐かしく奥深い味わいだ。

春陽亭
しゅんようてい

予約 望ましい
予算 ⓁⒹ7000円～

フランス料理

熱海北部 MAP 付録P.6 C-1

静かな森にたたずむ一軒家は 小鳥のさえずりと絶景もご馳走

森の小道を隠れ家に向かって歩いていくアプローチ。背後には見渡す限りの水平線。総敷地面積2000坪の店は、気品とやさしさにあふれる店主が守り続ける優雅な空間。この店ならではのぬくもりを感じに、遠方から訪れる常連客が後を絶たない。

☎0557-80-0288
所熱海市泉大黒崎270-2
営11:30～15:30(LO14:30)
17:30～21:00(LO19:30)
休火曜(祝日の場合は翌日休)
交JR熱海駅から車で10分
P8台

大きな窓からやわらかな日差しに満たされる店内

空と一体化した海と木々の緑に囲まれた空間にあるのは、心和む贅沢感

国産牛のステーキ 温野菜添え 6534円
メインのあとは、好きなものを好きなだけ食べられるワゴンスイーツが運ばれてくる

カフェ ドゥ シュマン

フランス料理

熱海銀座周辺 MAP 付録P.7 D-2

別荘族がこよなく愛する店
味は人気作家のお墨付き

村上春樹の熱海でのお気に入りでもあり、フレンチの神様・ロブション氏も足を運んだという店は、周辺別荘族の御用達。採算度外視で良質の食材を多用するベテランシェフの皿には、正統派の技と顧客への愛情があふれている。

☎0557-81-2079
所 熱海市銀座町1-22
営 11:30～14:30(LO) 17:30～20:30(LO)、カフェ11:00～20:30 休 水曜
交 JR熱海駅から徒歩12分 P なし

シュマンとは「小路」。レトロラグジュアリーなお店は昭和54年(1979)創業

予約 可
予算 L D 3000円～

海の幸のキッシュ サラダ添え
ピクニックランチセット3025円のなかの一品。リピーターが目当てにする、カニの身がぎっしり詰まった贅沢な一皿

日替わり御膳 2800円
ランチのみのサービス御膳は、地元で獲れた迫力あるお刺身付き

てんぷら 鶴吉

てんぷら つるきち

天ぷら

熱海銀座周辺 MAP 付録P.7 D-3

正統派日本料理は食通も納得
腕が立つ料理長のもてなし

胃にもたれない軽い食感が特徴の椿油を使用し、目の前で旬の素材を揚げてくれる。有名ホテル出身の料理長が選ぶこだわりの地もの食材が、美しい器を優雅に飾り、遠方からのリピーターも多い。しっとりした時間を楽しみたい人に。

上品なたたずまいの店内

☎0557-86-2338
所 熱海市中央町11-1 営 11:30～14:30(LO14:00) 17:30～21:00(LO20:00) 休 木曜、第3水曜 交 JR熱海駅から徒歩15分／東海バスで5分、銀座下車すぐ P あり

予約 可
予算 L 2600円～ D 5500円～

中華飯店 大一樓

ちゅうかはんてん だいいちろう

中国料理

熱海銀座周辺 MAP 付録P.7 D-3

予約 可(半個室、貸切は要)
予算 L 1000円～ D 1500円～

創業昭和8年から変わらぬ伝統
味の美学を追求し続ける専門店

さまざまなメディアで紹介されている老舗には、甕出し紹興貴酒がずらり。伊豆近海ものの伊勢エビを使った料理のほか、黒胡椒を練り込んだ特製そばで食べる辣油麺などが評判。今や市内各所で目にする熱海名物「大一樓の揚げワンタン」は、この店のオリジナル。

☎0557-81-3767
所 熱海市中央町4-2 営 11:45～15:00(LO14:30) 17:30～21:00(LO20:00)※なくなり次第終了 休 不定休
交 JR熱海駅から徒歩15分 P なし

甕出し紹興貴酒は5年、12年、20年ものを揃える

夜は揚げワンタンで一杯やる常連さんたちの姿も

伊勢海老石焼きあんかけチャーハン 2950円～
歯ごたえを感じられるご飯と、エビのだしがよく出たあんが絶妙の相性

駿河路鮮魚盛合わせ定食 3380円
伊豆近海・駿河湾の地物を使っているため、季節によって若干ネタの変更あり

平和通り商店街の生け簀が目印
開店前から列ができる人気ぶり

和食処 こばやし

わしょくどころ こばやし

熱海駅周辺 MAP 付録P.7 E-1

海鮮の新鮮さと彩りの美しさが評判の店。生け簀から揚げられたばかりのアジの活造りをはじめ、伊豆近海の魚介がふんだんに盛り付けられた駿河和定食は、小鉢・炊き合わせなどが付いてボリューム満点。女性に大人気の夢ちらし寿司2280円は数量限定なのでお早めに。

☎0557-81-1686
所 熱海市田原本町3-8
営 11:00～20:00(LO 19:30)
休 火曜(祝日の場合は翌日)
交 JR熱海駅からすぐ　P なし

予約 可
予算 Ⓛ2000円～ Ⓓ4000円～

テーブル席のほか個室席も用意している

2階の席は予約できないため、平日でも多くの人が並んでいる

伊豆近海で育まれた新鮮な海の幸を食す

漁港から直送 半島自慢の魚料理

南洋から流れ込む黒潮の恵みで、種類豊富な魚が獲れる伊豆半島。近隣漁港で水揚げされたばかりの、鮮度抜群の美味を堪能したい。

目利きの大将が海鮮素材を厳選
数多くの芸能人が訪れる有名店

和食処 天匠

わしょくどころ てんしょう

熱海銀座周辺 MAP 付録P.7 D-3

網代から川奈まで、地元伊豆で揚がった鮮度抜群の朝獲れ地魚を大将自らが仕入れる。わさび醤油に漬けた定番の漁師丼のほか、ネタが丼からあふれるボリュームのおまかせ丼3200円や特上天丼2780円は迫力に話題性あり。壁に並べられた色紙を眺めるのも楽しい。

☎0557-82-3383
所 熱海市清水町4-16
営 11:30～15:00(LO14:30)
17:00～20:30(LO20:00)
休 木曜、月2回水曜
交 JR熱海駅から徒歩20分　P あり

テレビ番組などの影響で週末や祝日は多くの人が訪れる

座敷席のほか、カウンター席もある

予約 可
予算 Ⓛ2000円～ Ⓓ3000円～

漁師丼 2300円
パリパリの海苔をアクセントに、彩り豊かな地魚が盛られている

約160年の歴史を誇る干物店直営
伝統干物の奥深さに改めて舌鼓

海幸楽膳 釜つる

かいこうらくぜん かまつる

熱海銀座周辺 MAP 付録P.7 E-3

専用グリルでじっくり焼かれた香ばしい干物は、熱海では有名な5代目社長率いる干物専門店「釜鶴」の看板商品。そこに料亭での経験豊かな板長の腕が合わされば、干物が主役の豪華な本格和食に。干物定食ほか、海幸膳2420円や金目鯛煮付け定食3500円などもおすすめ。

☎0557-85-1755
所熱海市銀座町10-11 営11:30〜14:30(LO14:00) 17:30〜21:00(LO20:00)
休水曜、第1・3木曜
交JR熱海駅から徒歩15分 Pあり

予約 可
予算 LD2000円〜

干物定食 2500円
アジ、カマス、旬魚から2枚選べる。釜鶴干物の味を存分に楽しめるメニュー

干物の庶民的イメージを覆すスタイリッシュな店内

地魚海鮮丼 1100円
手ごろな値段の大人気丼は、1日数量限定。トロトロ穴子寿司はお店いち押しの一品

場所は銀座商店街から延びる脇道を少し入ったところ

お座敷とカウンターがあるお店で一杯やれば気分はもう地元住民

初代から引き継がれた穴子寿司
地元の人々に愛され続ける老舗

寿し忠

すしちゅう

予約 可
予算 L1000円〜 D5000円〜

熱海銀座周辺 MAP 付録P.7 E-3

地魚海鮮丼と名を冠するように、具は徹底的なまでに地元相模灘と駿河湾で獲れたもののみ使用。職人道一本の生真面目な店主のこだわりが高じ、わさびも伊豆天城高原の特定農家から仕入れた本わさびを使う。「伊豆」が集められた丼はまさにお店の郷土愛が表現された逸品。

☎0557-82-3222
所熱海市銀座町7-11 営11:00〜20:00
休水曜 交JR熱海駅から徒歩15分 Pあり

2代目主人はほっこり人情派
豪華かつ上質のネタが盛りだくさん

まさる

予約 不可
予算 LD1300円〜

熱海銀座周辺 MAP 付録P.7 E-3

近隣住人に愛されてきたローカル色が濃いアットホームな空間でいただけるのは、高品質かつ分厚い海鮮ネタがこれでもかとのった丼。ラインナップは良心的値段で全7種類。「定食もうまいよ。夜も遅くまでやっている憩いの場だよ」と、地元の人も太鼓判。

☎0557-81-8897
所熱海市渚町13-5 営11:30〜14:00(LO13:30) 17:30〜20:30(LO20:00、月・火・金曜のみ営業)
※売り切れ次第終了 休木曜、水・土・日曜の夜
交JR熱海駅から徒歩15分 Pなし

家族経営のあったかムードがたっぷりの、地域に根ざした定食屋

海鮮丼 2600円
観光客に一番人気の丼で、新鮮なネタがたっぷり。小鉢と香の物、味噌汁付き

SHOPPING
買う

温泉街の逸品菓子

老舗が真心込めた自慢の甘味の数々

温泉街の代名詞・温泉まんじゅうを筆頭に、ていねいに作られた和菓子・洋菓子が勢揃い。湯治客はもちろん地元の人々からも愛顧される逸品は、旅のおやつにもおみやげにもおすすめ。

時代に左右されないまんじゅうを

いいらまんじゅう
黒糖・抹茶・紫蘇
各200円
両手のひらで包めるボリューム感が、食べ歩きにもうれしい

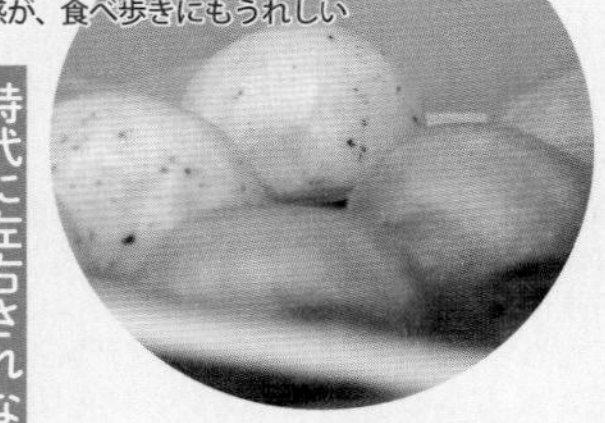

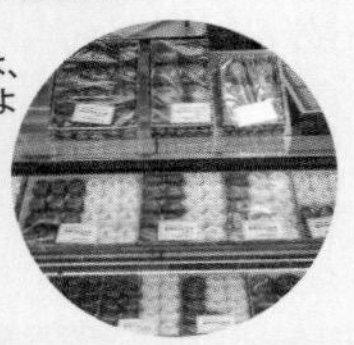

「いいら」とは、地元の方言で「よい」という意味。創業は昭和35年(1960)

いいらまんじゅう阿部商店
いいらまんじゅうあべしょうてん

熱海駅周辺 MAP 付録P.7 E-1

全国菓子大博覧会で大賞受賞の経歴を持つ「いいらまんじゅう」は、基本に忠実な正統派。餡は北海道十勝産小豆、皮には奄美産黒糖、静岡産抹茶、小田原産しそを使用。伝統の絶妙な独自配合で、冷めてもおいしく食べられる。

☎0557-81-3731
所熱海市田原本町5-7　営10:00～18:00
休不定休　交JR熱海駅からすぐ　Pなし

伝統の技を守り続けてはや100年

百年羊羹
1000円
本煉・栗・小倉・抹茶・梅・あたみかんは定番。冬季限定の「柚子羊羹」も人気

常春のあたみ
3個入り450円
良質の小豆をふんだんに使ったつぶ餡は、食べ応えたっぷりの質感

うぐいす餅
12個入り1350円
古式ゆかしき箱に入った、上品でかわいらしい、女性に人気の一品

きび餅
8個入り550円
16個入り950円
少しでも傾けると片寄ってしまうなめらかさ。舌ざわり抜群の絶品餅

登きわ木
6本入り650円／16本入り1800円
百年羊羹を自然乾燥させ、2つの食感を同時に楽しめる新商品

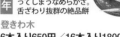

本家ときわぎ
ほんけときわぎ

熱海銀座周辺 MAP 付録P.7 D-2

京都の宮大工が手がけた風格ある建物は、格天井が美しい歴史建築。伝統製法で作る混じり気なしの和菓子は、4代続く和菓子職人の技術が織り込まれた逸品。本物の格式と存在感たっぷりのお菓子は、親しい人への手みやげに。

☎0557-81-2228 所熱海市銀座町14-1 営9:30～17:30 休水・木曜(祝日の場合は営業)、ほか不定休 交JR熱海駅から徒歩12分 Pなし

真心がぎっしり詰まったケーキたち

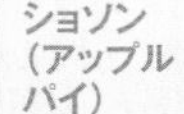

ショソン（アップルパイ）
570円
紅玉リンゴの酸味がさわやかで甘さ控えめのパイは季節限定

モカロール
330円
食後にこれを口にした文豪を唸らせた、味が良いのはもちろん形もかわいらしいケーキ

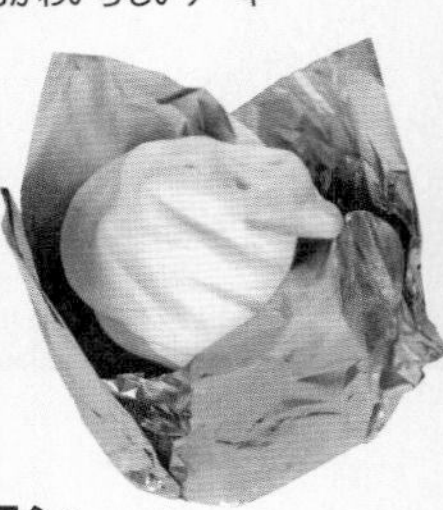

モンブラン
360円
普通の栗モンブランとは違い、雪をかぶった山を連想させる

モンブラン

熱海銀座周辺 MAP 付録P.7 E-3

当初料理店としてオープンしたが、初代パティシエのこだわりが高じ、その後フランス菓子店に。モカロールは谷崎潤一郎を虜にし、ロバート・キャパも来日時にここを訪れた。店内にはキャパの写真とサインが飾られている。

☎0557-81-4070 所熱海市銀座町4-8
営10:00～18:00(土・日曜は～19:00)
休水曜 交JR熱海駅から徒歩17分 Pなし

創意工夫とひねりが効いた品々

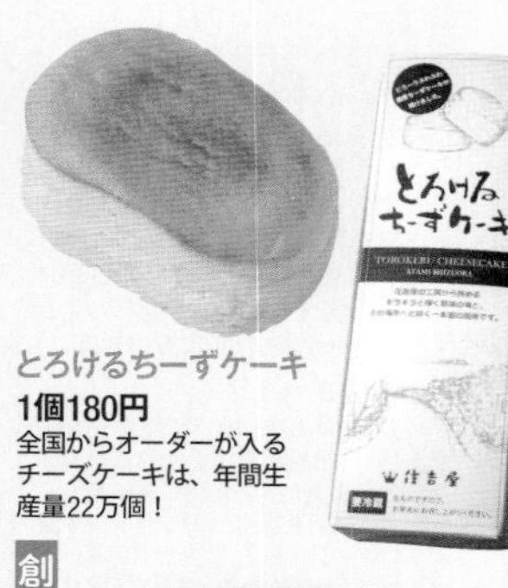

とろけるちーずケーキ
1個180円
全国からオーダーが入るチーズケーキは、年間生産量22万個！

とろけるデシュー
1個200円
丹那の牛乳と伊豆の新鮮卵、地元素材をたっぷり使用

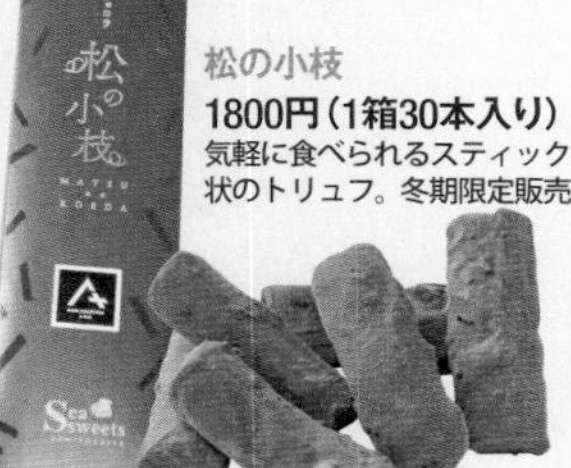

松の小枝
1800円（1箱30本入り）
気軽に食べられるスティック状のトリュフ。冬期限定販売

住吉屋 熱海本店

すみよしや あたみほんてん

熱海銀座周辺 MAP 付録P.7 E-3

外側のサクサク食感がまるでクッキーのようなシュー、噛みしめると半熟の中身が口の中にとろけだすチーズケーキ、松の枝を模したトリュフ…。商品自体にもネーミングにも遊び心がたっぷり込められている。

☎0557-81-4744 所熱海市渚町13-2
営9:00～17:00
休水曜 交JR熱海駅から徒歩15分 Pあり

地元で愛される、無添加の安心スイーツ

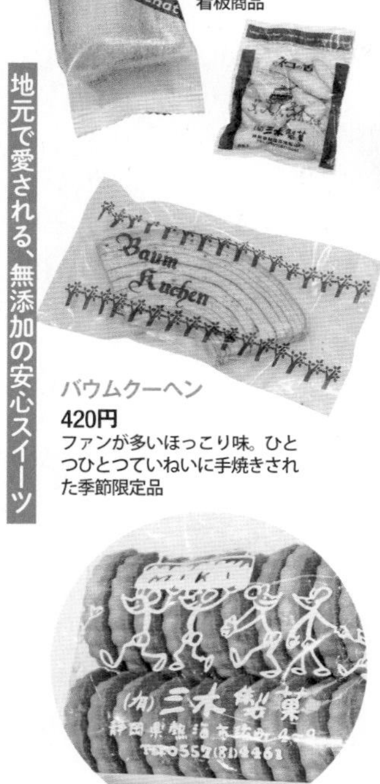

ネコの舌
7枚入り260円
130g660円
口に入れたときに子猫の舌の感触が味わえる!?お店の看板商品

バウムクーヘン
420円
ファンが多いほっこり味。ひとつひとつていねいに手焼きされた季節限定品

バタークッキー
20枚入り2200円
濃厚なバターの香りと甘さ控えめの素朴な味わいは子どもにも安心

三木製菓

みきせいか

熱海銀座周辺 MAP 付録P.7 E-3

こぢんまりした家族経営で、昭和24年（1949）から続く地元の老舗。作り手の真心が感じられる味は世代を超えて愛され、焼き菓子は70年以上のロングセラー。素朴さと温かさにあふれたお菓子は大切な人へのおみやげに最適。

☎0557-81-4461 所熱海市渚町3-4
営9:30～18:00 休木曜、第1日曜、第3水曜
交JR熱海駅から徒歩15分 Pなし

品と情緒を身にまとう和菓子たち

あたみ桜
1個200円
5個入り1100円
餡に添えられた桜の塩漬けがアクセントになっている最中

ほろにがカラメル一楽プリン
1個360円
本物を追求した"濃さ"が、昔懐かしい素朴な味わい

ごま大福
6個入り780円
ごまの香ばしさがとろけるような餅に絡みついた至高の一品

御菓子処 一楽

おかしどころ いちらく

熱海駅周辺 MAP 付録P.7 E-1

熱海駅前平和通り商店街に店を構える。創業60年余の老舗職人魂が生み続けるのは、芸術を思わせるお菓子。餡は北海道十勝から仕入れた厳選小豆を使用、使うお菓子の種類によって煮方を変えるほどこだわっている。

☎0557-85-7222
所熱海市田原本町5-5 営9:00～17:00
休不定休 交JR熱海駅からすぐ Pなし

南国リゾートを満喫

初島

はつしま

首都圏から一番近い離島。タクシーもコンビニもない小さな島でリゾート気分を味わえる。離島ならではのアクティビティも満載。

⬆一年を通して温暖な気候。亜熱帯の植物も見ることができる

⬅ヤシの木が生い茂るアジアンガーデンR-Asia。カフェメニューも充実

初島はこんなところ

熱海港から高速船で約30分。一周約4kmの小さな島で静岡県の最東端だ。縄文時代の遺跡も発見されており、古くから有人島だったことがわかっている。現在も南国気分を味わえるリゾート地として人気の島だ。

初島 はつしま

☎0557-67-1400（初島観光案内所） 所熱海市初島 交JR熱海駅から東海バスで10分の熱海港から高速船（富士急マリンリゾート☎0557-81-0541）で30分（往復2800円、1日10便運航） P熱海港隣接市営駐車場利用

PICA初島

ぴかはつしま

初島 MAP 付録P.3 F-3

思い思いの過ごし方ができる

首都圏から一番近い離島にある、アジアンリゾート。ハンモックに寝転び島の風に揺られたり、アスレチックで体を動かしたりと、大人から子どもまで楽しめるのが魅力。キャンプ場や海水を使ったプール（夏期のみ）もある。

☎0557-67-2151 所熱海市初島1113
開休料施設により異なる 交初島港から徒歩10分 Pあり（宿泊者専用・予約制）

アジアンガーデンR-Asia

アジアンガーデン アールエイジア

亜熱帯の植物に囲まれた南国風のガーデン。ハンモックに揺られてのんびりとした島時間を過ごしたい。

開9:00〜16:00 休木曜（GW・夏休み・年末年始は無休） 料950円

アイランドキャンプヴィラ

コテージタイプのアジアンリゾートヴィラとトレーラーハウスに宿泊するトレーラーヴィラの2種がある。

☎0555-30-4580（PICAヘルプデスク）
営IN14:00／OUT11:00 休水・木曜（GW・夏休み・年末年始は無休） 料1泊2食付1万6200円〜（R-Asia・島の湯利用料込）

海泉浴 島の湯

かいせんよくしまのゆ

海岸線ぎりぎりに作られた露天風呂。地下40mから汲み上げる井戸水は多量のミネラルを含んでいる。

営10:00〜21:00（季節により異なる） 休木曜（GW・夏休み・年末年始は無休） 料900円

足を延ばして多賀・網代へ

網代漁港越しに初島を望む南熱海へ。

戸田幸四郎絵本美術館

とだこうしろうえほんびじゅつかん

知育絵本の草分け、戸田幸四郎氏の原画を展示。氏が内装まで手がけた館内には、カフェやショップもあり、庭では貸し出しの絵本が読める。

多賀 MAP 付録P.6 B-3

☎0557-67-1107 所熱海市上多賀1055-30
開10:00〜16:30（入館は〜16:00）
休火〜木曜（祝日の場合は開館） 料800円
交JR熱海駅から車で20分 Pあり

➡別荘として使用されていた敷地内の樹木を、すべて生かして設計

池田満寿夫記念館

いけだますおきねんかん

マルチアーティストとして活躍した池田満寿夫氏の記念館。熱海にちなむ作品を中心にブロンズや版画、書など常時60点ほどを展示する。

多賀 MAP 付録P.6 A-4

☎0557-68-3258 所熱海市下多賀1130-1
開9:00〜16:30（入館は〜16:00）
休火〜金曜（祝日の場合は開館） 料610円
交JR網代駅から車で10分 Pあり

➡鮮やかな建物が特徴的。花々や野外彫刻も楽しめる

網代ひもの銀座

あじろひものぎんざ

アジやイカ、イワシなどの干物を売る店が並ぶ100mほどの通り。網代漁港で水揚げされた魚を昔からの手法で干物にしている。

網代 MAP 付録P.6 B-4

☎0557-68-0136（網代温泉観光協会）
所熱海市網代 営休店舗により異なる
交JR網代駅から徒歩6分 Pあり

➡店によって味が異なるので、試食しながらじっくり選びたい

OTONATABI
Higashi Izu

東伊豆

火山噴火による険しい地形と大海原が広がる

絶景を楽しめる露天風呂や
新鮮な海の幸を堪能できる
伊東や熱川などの温泉地。
高原には美と芸術に関わる
美術館や博物館が点在。
のどかな風景とともに
湯めぐりをするのも楽しい。

旅のきほん

エリアと観光のポイント

東伊豆はこんなところです

海沿いには温泉地、高原には観光施設が点在。旅の目的に合わせてプランニングを。

高原のレストランで旬の食材を味わいたい

見て遊んで癒やされる高原

伊豆高原 いずこうげん

➡P.64

伊豆テディベアミュージアムや川奈ステンドグラス美術館など魅力的な施設が点在する高原リゾート。伊豆シャボテン動物公園や伊豆ぐらんぱる公園で楽しんだあとはおしゃれなカフェで休憩を。

⬆➡ジオパークに認定された城ヶ崎海岸や大室山からの絶景は必見

観光のポイント 素敵なオーベルジュに泊まるのもおすすめ

海沿いに温泉地が点在

北川・熱川 ほっかわ・あたがわ

➡P.67

北川の温泉からは相模灘の絶景を見ることができる。熱川は江戸城を築城した太田道灌(おおたどうかん)が発見したという温泉地。その温泉熱を利用した熱川バナナワニ園には貴重な動物たちが勢揃い。

⬆➡熱川バナナワニ園と北川の波打ち際にある野天風呂「黒根岩風呂」

観光のポイント 各所にある温泉・足湯を巡り歩くのも楽しい

名物グルメと花見を堪能

稲取・河津 いなとり・かわづ

➡P.73ほか

日本有数の金目鯛の漁獲量を誇る稲取と、早咲きの桜「河津桜」で有名な河津。2月上旬からは河津桜まつりが開催される。伊豆アニマルキングダムでは動物と近距離でふれあえる。

⬆➡河津桜は2月から。握りをはじめ多彩に楽しめる稲取キンメ

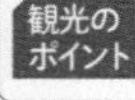

観光のポイント 高級魚の金目鯛は旬の冬が特に美味

このエリアの主な温泉地

伊東温泉
伊東大川(松川)沿いには700を超える源泉があり、風情ある老舗宿も。市街南部の富戸にも温泉がある。

東伊豆温泉郷
国道135号に沿って、大川温泉、熱川温泉、稲取温泉といった数々の温泉が集まっている。

河津温泉郷
歴史のある谷津温泉、『伊豆の踊子』にも描かれた湯ヶ野温泉など、河津町にある温泉の総称。

風情ある温泉街を満喫

伊東
いとう

➡P.58

県内ではトップの湯量を誇る伊東温泉。まずは温泉街を歩いて旅情に浸りたい。温泉街を満喫したあとは道の駅 伊東マリンタウンへ。おみやげの購入はもちろん、足湯や遊覧船も楽しめる。

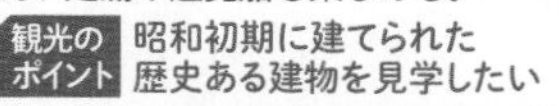

観光のポイント 昭和初期に建てられた歴史ある建物を見学したい

石畳の松川遊歩道から伊東大川(松川)越しに東海館を眺める

熱海峠 熱海駅 網代駅 網代温泉 初島 熱海市 伊豆の国市 亀石峠 伊東線 大崎 巣雲山 宇佐美駅 宇佐美温泉 相模灘 伊東 道の駅 伊東マリンタウン 伊東駅 伊東オレンジビーチ 東海館 汐吹崎 伊豆温泉 伊豆スカイライン 南伊東駅 川奈駅 川奈崎 冷川 伊東市 最勝院 伊豆市 一碧湖 伊豆急行 伊豆シャボテン動物公園 富戸駅 大室山 伊豆ぐらんぱる公園 伊豆高原 城ヶ崎海岸駅 城ヶ崎海岸 天城高原 遠笠山 伊豆高原駅 伊豆テディベアミュージアム 万三郎岳 天城山 伊豆高原 八丁池 東伊豆町 伊豆大川駅 大川温泉 北川温泉 伊豆北川駅 穴切港 伊豆熱川駅 熱川温泉 熱川バナナワニ園 伊豆アニマルキングダム 片瀬温泉 片瀬白田駅 北川・熱川 東伊豆温泉郷 トモロ岬 河津七滝 河津町 湯ヶ野温泉 河津温泉郷 伊豆稲取駅 稲取漁港 稲取温泉 稲取岬 河津川 河津桜まつり 谷津温泉 今井浜海岸駅 河津駅 河津浜温泉 稲取・河津 鬼ヶ崎 伊豆急行 稲梓駅 本根岬 伊豆急下田駅 下田 三島駅 伊豆長岡駅 韮山反射炉 牧之郷駅 白岩温泉 国士峠

交通 information

主要エリア間の交通

鉄道

熱海駅
JR伊東線で25分
伊東駅
伊豆急行で20分
城ヶ崎海岸駅
伊豆急行で3分
伊豆高原駅
伊豆急行で10分
伊豆熱川駅
伊豆急行で7分
伊豆稲取駅
伊豆急行で5分
河津駅
伊豆急行で15分
伊豆急下田駅

車

熱海
国道135号経由32分
伊東
国道135号経由26分
城ヶ崎海岸
国道135号経由7分
伊豆高原
国道135・県道113号経由20分
伊豆熱川
国道135号経由12分
伊豆稲取
国道135号経由12分
河津
国道135号経由23分
伊豆急下田

伊豆高原駅周辺には美術館が点在

問い合わせ先

交通

JR東日本お問い合わせセンター ☎050-2016-1600
伊豆急行 運輸部運輸課 ☎0557-53-1115
NEXCO中日本お客さまセンター ☎0120-922-229
日本道路交通情報センター(静岡) ☎050-3369-6622(自動音声の場合あり)
東海バス 伊東営業所 ☎0557-37-5121

観光案内

伊東市観光案内所 ☎0557-37-6105
河津町観光協会 ☎0558-32-0290

文人墨客も訪れた温泉街の情緒を感じて

伊東温泉を歩く

いとうおんせん

歴史が息づく温泉街の風景を眺めつつ、川沿いの遊歩道を散策。海辺では潮風と陽光を感じながら、アート鑑賞も楽しみたい。

老舗旅館が立ち並ぶ伊東大川(松川)沿いの風景。古き良き時代の面影が残る

昭和初期の重厚な建物を見学し風情豊かな温泉街をそぞろ歩き

古くから多くの湯治客で賑わってきた伊東温泉。JR伊東駅から海側の一帯に温泉街が広がり、昔ながらの情緒を漂わせている。街の中心を流れる伊東大川(松川)沿いに遊歩道が整備され、周辺には東海館(とうかいかん)や伊東東郷(とうごう)記念館などの歴史ある建物が点在。なぎさ公園や伊東オレンジビーチで海辺の散歩を楽しんだあとは、活気ある湯の花通り商店街にも足を運びたい。

1 昭和初期の建築様式を伝える 東海館

とうかいかん

MAP 付録P.10 B-2

昭和3年(1928)に開業した木造3階建ての温泉宿を観光施設として開放。趣向を凝らした和風建築で、土・日曜、祝日は日帰り入浴も可能。

☎0557-36-2004 所伊東市東松原町12-10 開9:00～21:00 休第3火曜(祝日の場合は翌日) 料200円 交各線・伊東駅から徒歩7分 Pなし

温泉街の浪漫 芸者体験

お座敷文化大學

おざしきぶんかだいがく

気軽に芸者体験ができる学校。春季と秋季に開校され、現役の芸者衆が作法や座敷の稽古をつけてくれる。芸者衣装に身を包み、日本の粋を学んでみたい。

☎0557-37-6105(伊東観光協会)

職人の卓越した技術が結集した建物。堂々たる建築美が素晴らしい

1997年に廃館後、伊東市に寄贈された

2 風情ある川沿いの散歩道 松川遊歩道

まつかわゆうほどう

MAP 付録P.10 B-3

伊東大川(松川)沿いに続く石畳の遊歩道。対岸には歴史ある木造建築が並び、柳や桜の並木も見事。木下杢太郎(きのしたもくたろう)のレリーフやモニュメントも見どころ。

☎0557-37-6105(伊東観光協会) 所伊東市松川沿い 開休料散策自由 交各線・伊東駅から徒歩10分 Pなし

対岸の温泉街らしい風景を眺めながら散策できる

全長約1.5kmの遊歩道。竹あかりのライトアップもしている

川沿いの風に揺れる柳並木が情緒を醸している

人情味あふれる湯の花通り商店街。懐かしい昭和の雰囲気が漂う

3 県内最古の交番が案内所に

伊東観光番

いとうかんこうばん

MAP 付録P.10 B-3

静岡県に現存する最古の交番を利用した観光案内所。ボランティアガイドが常駐し、観光やイベントに関する情報を提供している。

☎0557-37-3550（伊東自然歴史案内人会）
所 伊東市渚町2-48　開 10:00～15:00　休 不定休
料 無料　交 各線・伊東駅から徒歩10分　P なし

旧松原交番をそのまま利用している国の登録有形文化財

4 現存する唯一の東郷元帥の別荘

伊東東郷記念館

いとうとうごうきねんかん

MAP 付録P.10 C-3

昭和4年（1929）、東郷平八郎（とうごうへいはちろう）が夫人の療養のために建てた別荘。東郷が晩年を過ごした当時のまま保存され、数々の遺品も残されている。

☎0557-37-3550（伊東自然歴史案内人会）
所 伊東市渚町3-8　開 10:00～15:00
休 月～土曜　料 200円
交 各線・伊東駅から徒歩15分　P なし

東郷の人柄を物語る純和風の質素なたたずまい

P.60に続く

移動時間◆約40分 散策コース

伊東駅

駅前の通りを直進し、いでゆ橋の手前で左折。徒歩8分

1 東海館

いでゆ橋を渡って左折し、松川沿いに進む。徒歩3分

2 松川遊歩道

遊歩道を抜けると、右前方に伊東観光番が見える。徒歩すぐ

3 伊東観光番

伊東観光番の脇から路地に入って進む。徒歩3分

4 伊東東郷記念館

国道135号に出て左折し、海沿いに進む。徒歩6分

5 なぎさ公園

国道135号を再び進むとオレンジビーチ入口へ。徒歩7分

6 伊東オレンジビーチ

木下杢太郎記念館前を通る道に入って進む。徒歩8分

7 湯の花通り商店街

商店街を通って駅まで戻る。徒歩すぐ

伊東駅

※上記の「移動時間」は施設などの入口までの目安です。見学時間などは含みません。

5 屋外美術館のような海浜公園

なぎさ公園
なぎさこうえん

MAP 付録P.10 C-2

房総半島や三浦半島、真鶴岬、初島まで見渡せる海浜公園。伊東市在住の彫刻家・重岡建治氏の作品が展示されており、芸術鑑賞も楽しめる。

☎0557-37-6105(伊東観光協会)
所伊東市東松原178-36 開休料散策自由
交各線・伊東駅から徒歩12分 Pあり

河口に整備された公園。海辺を散歩しながらのんびりアートを鑑賞したい

6 南国ムードあふれるビーチ

伊東オレンジビーチ
いとうオレンジビーチ

MAP 付録P.10 B-2

温泉街のすぐ近くにあるビーチ。南国ムードたっぷりで、海水浴シーズンは大勢の客で賑わう。遊歩道が整備されており、海辺の散歩にも最適。

☎0557-37-6105(伊東観光協会) 所伊東市湯川・松原 開休料散策自由(海水浴は7月中旬〜8月下旬のみ) 交各線・伊東駅から徒歩5分 Pなぎさ公園駐車場利用

穏やかな波が打ち寄せる人気の海水浴場

朝市にも注目

地元農家が丹精込めて育てた野菜や果物、新鮮な海産物や干物など、伊東の特産物を手ごろな値段で販売。弁当や惣菜などの加工品も揃う。

湯どころ いとうの朝市
ゆどころ いとうのあさいち

MAP 付録P.10 A-2
☎0557-37-6105(伊東観光協会)
所伊東市湯川3-10-20 伊東駅前大型バス専用駐車場 営土・日曜7:30〜11:00
休月〜金曜、荒天時(小雨決行)
交各線・伊東駅からすぐ Pなし

7 地元住民に親しまれる商店街

湯の花通り商店街
ゆのはなどおりしょうてんがい

MAP 付録P.10 A-2

約450mの通り沿いに、菓子店や干物店、飲食店など多彩な店が軒を連ねる。

☎0557-37-6105(伊東観光協会) 所伊東市猪戸
開休料散策自由 交各線・伊東駅からすぐ Pなし

伊東駅前から延びる庶民的な商店街。いろいろな店をのぞいて歩くだけでも楽しい

立ち寄りスポット

山六ひもの総本店
やまろくひものそうほんてん

創業から72年の歴史を持つ干物専門店。人気のとろさば、とろあじ、金目鯛の干物をはじめ、いかの汐辛や味噌漬など海産加工品が豊富。地方発送にも対応。

MAP 付録P.10 B-2
☎0557-37-3039 所伊東市東松原5-6
営8:00〜17:00 休無休
交各線・伊東駅から徒歩10分 Pあり

スタッフが七輪で焼く試食サービスも楽しみ

秘伝のタレで仕上げる「とろさば味醂」900円(2切入り)

新鮮な「いかの汐辛」1300円(価格変更の場合あり)

やわらかい身が美味。一番人気の「とろあじ」1枚900円〜

温暖な伊東の地で育まれた作家たちの交流と創作活動

文学の町、伊東

日本三大温泉のひとつと称され、古くから湯治場として愛されてきた伊東温泉。環境に恵まれた伊東を訪れた文人は多く、ここで生み出された名作や逸話が多く残る。

伊東に癒やしを求めた数々の文人たち

文芸誌『明星』発刊の中心となった与謝野鉄幹・晶子夫妻は昭和5年(1930)以降、たびたび一碧湖畔にある友人の別荘を訪れている。温泉・観光を楽しみながら夫妻が一碧湖周辺で詠んだ歌は数百首にのぼるといわれており、湖のほとりにも歌碑が残る。木下杢太郎と親交が深かった北原白秋は、幾度となく伊東の杢太郎の生家を訪れた。渚橋近くにある白秋の歌碑には、彼が作詞した『伊東音頭』の歌詞が刻まれている。高浜虚子は伊東温泉とその湯質に感動して俳句を詠んだ。『人生劇場・青春編』を代表作とする尾崎士郎は約10年間伊東に滞在。その間も『天皇機関説』『ホーデン侍従』などの作品を生み出した。

周囲約4km、伊豆の瞳とも称される一碧湖

伊東出身の偉大な医学者にして文学者

医学者でありながら、文学や詩・美術に深い造詣があった木下杢太郎。13歳で上京するまでを伊東で過ごした。東大医学部入学以降『明星』への参加をはじめ『スバル』や『屋上庭園』の創刊、「パンの会」の結成など幅広く活動。自ら詩集も刊行しており、その作品は日本近代詩に新しい風を吹き込んだといわれている。

木下杢太郎記念館

きのしたもくたろうきねんかん

MAP 付録P.10 B-2

生誕100年を記念し、昭和60年(1985)に開館。著書や遺品などを展示する。展示室奥には生家も公開されている。

☎0557-36-7454 所伊東市湯川2-11-5 開9:00〜16:30(10〜3月は〜16:00) 休月曜(祝日の場合は翌日) 料100円 交各線・伊東駅から徒歩5分 Pあり

かつての伊豆の生活を伝える貴重な民具類も並ぶ

文豪の想いを伝える記念碑を巡る

伊東市内には市ゆかりの詩人・俳人の記念碑が各所に立つ。まずは伊東駅そばから。伊東公園内の木下杢太郎文学碑には、詩が刻まれているほか、遺品の聴診器と万年筆が埋められている。次はなぎさ公園へ。そこから伊東大川(松川)沿いを歩き、記念碑を探そう。最後は伊東市役所へ。周辺には記念碑が集まっている。名所とともに市内を散策し、文人たちの足跡をたどりたい。

- Ⓐ 木下杢太郎文学碑
- Ⓑ 木下杢太郎詩碑
- Ⓒ 山本六丁子句碑
- Ⓓ 北原白秋歌碑
- Ⓔ 荻原井泉水句碑
- Ⓕ 尾上柴舟歌碑
- Ⓖ 室生犀星詩碑
- Ⓗ 高浜虚子句碑
- Ⓘ 尾崎士郎文学碑
- Ⓙ 古見豆人句碑
- ⓀⓁ 松尾芭蕉句碑
- Ⓜ エドモンド・ブランデン詩碑

透明度が高い広大な海が広がる

迫力ある海岸沿いのハイキングコース
絶景・城ヶ崎海岸へ

じょうがさきかいがん

約4000年前の火山噴火と波風の浸食により生まれた城ヶ崎海岸。断崖の吊り橋を渡って、約6㎞の絶景コースを断崖絶壁に沿って歩き、伊豆高原周辺の自然のダイナミズムを存分に体感。

城ヶ崎海岸

じょうがさきかいがん

MAP 付録P.9 E-2

荒波が打ち寄せる断崖絶壁

美しい天城連山(あまぎれんざん)を眺めながら、四季折々の雄大な自然を肌で感じられる。長い年月をかけてつくり出された景観を、目に焼き付けたい。

☎0557-37-6105(伊東観光協会)
所伊東市富戸　開休料散策自由
交伊豆急・城ヶ崎海岸駅から徒歩30分
P門脇駐車場利用

大室山の溶岩が海に流れ出てできた海岸

ゴツゴツとした岩肌が露出し、荒々しい海岸の風景が続いている

立ち寄りスポット

食事処 ぼら納屋

しょくじどころ ぼらないや

MAP 付録P.9 E-2

昭和39年(1964)までボラ漁の網や舟をしまったり漁師が寝泊まりしていた納屋(なや)を利用し、おいしい海鮮料理を食べられる食事処として開店。

☎0557-51-1247
所伊東市富戸837　営11:00〜15:00(LO、変動あり、要確認)
休隔週水曜　交伊豆急・城ヶ崎海岸駅から徒歩25分　Pあり

17世紀に建てられ改修を重ねてきた歴史ある建物

店の特製ダレにさっと漬け込み丼にした金目鯛のづけ丼2500円

門脇つり橋そばに立つ地上24.9mの灯台

歩く時間 ◆ 約1時間25分～

ハイキングルート

海に流れ込んだ溶岩により形成された城ヶ崎海岸は、断崖が連なる景勝地。海岸沿いには城ヶ崎ピクニカルコースや城ヶ崎自然研究路といった遊歩道が整備され、散策が楽しめる。途中には、スリリングな門脇つり橋や眺望の良い門脇埼灯台など、注目のスポットが点在。ニューヨークランプミュージアム&フラワーガーデンでは色とりどりの花に心癒やされる。

- 城ヶ崎海岸駅
- ↓ 2.7km／徒歩約35分
- 1 城ヶ崎海岸
- ↓ 0.2km／徒歩約2分
- 2 門脇つり橋
- ↓ 0.1km／徒歩すぐ
- 3 門脇埼灯台
- ↓ 1km／徒歩約15分
- 4 ニューヨークランプミュージアム&フラワーガーデン
- ↓ 1.7km／徒歩約24分
- 城ヶ崎海岸駅

※上記の「歩く時間」は施設などの入口までの目安です。見学時間などは含みません。

2 門脇つり橋
かどわきつりばし

MAP 付録P.9 E-3

スリル満点の空中散歩

断崖に架かる高さ23m、長さ48mの吊り橋。城ヶ崎ピクニカルコースの中間に位置し、眼下には岩に砕け散る白波と真っ青な海が見渡せる。

☎0557-37-6105(伊東観光協会)
所伊東市富戸 開休料散策自由
交伊豆急・城ヶ崎海岸駅から徒歩35分 Pあり

3 門脇埼灯台
かどわきざきとうだい

MAP 付録P.9 E-3

展望台から抜群の景色を望む

昭和35年(1960)に設置された灯台。地上17mと4mの場所に2つの展望台があり、晴れた日は伊豆七島(いずしちとう)や天城連山(あまぎれんざん)までを一望できる。

☎0557-37-6105(伊東観光協会)
所伊東市富戸 開9:00～17:00
休無休 料無料 交伊豆急・城ヶ崎海岸駅から徒歩35分 Pあり

橋の上から見渡せば絶景が目に飛び込んでくる

海の真上を歩く。足元を見ると目もくらむような高さ

華やかさと重厚感に満ちたティファニーミュージアム

4 ニューヨークランプミュージアム&フラワーガーデン

MAP 付録P.9 E-3

ステンドグラスと季節の花々

アンティークティファニーランプのミュージアムと季節の花々が咲くフラワーガーデンが楽しめる。城ヶ崎海岸の絶景を眺めるカフェも人気。

☎0557-51-1128 所伊東市富戸841-1
開9:30～17:00(11～2月は～16:00) 休無休
料1500円(変動あり) 交伊豆急・伊豆高原駅から東海バスで9分、伊豆海洋公園下車すぐ Pあり

豊かな自然のなか多彩なテーマで楽しめる、魅力的な文化施設

美と芸術の世界を訪ねて

海と山、美しく雄大な自然に囲まれた伊豆高原には、多種多様な美術館や博物館が点在している。お好みのテーマの施設に足を運んだり、広々とした高原の風景を楽しみながら各施設を巡るのもいい。

愛らしいベアに癒やされる

伊豆テディベアミュージアム

いずテディベアミュージアム

伊豆高原 MAP 付録P.8 C-4

「テディベアの家」をコンセプトに造られたミュージアム。20世紀初頭に制作されたアンティークベアなどが並び、ショップでは限定のテディベアなども販売。カフェではテディベアの顔を描いたベア・ブラウニーズが人気だ。

☎0557-54-5001 所伊東市八幡野1064-2
開9:30〜17:00(入館は〜16:30)
休2・3・6・12月の第2火曜、6月第2水曜(祝日の場合は開館) 料1500円
交伊豆急・伊豆高原駅から徒歩10分 Pあり

敷地内にはベアの置物や装飾品も点在している

ミュージアムのシンボル「テディガール」。1904年生まれの貴重なベア

テディベアがかわいいベア・ブラウニーズ(左)。アンティークのものから有名作家が手がけたものまでずらりと並ぶ(右)

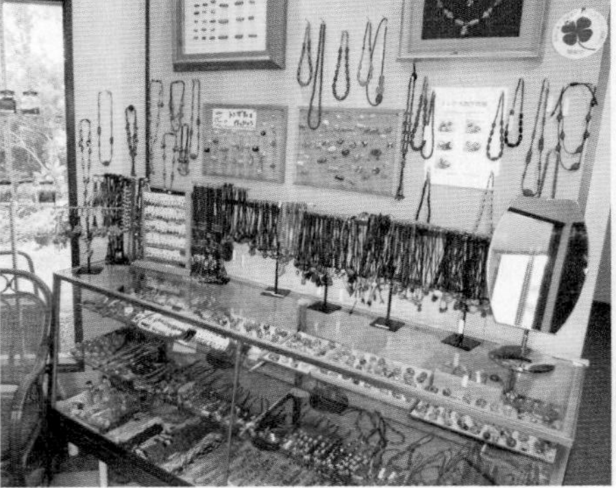

売店ではアクセサリーに加工したトンボ玉も販売している

指導員がマンツーマンで教えてくれるので失敗の心配もない

世界のトンボ玉を展示

トンボ玉工芸館

トンボだまこうげいかん

伊豆高原 MAP 付録P.8 C-1

地域別や時代別に分類されたトンボ玉を展示し、古代のガラス製品も紹介。お気に入りの一品を探すことはもちろん、世界にひとつ、自分だけの一品を作ることも可能だ。

☎0557-51-5836 所伊東市大室高原3-653
開10:00〜17:00 休水曜
料入館300円(体験料3000円)
交伊豆急・伊豆高原駅から東海バスで12分(桜並木経由)、理想郷東口下車、徒歩3分
Pワンワンパラダイス駐車場利用

⇧礼拝堂ではオルゴール演奏や週末にミニコンサートを行う

幻想的な世界が広がる館

川奈ステンドグラス美術館

かわなステンドグラスびじゅつかん

伊豆高原 MAP 付録P.3 F-4

英国中世貴族の館「マナーハウス」をイメージして造られた建物に、1800年代ヨーロッパのアンティークステンドグラスを中心とした約300点の作品を展示している。やわらかな光とアロマの香りが満ちた癒やしの空間だ。

⇧テラスからは海や豊かな緑が見渡せる。絶好の撮影スポットだ

☎0557-44-4333
所伊東市川奈1439-1
開10:00〜16:30、
レストラン&カフェ「ラ・ヴィータ」
11:00〜15:45(LO) 17:00〜18:00
(LO、夜は土・日曜、祝日のみ営業、前日の16時までに要予約)
休無休(臨時休館あり) 料1200円
交各線・伊東駅から東海バスで23分、高塚下車すぐ Pあり

⇧教会では毎日パイプオルガンの生演奏が行われる

⇧バリアフリーの館内は広々としており、ゆったり見学できる

⇧花びらも精密に彫られた象牙彫刻『四季の花籠』

☎0557-48-7777
所伊東市富戸1096-1
開9:30〜16:00 休火曜 料1200円
交各線・伊東駅から東海バスで28分、栗の原下車すぐ Pあり

繊細な作品は見応え十分

象牙と石の彫刻美術館 〜ジュエルピア〜

ぞうげといしのちょうこくびじゅつかん 〜ジュエルピア〜

伊豆高原 MAP 付録P.3 E-4

オーナー夫妻の個人コレクションを展示したのが始まり。象牙彫刻や宝石屏風、翡翠彫刻などを収蔵している。オリジナル天然石ブレスレットの制作体験なども楽しめる。

日本初の本格現代美術館

池田20世紀美術館

いけだにじゅっせいきびじゅつかん

伊豆高原 MAP 付録P.3 E-4

20世紀に制作され、「人間」をテーマにした作品約1400点を収蔵。ピカソやルノワール、ダリなど有名画家の作品を常設展示している。3カ月に一度、特別企画展も開催される。

⇧作品の大半は美術館の創立者、池田英一氏が寄贈したものという

☎0557-45-2211
所伊東市十足614 開9:00〜17:00
休水曜(祝日の場合は開館、7・8月は無休) 料1000円
交各線・伊東駅から東海バスで30分、池田美術館下車すぐ Pあり

⇧日本初、ステンレススチール張りの外壁

大自然がつくり出した麗しの山から絶景を眺める

大室山を一周お鉢めぐり

↑国の天然記念物、ユネスコ世界ジオパークのひとつに認定されている大室山

目の前に360度の大パノラマが広がる大室山山頂。景色を楽しめるのはもちろん、神社にお参りできるパワースポットとしても人気を集めている。

大室山

おおむろやま

伊豆高原 MAP 付録P.8 B-1

リフトでの空中散歩と、雄大な自然に囲まれた散策を満喫

約4000年前の噴火によってつくられた大室山。標高580mのお椀形の山は伊豆高原のランドマーク的存在だ。山頂には直径300m、深さ70mの噴火口跡があり、そこを周回する約1kmの「お鉢めぐり」では360度の絶景を楽しめる。

☎0557-51-0258(池観光開発)
所伊東市池672-2　開休料見学自由 ※リフトは9:00～17:15(10～2月は～16:15、各終了15分前が上りリフトの最終)、荒天時運休、往復1000円　交伊豆急・伊豆高原駅から東海バスで16分(桜並木経由)、シャボテン公園下車すぐ　Pあり

↑お鉢の底である噴火口跡はアーチェリー場になっている。初心者でも利用可(上)。お鉢めぐりにかかる時間は20～30分。景色を楽しみながらゆっくり歩こう(下)

↑天気が良い日は富士山や東京スカイツリーが見えることも

大室山 注目イベント

春の訪れを告げる「大室山山焼き」

700年以上続く伝統行事で、毎年2月の第2日曜に行われる。炎に包まれる山は大迫力だ。先着順で山焼きの点火に参加することもできる(有料)。

開放感あふれるロケーションに動物や植物、アクティビティが集合

東伊豆の遊び場で童心に返る

広大な敷地に動物とのふれあいや植物の観賞、アトラクションが充実。気分爽快な時間を過ごしたい。

ふれあい体験が楽しめるアクティビティ動物園

伊豆シャボテン動物公園

いずシャボテンどうぶつこうえん

伊豆高原 MAP 付録P.8 B-1

約1500種類のサボテンや多肉植物と、約140種類の動物を飼育・展示している。動物との距離が近く、ふれあい体験が楽しめるほか、アニマルボートツアーズや元祖カピバラの露天風呂(冬期限定)が人気。

カピバラが露天風呂に浸かる愛らしい姿は、伊豆の冬の風物詩だ

☎0557-51-1111
所伊東市富戸1317-13
開9:30〜17:00(11〜2月は〜16:00)
休無休
料2700円(変動あり)
交伊豆急・伊豆高原駅から東海バスで16分(桜並木経由)、シャボテン公園下車すぐ
Pあり

国内ではここだけのアニマルボートツアーズ。上陸コースがおすすめ

動物たちを身近に感じられる大迫力のサファリパーク

伊豆アニマルキングダム

いずアニマルキングダム

稲取 MAP 付録P.5 D-2

約450mのウォーキングサファリで、野生に近い動物たちの姿を見学できる動物園。ホワイトタイガーやライオンへのエサやりに挑戦したり、キリンやサイとのふれあいも楽しめる。

☎0557-95-3535 所東伊豆町稲取3344
開9:30〜17:00(10〜3月は〜16:00)
休6・12月不定休 料2500円
交伊豆急・伊豆稲取駅から東海バスで13分、伊豆アニマルキングダム下車すぐ Pあり

巨大なサイの姿は迫力満点だ

大人も子どもも犬も、みんなで楽しむ

伊豆ぐらんぱる公園

いずぐらんぱるこうえん

伊豆高原 MAP 付録P.9 D-1

東京ドーム5個分の広さの園内には大人から子どもまで楽しめるアトラクションが満載。実物大の恐竜たちが棲むエリアをはじめ、往復400mのジップライン、船型立体迷路などがあり、体を動かして爽快に過ごせる。

空中散歩が楽しめるジップライン

☎0557-51-1122
所伊東市富戸1090
開9:30〜17:00※時期により変動あり。公式HP(granpal.com)を要確認
休無休
料1600円(変動あり)
交伊豆急・伊豆高原駅から東海バスで10分、ぐらんぱる公園下車すぐ Pあり

実物大の動く恐竜たちの間を、ゴーカートで駆け抜ける「ディノエイジカート」

ワニの飼育種類は日本一! 熱帯の花木が咲き誇る動植物園

熱川バナナワニ園

あたがわバナナワニえん

熱川 MAP 付録P.5 F-4

約100頭のワニを飼育し、泳ぐ様子など、さまざまな角度から見学することができる。日本ではここでしか見ることのできないニシレッサーパンダやアマゾンマナティーも飼育しており必見だ。

☎0557-23-1105 所東伊豆町奈良本1253-10
開9:00〜17:00 休無休 料2000円
交伊豆急・伊豆熱川駅からすぐ Pあり

10頭飼育されているニシレッサーパンダは1日2回のお食事タイムも見学できる

GOURMET
食べる

↑甘鯛をウロコごと焼き上げた定番の一皿

時の流れを忘れる極上空間で心づくしのフレンチに舌鼓

オーベルジュ ル・タン

伊豆高原 MAP 付録P.3 E-4

1989年に、海と山に囲まれた自然豊かな伊豆高原にオープンした老舗オーベルジュ。仏語で「時」を意味する名称のように、自家製野菜や地元の新鮮な海と山の幸で仕上げる彩り華やかなフレンチとともに心豊かな時間を過ごせる。

☎0557-45-5181
所伊東市十足614-187 営11:30～12:30(LO) 17:30～18:30(LO) 休不定休(宿泊も同じ) 交各線・伊東駅から東海バスで30分、池田美術館下車、徒歩3分 Pあり

予約 要
予算 L6050円～ D1万2100円～

→披露宴にも対応する、上質なインテリアに彩られたレストラン(左)。桜のチップで燻製した富士山サーモンのおいしさが光る前菜(右)

宿泊 Information

客室は全8部屋。館内には小室温泉で満たされた貸切温泉がある。客室内でアロマテラピーも受けられる。
in 15:00
out 11:00
予算 1泊2食付 2万3474円～

高原のオーベルジュでいただく至福の味

美食宿が誇る極上フレンチ

「オーベルジュ」とは、宿泊もできるレストランのこと。旅人をもてなすべくシェフが腕をふるう極上の美食が、立ち寄りでも泊まりでも楽しめる。

←肉料理の一例、A5ランクの黒毛和牛を使用した「牛ほほ肉の赤ワイン煮込み」

スウェーデンハウスで味わう1日1組限定の贅沢フレンチ

オーベルジュ ミヨー

伊豆高原 MAP 付録P.8 B-2

フランスで修業し、首都圏の有名ホテルで料理長を務めたシェフの本格フレンチが上質な雰囲気のなかで楽しめる人気のオーベルジュ。地元産の野菜や魚介をはじめ、安心で安全な厳選食材を使い、日本人の口に合ったフランス料理を提供している。

☎0557-51-2858
所伊東市池624-7
営11:30～14:00 17:30～21:00
休不定休 交伊豆急・伊豆高原駅から車で5分 Pあり
※ランチ・ディナーは原則4人以上

予約 要
予算 L2800円～ D8000円～

宿泊 Information

1日1組限定という贅沢さ。スイートルームの客室は最大6名宿泊可能。各種宿泊プランはHPを参照。
in 16:00 out 11:00
予算 1泊2食付 2万7650円～
URL www.auberge-millau.com

↓新鮮な魚の旨みが楽しめる「真鯛の香草バター焼き」

花々の香る豪華なくつろぎ空間で
伊豆ならではのフレンチを満喫

伊豆高原
花の森クラリス

いずこうげん はなのもりクラリス

伊豆高原 MAP 付録P.8 B-2

季節の花々が咲き誇るガーデンに本館、離れなどが建つフレンチ・オーベルジュ。全室に天然温泉の露天風呂が付き、伊勢エビやアワビなど伊豆の味覚たっぷりのフレンチを満喫できる。部屋にバスケットで届けられる朝食を庭で味わうのも楽しみだ。

☎0557-55-2233
所伊東市池893-42 営18:30〜21:00
休不定休 交伊豆急・伊豆高原駅から車で5分
Pあり

伊勢エビ、アワビなどの魚介や風味豊かな愛鷹牛など、彩り豊かな季節のフレンチを堪能できる

宿泊 Information

離れのプライベートヴィラはリビングと寝室に分かれたメゾネットに露天風呂が付く贅沢な造り。くつろぎ感あふれる3タイプが揃う。

in 15:00
out 10:00
予算 1泊2食付
1万6000円〜

ヨーロッパの別荘のような見事なナチュラルガーデン(左)。
こだわりのフレンチが楽しめるレストラン「ルシータ」(右)

予約 要
予算 D 7560円〜

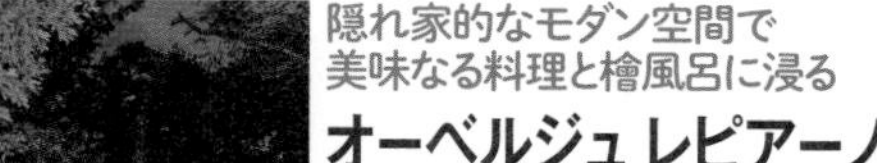

予約 要
予算 D 8208円〜

コースのなかの一品、Aランク黒毛和牛のブッフ・ブルギニオン

自然環境に溶け込んだ建物

プライベート感あふれるレストランはシンプルで落ち着いた空間

隠れ家的なモダン空間で
美味なる料理と檜風呂に浸る

オーベルジュ レピアーノ

伊豆高原 MAP 付録P.8 C-2

料理研究家のオーナーシェフが長年の夢を叶えて始めたオーベルジュでは、伊豆や各地の厳選素材を使った料理はもちろん、窯元で求めた器にも美意識が行き渡る。1日1組限定で完全にプライベートな時間と空間を手にできる。

☎0557-51-0177
所伊東市八幡野1251-3
営18:00〜20:00(LO) 休不定休
交伊豆急・伊豆高原駅から車で5分 Pあり

宿泊 Information

人気建築家が設計した和モダンな客室は、檜の浴槽が香る半露天のかけ流し温泉付き。漂う静けさが日常を忘れさせる。

in 16:00〜
out 10:00〜12:00
(プランによる)
予算 1泊2食付
3万3000円〜

魅力的なたたずまいの館内で供される気品ある一皿

高原の素敵なイタリア料理店

日々の喧騒を忘れるような郊外で、外観や内装にもこだわりが生きる空間が印象深いイタリアンの名店。落ち着いた雰囲気に包まれながら、地元の食材を中心にしたメニューをじっくりと味わいたい。

レストラン&カフェ ラ・ヴィータ

伊豆高原 MAP 付録P.3 F-4

豪華な空間やロケーションもご馳走

川奈ステンドグラス美術館(P.65)に併設されたレストラン&カフェ。趣向を凝らした建物や海を望む絶景に、贅沢な気分が味わえる。昼はカジュアルなメニュー、夜は本格イタリアンが楽しめる。

☎0557-44-4555
所 伊東市川奈1439-1 川奈ステンドグラス美術館 B1
営 11:00〜15:45(LO) 17:00〜18:00(LO、土・日曜、祝日のみ営業、前日16時までに要予約)
休 平日の夜、ほか臨時休あり 交 各線・伊東駅から東海バスで23分、高塚下車すぐ P あり

↑目の前でクリームを絞る生絞りモンブラン1200円

↑店内の窓から海を一望できる。テラス席も用意

↑伊勢エビを贅沢に使った人気のパスタ2400円

予約 昼は不可
夜は前日16時までに要予約
予算 Ⓛ1400円〜 Ⓓ1万3200円〜

ジュピター

伊豆高原 MAP 付録P.9 D-4

魚介のパスタランチがおすすめ

40年前に開業し今は2代目が継ぐこの店は、地元産の魚介を使ったパスタのランチや伊豆牛をやわらかく煮た「伊豆牛の赤ワイン煮」が人気で、地元の人々にも愛される。客席から見える自然の景色も楽しんで。

☎0557-54-3736
所 伊東市八幡野1039-101
営 11:00〜15:00(LO 14:00)
休 水曜
交 伊豆急・伊豆高原駅から徒歩20分 P あり

予約 可
予算 Ⓛ1750円〜

↑開店以来変わらない、リゾート感漂う南欧風の建物

↑目の前は桜並木。桜の季節は予約も争奪戦に

↓パスタランチ1750円〜。この日は富戸定置網地魚のスパゲッティシチリア風

予約 要
予算 Ⓛ2100円〜 Ⓓ5500円〜

→さわやか富士の鶏と季節野菜のアッロースト バルサミコクリームソース

Antica Trattoria Dal Pirata

アンティカ トラットリア ダル ピラータ

河津 MAP 付録P.11 E-4

旬の地物で作る豊かな味わい

「食の都づくり仕事人」に認定されたシェフが築160年ほどの古い蔵を改装して開業し、その季節に採れる地元の食材を使って繊細に調理する。予約を受けてから材料を調達するため、3日前までに予約を。

☎0558-34-1788
所 河津町谷津484
営 11:30〜14:00(LO) 18:00〜20:30(LO)
休 不定休 交 伊豆急・河津駅から徒歩10分
P あり

↑国道135号沿いの海を目前にした場所にひっそりと建つ

↑伊豆石や太い梁など古い蔵の良さを生かしたレイアウト

心地よい自然を身近に感じて

緑と陽光に憩う高原のカフェ

鮮やかな緑の木々に囲まれ、すがすがしい空気のなか抜群にリラックスできる高原の一軒家カフェ。こだわりの食事メニューをいただきながらひと休み。

料理と本格パンに舌鼓
緑に包まれる外席もある

ベーカリーカフェ ル・フィヤージュ

伊豆高原 MAP 付録P.8 C-3

「食事に合うパン」を食べてもらうために開いたカフェだけに、ランチプレートには4種類の食事パンが添えられている。ショップには個性的な本格パンが種類豊富に揃う。

☎0557-53-3953
所伊東市八幡野1305-75 営9:00～17:00(ランチ11:00～14:00、ドリンクLO16:00) 休火曜 交伊豆急・伊豆高原駅から徒歩15分 Pあり

1. 庭にもテーブルがあるので、気候のいい季節にはおすすめ
2. ランチプレートは3種類。メインと付け合わせ、パン(飲み物は別途)
3. パンの売り場とは別室のカフェスペースは、ゆったりと開放的

ふるさとに帰ってきた感覚で
庭で遊ぶのも楽しい

キャンドル工房 庭カフェ

キャンドルこうぼう にわカフェ

伊豆高原 MAP 付録P.8 C-1

気さくな夫妻が温かく迎えてくれるカフェ。ランチのピザは客が自分でピザ生地を伸ばし、トッピングをして薪ストーブで焼く。キャンドル制作体験とのセットで3850円(ドリンク付)。

☎0557-51-8253
所伊東市富戸1317-851
営10:00～16:00(要予約)
休火～木曜(祝日の場合は営業)
交伊豆急・伊豆高原駅から東海バスで14分、大室高原2丁目下車、徒歩3分 Pあり

体験工房に注目

予約すればキャンドルのランタンが作れる。おみやげとして買える既製品も。
料大4500円、中2420円

1. ピザはミックスとサラダの2種類がある 2. 海を望む広い芝庭にはハンモックや遊具があり、ペットや子ども連れも楽しめる

ふじいち特製おまかせ丼
2310円
近くの漁港でその日に揚がった鮮魚を中心に通常10種以上を盛り込んだ丼は、あら汁付きで満腹に

干物店の2階の食堂で
刺身も干物も味わいたい

ふじいち

予約 可
予算 Ⓛ1100円～

伊東 MAP 付録P.10 C-3

1階は干物店、港を望む眺めのいい2階が食堂。1階で購入したものをテーブルのグリルで焼いて食べられる(焼き代162円)ので、食べてみて気に入った干物をおみやげとして購入できるのもうれしい。いか丸焼定食1430円やおまかせ定食1650円も人気。

☎0120-37-4705
所伊東市静海町7-6
営10:00～15:00(LO)、ショップ9:00～17:00
休火曜(ショップは無休)
交各線・伊東駅から徒歩20分 Ⓟあり

↑漁港を見渡せる広い食堂

→種類豊富な干物が並ぶ1階の店でおみやげを選ぶのも楽しい

沿岸部に点在する漁師町の底力が卓上に

豊富な地魚の競演 満腹海鮮グルメ

数多くの漁港がある伊豆半島で、相模灘に面している東側。
各地の漁師がその朝水揚げした、自慢の鮮魚をたらふく堪能したい。

海鮮大名丼 2370円
海鮮の具材をたくさん並べ、中心にエビがのった萬望亭の人気メニュー

予約 不可
予算 ⓁⒹ1550円～

伊豆高原の緑に囲まれて
豪華な地魚の海鮮丼に舌鼓

萬望亭
まんぼうてい

伊豆高原 MAP 付録P.8 B-4

伊豆高原駅からも近い、国道135号線沿いに建つ人気の和食処。金目鯛やマンボウ、ミニアジなど、その日に獲れた歯ごたえのある地魚料理が楽しめるほか、高原そばも評判の味。

☎0557-54-1265
所静岡県伊東市八幡野539-20
営11:00～19:00(LO) 休無休
交伊豆急・伊豆高原駅から徒歩9分 Ⓟあり

←趣ある建物とマンボウが目印

毎朝市場で入荷する
新鮮な地物の魚料理を

寿司の海女屋

すしのあまや

伊東 MAP 付録P.10 A-2

昭和40年(1965)創業の寿司と割烹料理の老舗。毎朝、伊東魚市場で競り落とす活きのよい地物の魚を寿司や刺身、焼き魚や煮魚などの一品料理や定食で提供。青海苔汁など磯の味噌汁も充実している。

予約 可
(平日15～17時は要予約)
予算 ⓁⒹ1400円～

海女っ子 2700円
新鮮な刺身にエビ、イクラなど、海の幸をバラエティ豊かにいただける人気のメニュー

一人旅でも気軽に入れる、親しみやすい雰囲気の店内

地物の魚料理を楽しめるお店として地元でも評判

☎0557-35-0035
所 伊東市湯川1-15-7
営 11:00～20:00(LO)
休 火曜(祝日の場合は翌日)
交 各線・伊東駅からすぐ
P 提携駐車場利用

漁師から直接仕入れる
その日に水揚げの新鮮ネタ

すしの寿々丸

すしのすずまる

伊東 MAP 付録P.10 A-2

駅から徒歩5分とほど近い寿司屋。伊東・下田の漁師からその日に水揚げされた新鮮な魚介類を直接仕入れるネタは鮮度抜群で、ビールや酒、ワインも地のものが揃う。

☎0557-36-7387
所 伊東市猪戸1-8-36 営 11:00～14:00 17:00～21:00(LO20:30) 土・日曜、祝日11:00～21:00(LO20:30) 休 水曜・第2火曜 交 各線・伊東駅から徒歩5分 P 提携駐車場利用

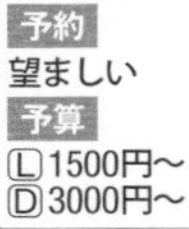

子連れでも落ち着いて食事ができる座敷席もある

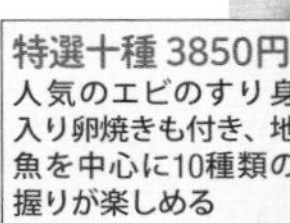

なまこ壁の蔵を模した印象的な店構えを目印に探して

予約
望ましい
予算
Ⓛ1500円～
Ⓓ3000円～

特選十種 3850円
人気のエビのすり身入り卵焼きも付き、地魚を中心に10種類の握りが楽しめる

高級魚を脂がのった最上の味わいで

稲取(いなとり)で金目鯛を食す!

稲取漁港で水揚げされる地魚の看板は金目鯛。ほかの地域のものよりもたっぷりと脂がのり、ひと味違ううまさ。特に旬の冬には必食だ。

寿し 魚八

すしうおはち

稲取 MAP 付録P.11 E-1

稲取キンメ狙いなら外せない寿司屋

稲取の魚市場のすぐ目の前で30年ほど前から営まれており、地域ブランド「稲取キンメ」を名乗れる稲取産金目鯛が自慢。天然にこだわった活きのよい地魚の握りはここで。

☎0557-95-1430
所 東伊豆町稲取371-4
営 11:00～19:30(LO19:00)
休 水曜(祝日の場合は営業)
交 伊豆急・伊豆稲取駅から徒歩7分 P あり

カウンター席のほか、ゆったりくつろげる座敷席もある

金目鯛の握りに、金目のあら汁、生ガキ(季節による)が付いて満足感大の金目寿し3630円

網元料理 徳造丸本店

あみもとりょうり とくぞうまるほんてん

稲取 MAP 付録P.11 E-1

漁港を眺めつつ鮮魚に舌鼓

大正15年(1926)に網元として創業した魚屋直営の食事処で、網元料理を提供する。稲取漁港が目の前で、2階の客席からキンメ漁船がずらりと並ぶ景色を目にしつつ新鮮な魚介を味わえる。

☎0557-95-1688
所 東伊豆町稲取798 2F
営 平日9:30～16:45(LO16:00) 土・日曜、祝日9:30～15:45(LO15:00) 17:00～20:15(LO19:30)
休 木曜(祝日の場合は営業)
交 伊豆急・伊豆稲取駅から徒歩10分 P あり

稲取漁港を一望できる大窓が開放的で、席数も多い

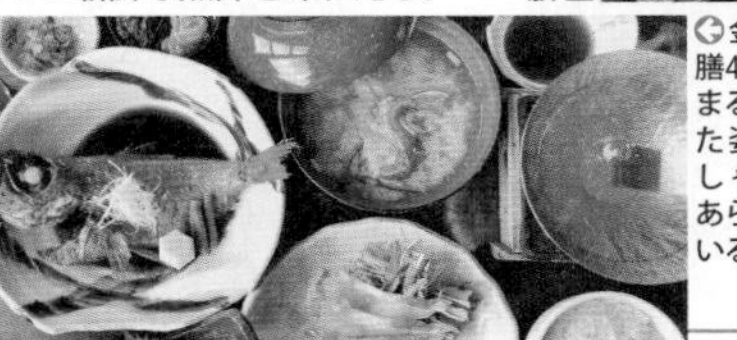

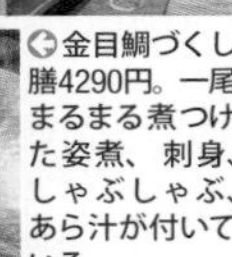

金目鯛づくし膳4290円。一尾まるまる煮つけた姿煮、刺身、しゃぶしゃぶ、あら汁が付いている

名物甘味を探す
おみやげに人気の和菓子と洋菓子

和菓子から洋菓子まで、おみやげとして人気の高いスイーツ商品を各店豊富にラインナップ。地元名産品の原料を使用したものや、アイデアとセンスにあふれた逸品など、どれも魅力的だ。

一度は味わいたいぐり茶スイーツ

ぐり茶かすていら
(10切入り)1080円
長崎のカステラ専門店が焼き上げるぐり茶の茶葉を練り込んだ一品

プレミアムソフトぐり茶コーン　500円
北海道産の牛乳を使った無添加ソフトクリームにぐり茶がたっぷり

ぐり茶一口羊羹セット
1188円
昔ながらの釜製法で茶葉を練り込んだみずみずしい味わいのようかん

ぐり茶の杉山本店
ぐりちゃのすぎやまほんてん

伊東 MAP 付録P.10 B-3

昭和35年(1960)創業、深蒸し茶製法で仕上げる伊豆名物「ぐり茶」専門店。茶葉にティーバッグ、粉末タイプなど、好みで選べる。ぐり茶使用の和菓子やソフトクリームもぜひ味わいたい逸品。

☎0557-36-8733
所伊東市銀座元町7-25　営9:00～17:00(ソフトクリーム販売は～16:45)　休木曜
交各線・伊東駅から徒歩10分　Pあり

地元産の素材を開拓し風味豊かに

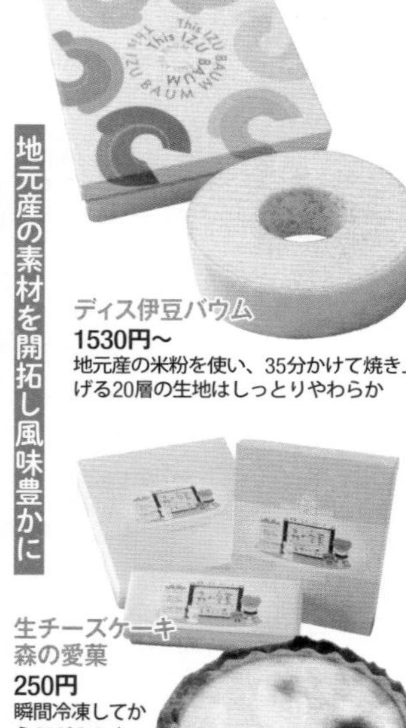

ディス伊豆バウム
1530円～
地元産の米粉を使い、35分かけて焼き上げる20層の生地はしっとりやわらか

生チーズケーキ森の愛菓
250円
瞬間冷凍してから250℃のオーブンで一気に焼き上げることで、中がトロリ

レマンの森
レマンのもり

伊豆高原 MAP 付録P.8 C-2

「ふじのくに食の都づくり仕事人」のオーナーシェフが卵やハチミツ、米などの良質な食材を開拓し積極的に取り入れている。伊豆にちなんだネーミングも楽しく、おみやげにぴったり。

☎0557-51-8117
所伊東市八幡野1244-91
営9:00～17:00　休水曜、第3木曜
交伊豆急・伊豆高原駅から車で5分　Pあり

まろやかな風味のぐり茶をアイスに

プレミアムソフトクリームぐり茶
480円
ぐり茶を入れた、味わい豊かなソフトクリーム。味はぐり茶のほかに、あずき、ミックスの3種類ある

プレミアムアイスクリーム
390円～
濃厚な味が楽しめるお茶のアイスクリーム。玄米茶、抹茶、抹茶極、ぐり茶、ほうじ茶、伊豆紅茶の6種

➡お茶のそれぞれの味を食べ比べてみるのも楽しい

市川製茶 吉田店
いちかわせいちゃ よしだてん

伊豆高原 MAP 付録P.3 E-4

大正8年(1919)に伊東で初めてぐり茶の製造を行った「市川製茶」。ぐり茶やあずきのソフトクリーム、濃い抹茶のアイスクリームを味わうほか、ぐり茶やお菓子をおみやげに購入する人も多い。

☎0557-45-0263
所伊東市吉田574-2
営8:30～17:00　休水曜　交各線・伊東駅から東海バスで25分、新町下車すぐ　P5台

地道な菓子作りから生まれる銘菓

伊豆路 150円
地元産のニューサマーオレンジをジャムにして白餡に練り込んだ一品

自然のめぐみ 150円
コーヒー餡にレーズンやクルミ、白ゴマなどを入れ風味豊かに

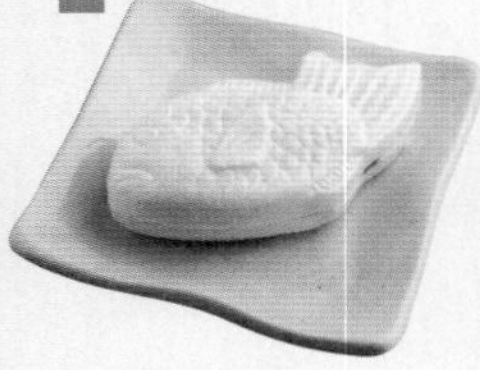

金目最中 160円
金目鯛をかたどった皮で、栗入りのこし餡を包んだ愛らしい最中

御菓子処 黒初

おかしどころ くろはつ

稲取 MAP 付録P.11 E-2

創業130年の歴史を誇る和菓子店の現店主は3代目で、洋菓子の経験もあり数々の受賞歴を持つ実力派。地域性を盛り込んで創作される和菓子は、ほかでは手に入らない個性を放っている。

☎0557-95-2976
所 東伊豆町稲取672
営 9:00～18:00 休 月曜
交 伊豆急・伊豆稲取駅から徒歩10分 P なし

地元素材にこだわった西洋和菓子

和フィナンシェ (4個入り) 780円～
ごま、抹茶、きなこ、いちごの4種が揃う和テイストのフィナンシェ

みかんまんじゅう (5個入り) 864円～
伊豆・宇佐美の温州みかんを練り込んだチーズクリームとこし餡が相性抜群

蔵蒸しまんじゅう (6個入り) 648円～
厚さ8㎜にこだわったもちもちの皮とつぶ餡の組み合わせが美味

伊豆一の蔵

いずいちのくら

伊豆高原 MAP 付録P.8 C-3

「蔵」をイメージした建物が目を引く西洋和菓子店。伊豆・宇佐美の温州みかん、ニューサマーオレンジなど地元の特産品を使ったスイーツが充実。夏期限定の蔵ジェラートも人気。

☎0557-55-0500
所 伊東市八幡野1105-44
営 8:30～18:00 休 無休
交 伊豆急・城ヶ崎海岸駅から徒歩10分 P あり

ニューサマーオレンジ ゼリーde シャーベット (8本入り) 650円
東伊豆特産の素材を使用し、冷凍でシャーベット、冷蔵ならゼリーとして

御石曳 (おいしびき) (1個) 350円～
江戸城の築城石「百人持ちの石」を模した、上品で食べごたえのあるきんつば (10～5月の期間販売)

伝統にアイデアをプラス

あんこ玉 (6個入り) 530円
オレンジやコーヒーなど味と香りがバラエティ豊かでお茶うけにぴったり。味は季節によって異なる

甘味しるこや 悠遊庵

かんみしるこや ゆうゆうあん

稲取 MAP 付録P.11 E-1

知識と経験を生かした創作和菓子は、伝統的なものから目新しいものまで工夫の光る品が多数。ナチュラルな雰囲気の店舗が心地よく、ネットからの取り寄せの注文も多い人気店。

☎0557-95-2722
所 東伊豆町稲取391
営 10:00～18:00 休 水曜(祝日の場合は営業)
交 伊豆急・伊豆稲取駅から徒歩7分 P あり

名産品を取り揃えた、さまざまなショップが集まる道の駅

伊東マリンタウンでおみやげ探し

国道135号沿いで相模灘に面したひときわ目を引くカラフルな建物が「伊東マリンタウン」。地元名産品のショッピングはもちろんのこと、グルメや温泉などのお楽しみも充実している。

まるでテーマパークのよう！
日帰り温泉も楽しめる道の駅

道の駅 伊東マリンタウン

みちのえき いとうマリンタウン

伊東 MAP 付録P.3 E-3

ショップやレストランのほか、海と朝日が見える日帰り天然温泉や足湯、遊覧船の発着所も併設した複合施設。ワンちゃん足湯もあるのでペットの疲れを癒やしてあげられるのも魅力。干物や地ビールなど、地元のバラエティ豊かな名産品が並ぶ活気あふれる店内でおみやげ選びを満喫しよう。

☎0557-38-3811 所伊東市湯川571-19
営ショップ9:00～18:00、レストラン11:00～19:30(LO)※営業時間は曜日、季節、店舗により異なる 休無休(温泉は不定休)
交各線・伊東駅から徒歩15分 Pあり

地元グルメや名産品が集まる道の駅として地元客からも人気

目の前に水平線が広がる全長43mの天然温泉の足湯

おみやげや食事を楽しめるバザール棟

金目鯛姿煮
2590円

パックごとお湯で10～15分ほど温めて味わえる金目鯛姿煮。ごはんがすすむおいしさ
●いずちゅう

真鯛のだし塩
540円(180g)

炊き込みご飯、茶碗蒸しなどに使える真鯛の旨みが詰まっただし塩
●北海物産 海鮮部

いなり のり巻詰合せ
800円

伊東の名物駅弁として人気を誇る、いなり寿しとのり巻の詰め合わせ
●祇園

ぐり茶プリン
200円

ぐり茶を使用した黒蜜ソースでいただくお茶味のプリン
●いっしん

ニューサマーオレンジゼリー
500円(5個入り)

伊豆の特産品・ニューサマーオレンジを使った、爽やかなゼリー
●海友

燻製花チーズ
464円(65g)

花鰹を削る技術でチーズを薄く削った新食感のおつまみ
●伊豆自然生活

お手軽 ひものあじ
540円

常温でも大丈夫なので、おみやげにぴったりなお手軽干物
●いずちゅう

伊豆高原ビール「天城」
506円(300mℓ)

厳選淡色麦芽と2種類のホップをブレンド。苦みを抑えたキレのよさが自慢
●伊豆自然生活

甘夏スパークリング
418円(300mℓ)

伊豆高原ビールが醸造するご当地リキュール。甘夏の香りがさわやか
●伊豆自然生活

まるごとぺったんこ
2050円(5個セット)

海の食材本来のうま味が楽しめる、薄くてパリパリのせんべい
●茶房伊豆自然生活

マリにゃんドーナツ
380円

駅の人気キャラクター・マリにゃんがのった、ヘルシーな焼きドーナツ
●Ito Marine Sable

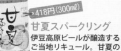

OTONATABI
Minami Izu
南伊豆
ありのままの
自然を
見せてくれる
伊豆最南端
開国に関する史跡が残る下田市街。
レトロな情緒を感じる港町から
南西へ移動すれば、
白浜と遠い水平線を望む
絶景の舞台が整っている。
新鮮な魚介類をいただくのも
旅の醍醐味だ。

旅のきほん

エリアと観光のポイント

南伊豆はこんなところです

ペリー来航の地として有名な下田

下田中心部は散歩に手ごろな街。弓ヶ浜〜石廊崎の海沿いは、眺望も素晴らしいドライブコースだ。

南伊豆の絶景を訪ねる

弓ヶ浜・石廊崎周辺

ゆみがはま・いろうざき

➡P.84

弓なりに弧を描く美しい海岸・弓ヶ浜と荒々しい断崖絶壁が印象的な石廊崎。どちらも伊豆随一の景勝地だ。ドライブを楽しみながら、次々と現れる観光スポットの景観を堪能したい。

石廊埼灯台下には石室神社が(上)。弓ヶ浜ではサーフィンも楽しめる(右)

観光のポイント 秘境のヒリゾ浜へは船で。絶景が広がっている

開国の舞台となった港町

下田

しもだ

➡P.80

幕末に黒船が来航し、日本開国史の舞台となった下田。明治や大正の雰囲気を残すペリーロードにはおしゃれなカフェやショップが並ぶ。寝姿山(ねすがたやま)自然公園からは伊豆七島を見渡せる。

下田公園からも街並みが一望できる(上)。ペリーロードも散策しよう(右)

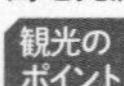

観光のポイント 開国について学ぶなら下田開国博物館へ

南伊豆で海水浴ならここ

白浜周辺

しらはま

➡P.85ほか

青い海と白い砂浜が自慢の白浜大浜海水浴場を中心にしたエリア。夏場は海水浴客で大賑わいだ。国道135号沿いにある尾ヶ崎ウイングからは海岸や伊豆七島まで眺めることができる。

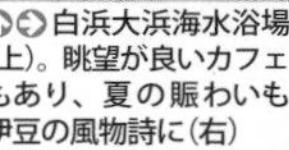

白浜大浜海水浴場(上)。眺望が良いカフェもあり、夏の賑わいも伊豆の風物詩に(右)

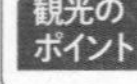

観光のポイント 9〜5月は伊勢エビが解禁。ぜひ味わって

このエリアの主な温泉地

下田温泉
蓮台寺温泉、白浜温泉、観音温泉、河内温泉の総称。蓮台寺温泉は、下田の奥座敷として落ち着いた雰囲気の温泉街。

下賀茂温泉
伊豆半島の南端にある温泉地。高温であることでも知られ、その熱を利用したメロン栽培なども盛んだ。

松崎町
蛇石峠
南伊豆町
妻良漁港
136
伊豆下田CC
弓ヶ浜・石廊崎
三ツ石岬
ヒリゾ浜
石廊埼灯台
奥石廊
石廊崎

➡温暖な南伊豆ならではの南国スイーツに舌鼓

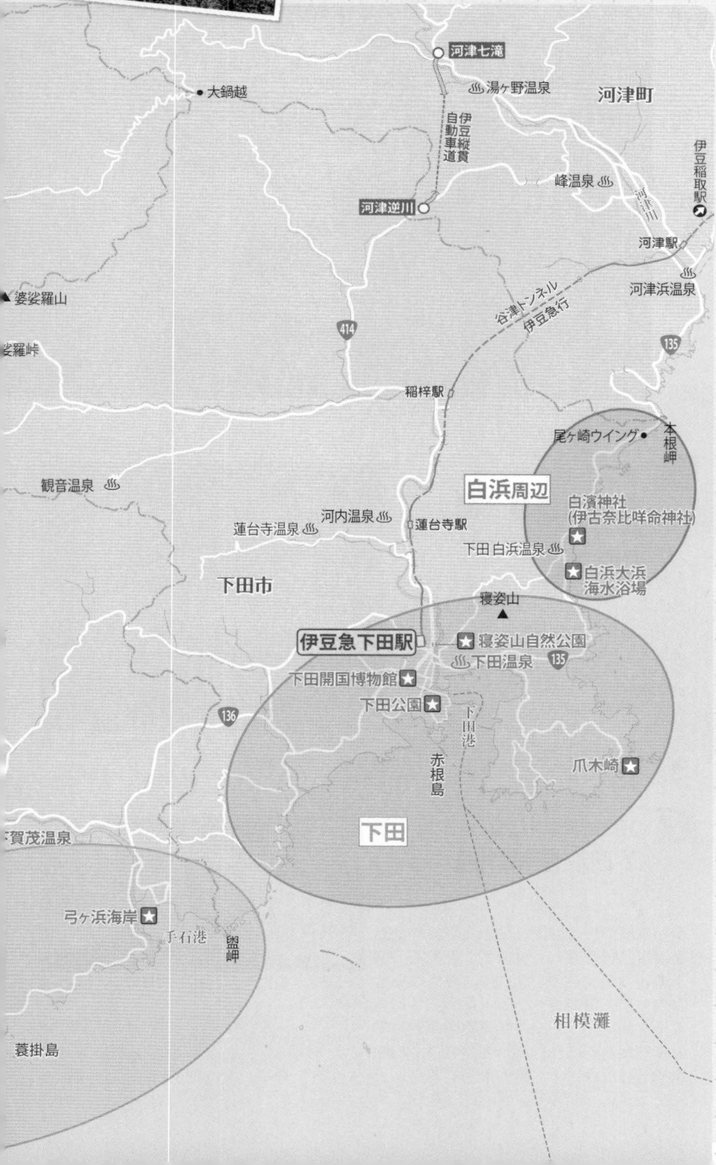

⬅伊豆半島最南端、石廊崎の景観美を一望する

河津七滝
大鍋越
湯ヶ野温泉
河津町
伊豆縦貫自動車道
峰温泉
伊豆稲取駅
河津逆川
河津川
河津駅
婆娑羅山
婆娑羅峠
谷津トンネル
伊豆急行
河津浜温泉
414
135
稲梓駅
尾ヶ崎ウイング
本根岬
観音温泉
白浜周辺
白濱神社(伊古奈比咩命神社)
河内温泉
蓮台寺駅
蓮台寺温泉
下田白浜温泉
白浜大浜海水浴場
下田市
寝姿山
伊豆急下田駅
寝姿山自然公園
下田温泉
135
下田開国博物館
下田公園
136
下田港
赤根島
爪木崎
下田
下賀茂温泉
弓ヶ浜海岸
手石港
鍬岬
相模灘
蓑掛島

交通 information

主要エリア間の交通

鉄道・バス

伊東
⬇伊豆急行で1時間5分
下田
⬇東海バスで26分 → 弓ヶ浜
⬇東海バスで22分 → 爪木崎
⬇東海バスで12分 → 白浜海岸
⬇東海バスで24分 → 石廊崎

車

伊東
⬇国道135号経由1時間15分
下田
⬇国道136号経由20分 → 弓ヶ浜
⬇県道116号経由15分 → 爪木崎
⬇国道135号経由10分 → 白浜海岸
⬇県道16号経由18分 → 石廊崎

⬆伊豆急下田駅

⬆ヒリゾ浜

問い合わせ先

交通
伊豆急行 運輸部運輸課 ☎0557-53-1115
NEXCO中日本お客さまセンター ☎0120-922-229
日本道路交通情報センター(静岡) ☎050-3369-6622(自動音声の場合あり)
東海バス 下田営業所 ☎0558-22-2514

観光案内
下田市観光協会 ☎0558-22-1531
南伊豆町観光協会 ☎0558-62-0141

のんびりとした港町で幕末の面影を追う

下田 港町散策

しもだ

四季折々の花に囲まれ、明治・大正のレトロな雰囲気を残す街。魅力的な街並みを散策し、新しい港町を発見したい。

下田公園を散策するなら展望台を目指そう。港や街並みを一望できる

海と山に囲まれ、自然豊かな下田 歴史を感じさせる街並みを歩く

嘉永7年(1854)、日本開国を要求するペリー艦隊の黒船来航により、開港した下田。幕末の数々のエピソードが伝わる歴史ある街だ。現在も下田港を中心にさまざまな史跡が残る。そう広くはない下田はどの観光スポットも伊豆急下田駅から徒歩圏内。ペリーの足跡をたどり、幕末に思いを馳せてみたい。黒船を模した遊覧船に乗るのもおすすめだ。

下田港をバックに、ペリー艦隊来航記念碑として彼の胸像が立つ

黒船で下田港を遊覧

ペリーの黒船来航をモチーフにした迫力ある遊覧船でペリー艦隊投錨の地や弁天島、南伊豆の遠景などを眺めながら下田港を一周。

黒船サスケハナ 下田港内めぐり

くろふねサスケハナ しもだこうないめぐり

MAP 付録P.12 B-3

☎0558-22-1151(伊豆クルーズ)
所 下田市外ケ岡19 営 9:10〜15:30で1日11便(所要20分) 休 11月下旬〜12月中旬 料 1500円(2階席は別途500円)
交 伊豆急下田駅から東海バスで3分、道の駅開国下田みなと前下車すぐ P あり

1 伊豆三景のひとつ

寝姿山自然公園

ねすがたやましぜんこうえん

MAP 付録P.12 B-3

女性が横たわる姿に似ていることからその名がついたという。展望台からは伊豆七島の雄大な景色を楽しめる。

☎0558-22-1211(下田ロープウェイ)
所 下田市東本郷1-3-2(下田ロープウェイ)
開休料 散策自由 ※下田ロープウェイは8:45〜16:45(季節により異なる)、往復1500円
交 伊豆急下田駅からすぐの新下田駅から下田ロープウェイで3分、寝姿山山頂駅からすぐ
P 下田ロープウェイ駐車場利用

眼下に下田港が一望できる。公園内は愛染明王堂など見どころが満載

2 2023年1月リニューアル

下田開国博物館

しもだかいこくはくぶつかん

MAP 付録P.13 D-3

黒船来航や日本開国に関わる資料や遺品を展示。ARで楽しむ体験型など充実の展示内容が魅力的だ。2023年1月には総合案内「まち博コンベンションみちしるべ下田」を開設。下田の観光案内所としての役割があるほか、地酒と地場産品のお店やトリックアート館も併設する。

下田開港の立役者、ペリー提督について学べる常設展

☎0558-23-2500(まち博コンベンションみちしるべ下田) 所 下田市4-8-13
開 9:00〜17:00(入館は〜16:30) 休 無休
料 1200円 交 伊豆急下田駅から徒歩10分 P あり

3 下田条約が結ばれた史跡

了仙寺

りょうせんじ

MAP 付録P.13 D-3

日米和親条約が調印され、下田追加条約が締結された国指定史跡。併設のミュージアムでは開国に関する資料を収蔵、展示。

☎0558-22-0657 所下田市3-12-12
開境内自由(黒船ミュージアムは8:30〜17:00) 休黒船ミュージアムは水曜
料黒船ミュージアム500円
交伊豆急下田駅から徒歩10分 Pあり

寛永12年(1635)創建。春にはアメリカンジャスミンが満開に

P.82に続く

移動時間◆約1時間 散策コース

伊豆急下田駅

駅からすぐの新下田駅へ ロープウェイ3分

ロープウェイからの眺めを楽しみながら寝姿山に登っていく

1 寝姿山自然公園

県道117号まで直進したら右折。ロープウェイ3分+徒歩12分

2 下田開国博物館

県道117号を戻ると右手に了仙寺入口がある。 徒歩4分

3 了仙寺

細い路地を進み右へ。 徒歩2分

4 長楽寺

平滑川まで戻れば、川沿いの道がペリーロード。徒歩すぐ

5 ペリーロード

なまこ壁や石造りの建物が並び柳が揺れる、風情ある石畳の小道

ペリーロードを抜け海沿いに進む。 徒歩12分

6 下田公園

駅まで戻る。稲生沢川沿いの道を歩いてもいい。徒歩23分

伊豆急下田駅

※上記の「移動時間」は施設などの入口までの目安です。見学時間などは含みません。

4 歴史に名を残す名刹

長楽寺
ちょうらくじ

MAP 付録P.13 D-3

安政(あんせい)元年(1855)に日露和親条約の締結、翌年に日米和親条約批准書の交換が行われた。宝物館も必見。

☎0558-22-0731 所下田市3-13-19 開境内自由、宝物館9:00～17:00 休宝物館は無休 料宝物館300円 交伊豆急下田駅から徒歩13分 Pあり

伊豆の七福神巡りのひとつで、弁財天を祀っている

5 明治・大正の面影を残す

ペリーロード

MAP 付録P.13 E-3

幕末、ペリー提督が歩いたとされる平滑川(ひらなめがわ)沿いの小道。400mほど続き、異国情緒あふれる雰囲気を醸し出している。

☎0558-22-1531(下田市観光協会) 所下田市3 開休料散策自由 交伊豆急下田駅から徒歩15分 Pなし

石畳が美しい。アンティークショップやカフェなどが並ぶ

6 小高い丘にある公園

下田公園
しもだこうえん

MAP 付録P.13 E-3

下田港を望む高台にあり、四季折々の花が咲く自然公園。下田開港100周年を記念して造られた開国記念碑もある。

☎0558-22-1531(下田市観光協会) 所下田市3丁目 開休料散策自由 交伊豆急下田駅から徒歩20分 Pあり

6月にはあじさい祭を開催。多品種のアジサイが咲き、圧巻だ

園内にある3カ所の展望台から、それぞれの景色が楽しめる

立ち寄りスポット

珈琲店 邪宗門
こーひーてん じゃしゅうもん

昔の建物をそのまま利用した店内に、古いカメラや骨董品などオーナーの趣味の品々が陳列され時の流れが止まったかのよう。

MAP 付録P.13 E-2

☎0558-22-3582
所下田市1-11-19
営11:00～16:00
休水・木曜 交伊豆急下田駅から徒歩5分 Pあり

暗く静かな店内にはレトロな郵便ポストが

シナモンとハチミツがたっぷりのハニーバタートースト450円

平井製菓 本店
ひらいせいか ほんてん

北海道十勝産の小豆を使い自社工場で作る餡が自慢。下田にちなんだ和菓子類が豊富に揃いおみやげ選びに困らない。

MAP 付録P.13 E-2

☎0558-22-1345 所下田市2-11-7 営9:00～18:00 休火曜(祝日の場合は営業)、ほか水曜不定休 交伊豆急下田駅から徒歩8分 P提携駐車場利用(購入で駐車券サービス)

あんパン292円はフレッシュバター入りやラムレーズン入りもある

白餡を自家製カステラで巻いたペリーさんの下田まいまい756円

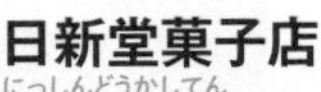

日新堂菓子店
にっしんどうかしてん

三島由紀夫が愛したというマドレーヌを筆頭に、昔ながらの味を守るレモンケーキやサザエを模した磯もなかが定番。

MAP 付録P.13 E-3

☎0558-22-2263
所下田市3-3-7
営9:30～18:00
休水曜 交伊豆急下田駅から徒歩10分 Pなし

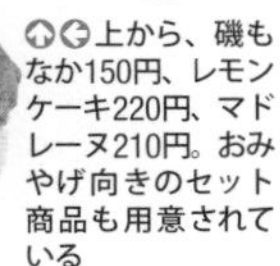

上から、磯もなか150円、レモンケーキ220円、マドレーヌ210円。おみやげ向きのセット商品も用意されている

レトロな異空間、小道の誘惑

ペリーロードの風情ある店へ

幕末から明治期にかけての歴史ある街並みが保存され、情感たっぷりの建物は素敵な店に生まれ変わっている。

明治創建の店舗を建て替えずに大切に使い続けている

土藤商店
つちとうしょうてん

ヴィンテージ看板必見の酒屋

明治20年（1887）築の店には、古いホーロー看板などが所狭しと飾られていて圧巻。倉庫はレトロムード満点のギャラリー。

MAP 付録P.13 E-3

☎0558-22-0021 所下田市3-6-30
営9:00～20:00（蔵ギャラリーは～18:00）
休不定休 交伊豆急下田駅から徒歩10分
Pあり

伊豆下田外浦の海の塩です（海水100%）薪焚き天日干しして作りました
土藤商店

職人が外浦海岸の浜で作る焼き塩700円は人気商品のため売り切れ御免

保命酒1300円はペリー来航の際接待に用いたという薬草入りの酒

レトロなイメージの布ぞうり（2300円前後）は店主の妻の手作り

建物は明治42年（1909）築。店主手作りのテーブルも販売

風待工房
かざまちこうぼう

アンティークに囲まれひと息

店内には、家具から食器、着物、古美術品までさまざまな骨董品が並べられ、ゆったりした時間のなかでお茶を楽しめる。

MAP 付録P.13 D-3

☎0558-23-3269 所下田市3-13-12
営11:00～17:00 休水曜（木曜との連休の場合あり） 交伊豆急下田駅から徒歩12分 Pなし

平滑川沿いの趣ある家屋を使った骨董店兼喫茶店

珈琲500円は、まろやかな豆をセレクトし飲みやすい一品。夏はアイスもある

SOUL BAR 土佐屋
ソウル バー とさや

古民家にソウルが流れる酒場

MAP 付録P.13 E-3

☎0558-27-0587
所下田市3-14-30
営19:00～翌2:00（LO24:00）
休不定休 交伊豆急下田駅から徒歩15分 Pなし

160年以上前に建造された建物が味わい深く、お客の6割が外国人とも。カクテルや小腹を満たすおつまみ類も充実している。

「昔の喫茶店のナポリタン」1200円とカクテル「龍馬」1000円

なまこ壁の外壁と瓦屋根がよい雰囲気で店内は広い

ほの暗い店内はいつもソウル音楽が流れ、独特の雰囲気

石廊崎の沖から石廊埼灯台(右・頂上付近)と石室神社(中央の建物)を望む。石廊埼灯台周辺は散策路があり海を一望することもできる

透明度抜群の青い海を体感できる貴重なひととき

南伊豆の海を遊ぶ

シュノーケルポイントとしても有名

海外リゾートのようなエメラルドグリーンの海が広がる南伊豆の海岸。遊覧船で巡ったり、海の生き物とふれあったり、海水浴をしたり。楽しみ方は十人十色だ。

船でしか見られない絶景を

石廊崎岬めぐり遊覧船

いろうざきみさきめぐりゆうらんせん

石廊崎 MAP 付録P.14 C-4

南伊豆の海岸線と真っ青な海を堪能できる石廊崎岬めぐり。遊覧船に乗り石廊埼灯台や石室(いろうじんじゃ)神社、透明度の高いヒリゾ浜などを巡る。天候によりみのかけ岩などを周遊するコースに変更する場合がある。

☎0558-65-0036 所南伊豆町石廊崎55 開9:30～15:30で30分ごとに運航、所要25分(繁忙期は臨時便あり) 休無休(荒天時欠航の場合あり) 料1600円 交伊豆急下田駅から東海バスで38分、石廊崎港口下車、徒歩5分 Pあり ※車いすの利用は不可

マリンバード号を利用する。50名ほどが乗れる船だ

海底まで見通せるほど透明度の高いヒリゾ浜をゆく

海の生物を身近に感じよう

下田海中水族館

しもだかいちゅうすいぞくかん

下田 MAP 付録P.13 E-4

天然の入り江に建つ、イルカとふれあえる水族館。イルカにエサをあげてトレーナー気分を味わえるプログラムが人気だ。アザラシやペンギンの愛らしい姿を見ることもできる。

☎0558-22-3567 所下田市3-22-31
開9:00〜16:30(季節により異なる)※ショー、イベントの時刻は天候により変更の場合あり
休無休 料2400円 交伊豆急下田駅から東海バスで7分、海中水族館下車すぐ Pあり

頭上をイルカが飛び越えるアメージングシート(有料)でイルカショーを楽しもう

コツメカワウソのエサやり体験

伊豆に生息する250種の生物を展示するうみめぐり

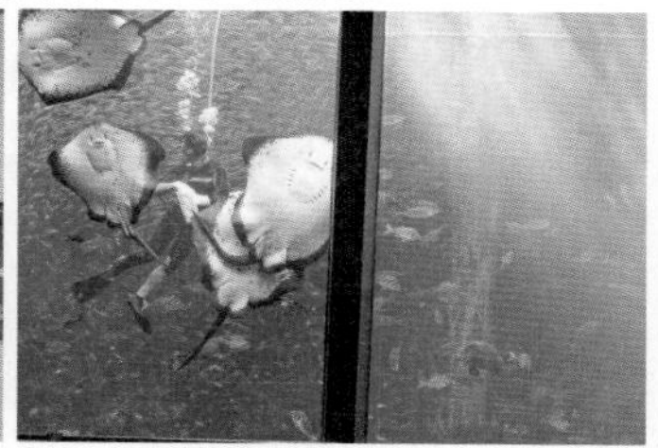

巨大水槽ではダイバーによる餌付けショーが見られる

南伊豆の美しいビーチ

白浜大浜海水浴場

しらはまおおはまかいすいよくじょう

南北約700mにわたって広がる、伊豆で最も賑わいをみせるビーチ。

白浜 MAP 付録P.12 C-2

☎0558-22-5240(伊豆白浜観光協会)
所下田市白浜
交伊豆急下田駅から東海バスで15分、レスポ白浜下車すぐ Pあり

外浦海水浴場

そとうらかいすいよくじょう

入り江にあるため、波が穏やか。遠浅なのでファミリーにも人気だ。

下田 MAP 付録P.12 C-3

☎0558-22-1531(下田市観光協会)
所下田市柿崎
交伊豆急下田駅から東海バスで10分、外浦口下車、徒歩3分 Pあり

弓ヶ浜海水浴場

ゆみがはまかいすいよくじょう

弓なりになった海岸線が美しい。日本の渚百選にも選ばれている。

弓ヶ浜 MAP 付録P.15 E-3

☎0558-62-0141(南伊豆町観光協会)
所南伊豆町湊
交伊豆急下田駅から東海バスで23分、休暇村下車すぐ
Pあり(夏期は有料)

吉佐美大浜海水浴場

きさみおおはまかいすいよくじょう

国道から離れた静かな環境。近くに別荘地があり、外国人観光客にも人気。

下田 MAP 付録P.15 F-2

☎0558-22-1531(下田市観光協会)
所下田市吉佐美
交伊豆急下田駅から東海バスで10分、吉佐美下車、徒歩8分 Pあり

九十浜海水浴場

くじゅっぱまかいすいよくじょう

須崎御用邸に隣接し、小規模ながらも高い透明度を誇る穴場のビーチ。

下田 MAP 付録P.12 C-4

☎0558-22-1531(下田市観光協会)
所下田市須崎
交伊豆急・下田駅から東海バスで15分、グリーンエリア前下車、徒歩3分
Pあり

入田浜海水浴場

いりたはまかいすいよくじょう

海岸沿いにソテツが植えられ、南国ビーチのよう。水の透明度も抜群。

下田 MAP 付録P.15 F-2

☎0558-22-1531(下田市観光協会)
所下田市吉佐美
交伊豆急下田駅から東海バスで8分、入田下車、徒歩3分
Pあり

さわやかな風に吹かれて青い水平線を見に行く!

絶景!石廊崎ドライブ

いろうざき

県道16号を南下していくと目の前に広がる青い海。大自然に育まれた雄大な景色は季節や時間によって変化する。すべての瞬間を目に焼き付けたい。

1 龍宮窟
りゅうぐうくつ

下田 MAP 付録P.15 F-3

☎0558-22-1531(下田市観光協会)
所下田市田牛　開休料散策自由
交 伊豆急下田駅から車で15分
Pあり

光が差し込む神秘の洞窟

波によって地表の弱い部分が削り取られてできたという洞窟。頭上の遊歩道から見るとハート形をしている。

↑足元には透き通ったコバルトブルーの海水が静かに打ち寄せる
※2023年10月現在、落石等の危険があるため、一部立ち入り禁止

↑青い海と空をバックに、奥石廊の大小の岩々を一望できる

→入り組んだ地形と、沈む太陽がつくり出す陰影とシルエットが美しい

↑石廊崎の東方沖に群立する奇岩。役小角(えんのおづぬ)が雨に濡れた蓑を掛けて乾かしたという伝説がある。初日の出の撮影スポットとしても人気だ

2 石廊埼灯台
いろうざきとうだい

石廊崎 MAP 付録P.14 C-4

太平洋を望む白亜の灯台

伊豆半島の最南端・石廊崎に立ち、日本の灯台50選にも選出。周囲は、富士箱根伊豆国立公園となっていて、壮大な太平洋の眺めが広がる。通常内部公開はされていない。

☎0558-65-1600(石廊崎オーシャンパーク)　所南伊豆町石廊崎
開休料外観見学自由(年2回参観日あり、要問い合わせ)交 伊豆急下田駅から車で30分　Pあり(有料)

↑明治4年(1871)建造。「灯台の父」と呼ばれるイギリス人・ブラントンの設計

→石室神社。太い帆柱は伊豆七不思議のひとつだ

→遊歩道から太平洋を眺めると、遥かかなたに水平線が広がる

3 あいあい岬
あいあいみさき

石廊崎 MAP 付録P.14 B-4

夕暮れどきに訪れたいスポット

石廊崎と奥石廊崎の間にあり、眼下にはヒリゾ浜が広がっている。水平線に沈む夕陽は必見。伊豆半島ジオサイトの紹介をする南伊豆町ジオパークビジターセンターもある。

☎0558-62-0141（南伊豆町観光協会）
所南伊豆町石廊崎
開休料散策自由 交伊豆急下田駅から車で30分 Pあり

←↓ソフトクリームや飲み物を片手に、雄大な風景を楽しみたい

移動時間◆約1時間30分

おすすめドライブルート

青く輝く海を見ながら県道16号を南下する。景色に気を取られて事故に遭うことのないよう、絶景スポットではしっかり車を停めて景色を眺めたい。また、コンビニやトイレ、ガソリンスタンドは数が少ないので、ガソリンなどは余裕をもって準備しておきたい。

伊豆急下田駅 いずきゅうしもだえき

↓ 国道136号 6.7km／約13分

1 龍宮窟 りゅうぐうくつ

↓ 県道16号 13.2km／22分

2 石廊埼灯台 いろうざきとうだい

↓ 県道16号 2.4km／5分

3 あいあい岬 あいあいみさき

↓ 県道16号、国道136号 31.4km／45分

松崎 まつざき

海を渡って秘境の浜へ

ありのままの自然環境が残り、伊豆で最も水の美しい海水浴場といわれるヒリゾ浜。浜までは船が唯一の交通手段だ。8隻の船が共同運航で送迎してくれる。

ヒリゾ浜の渡し ヒリゾはまのわたし

石廊崎 MAP 付録P.14 B-4
☎0558-65-1050 所南伊豆町中木
営7月1日〜9月30日の8:00〜16:30（9月は〜16:00） 休荒天時
料2000円 交伊豆急下田駅から車で32分 Pあり

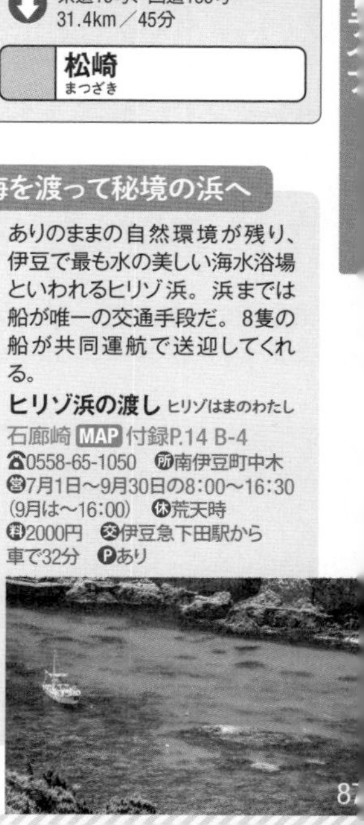

伊勢海老わだつみ定食
4158円(2人前〜)
伊勢エビをまるごと魚介や野菜と一緒に煮込んで食す。もちもちの特製のすいとんもだしを吸って美味

弾けんばかりの極上の身が舌の上で躍る

海の贅沢食材 伊勢エビ劇場

南伊豆の水揚げで一番人気は、肉厚でプリプリ食感と濃厚な甘みがたまらない伊勢エビ。秋から春に漁が解禁され鮮度抜群で味わえる。

椅子席のほかに広い座敷があり団体客にも対応

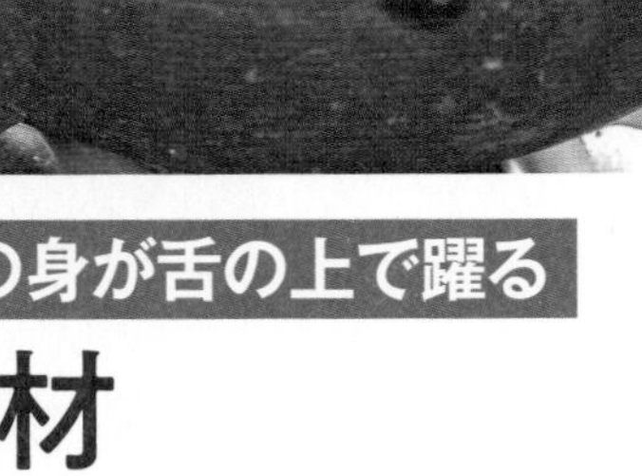

地元産の伊勢エビが1人につき1匹入る

郷土割烹 伊豆の味 おか田

きょうどかっぽう いずのあじ おかだ

郷土料理

南伊豆 MAP 付録P.15 E-2

地揚げの素材を自在な料理法でメニュー豊富に揃える

特産の新鮮な金目鯛をはじめ伊勢エビなど地元産の新鮮魚介に、地元の山菜やアシタバなども取り入れ、さまざまな料理法で提供する。金目鯛の煮付けや照り焼きのほか、特製の味噌で煮ながら食べる伊勢海老わだつみ(鍋)が店主おすすめの名物料理。

予約 可
予算 Ⓛ Ⓓ 2000円〜

☎0558-62-1006
所 南伊豆町湊307-1
営 11:00〜20:00
(LO19:30、途中休憩あり)
休 無休 交 伊豆急下田駅から東海バスで18分、日野下車すぐ Ⓟあり

純和風の店構え。駐車場も広くゆとりがある

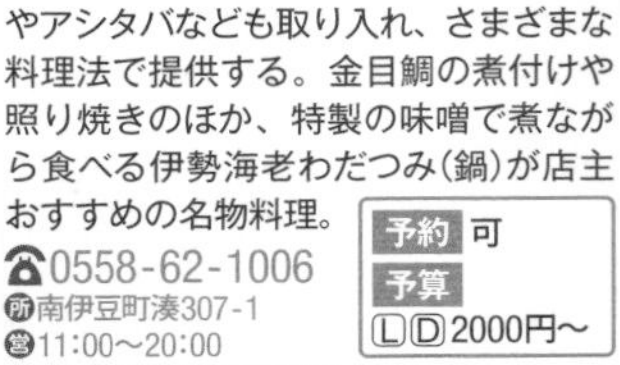

磯料理 ゑび満

いそりょうり えびまん

磯料理

下田 MAP 付録P.13 E-3

シンプルな調理法で 新鮮さと素材の旨みを堪能

下田で獲れた鮮魚のおいしさを感じてもらうため、水揚げされたばかりの魚をシンプルに調理することが身上で、料理に合う酒類も揃う。伊勢エビの鬼瓦焼きのタレは50年継ぎ足しながら使っているもので、そのタレで作る煮魚もおすすめ。

☎0558-22-2166
所下田市3-3-12
営11:30～23:00(LO22:00)
休不定休 交伊豆急下田駅から徒歩10分 Pなし

予約 望ましい
予算 Ⓛ1500円～ Ⓓ3000円～

↑腰を落ち着けてじっくりと味わえる座敷席がメイン

伊勢海老刺身
100g 1100円(500g～)
出されたときには触覚などがまだ動いている状態で、新鮮さを感じる刺身はプリプリとした食感

伊勢海老の鬼殻焼き
3000～5000円
20年以上継ぎ足しながら受け継いできた店独自のタレで焼く。焼く前にエビの大きさを確認できる

磯料理 辻

いそりょうり つじ

磯料理

下田 MAP 付録P.13 F-4

予約 望ましい
予算 Ⓛ3000円～ Ⓓ5000円～

海産物卸直営店だからこそ 自慢できる活きのよさ

昭和30年(1955)に創業した伊勢エビ、アワビ、サザエなどの海産物卸業直営。店の前に大きな生け簀があり、下田・伊豆近海で水揚げされた魚介をメインに活きのいい素材を提供している。伊勢海老の鬼殻焼きは下田ブランド策定委員会で優秀メニューと認証された。

↑水槽もある落ち着いた店内には、椅子席と座敷席がある

☎0558-22-0269
所下田市3-19-36 営11:00～15:30(LO14:30) 17:30～21:30(LO20:30) 休水曜(祝日の場合は火曜または木曜)
交伊豆急下田駅から東海バスで7分、海中水族館下車、徒歩4分 Pあり

小さなレストラン しいの木やま

ちいさなレストラン しいのきやま

パスタ・カレー

南伊豆 MAP 付録P.15 D-2

伊勢エビの贅沢パスタを筆頭に 地元食材を生かした料理が揃う

2023年1月に青野川沿いに広がる温泉地・下賀茂温泉へ移転。地産地消と手間をかけた手作りにこだわった料理を提供し、地物の魚介や季節の新鮮な野菜を使ったパスタが人気。ディナーコースではオーナー自らが選んだおいしいワインも一緒に味わいたい。

☎070-4013-3594
所南伊豆町下賀茂841-7
営11:30～14:30(LO14:00) 17:30～21:00(LO20:00、月・火曜の夜は要予約) 休水・木曜
交伊豆急下田駅から東海バスで27分、下賀茂下車、徒歩1分 Pあり(3台)

予約 可(月・火曜の夜は要)
予算 ⓁⒹ1000円～ コース4000円～

→初春に河津桜が咲くことで知られる青野川まで徒歩1分(左)、木のぬくもりが感じられる明るい店内(右)

伊勢海老のパスタ
(生パスタ) 2500円
伊勢エビの旨みたっぷりのソースが平打ち麺リングィーネと好相性のメニュー
※秋～初夏の期間限定

新鮮果実の彩りに心華やぐ魅惑の甘味

フルーツを堪能 南国スイーツ

南国のビーチにも例えられる温暖な南伊豆では、トロピカルフルーツも豊富。甘さたっぷりの旬の果実が、スイーツに昇華されることでさらに別次元のおいしさに。

オーナーがていねいに作る
コーヒーに合うスイーツ

Café Den

カフェ デン

下田 MAP 付録P.13 D-3

前庭は街なかとは思えないほど豊かに緑が茂り、パステルカラーのおしゃれな店舗は別荘地のコテージのように居心地がよい。オーナー手作りのスイーツや、有機栽培の豆を使ったコーヒーで観光途中にひと息入れたい。

☎0558-22-2345
所 下田市3-2-21　営 10:00〜18:00(LO)
休 木・金曜(祝日の場合は営業)
交 伊豆急下田駅から徒歩13分　P あり

レモンパイ450円
敷地内の樹から採れるレモンを使用している(季節限定)。

緑の向こうに見え隠れする、イエローとブルーの素敵な外観

オーナー自ら設計・デザインしたカラフルで心休まる店舗

ケーキ、パン、食事と
いろいろ揃うパティスリー

FONTAINE

フォンテーヌ

下田 MAP 付録P.15 F-2

クオリティの高いケーキや焼き菓子のほか、各種パンの販売にも力を入れている。カフェのメニューも充実しているので、食事を楽しみに来るリピーターも多い。河津産のブルーベリーを使った期間限定のスイーツも味わいたい。

☎0558-25-5800
所 下田市吉佐美1469-1
営 10:00〜18:30(ランチLO14:00)
休 無休
交 伊豆急下田駅から車で10分　P あり

国道136号沿いにある店舗は、シックな赤の外壁が目を引く

壁で囲まれた中庭テラスがあり落ち着いて過ごせるカフェスペース

フルーツタルト
584円
季節の旬のフルーツがたっぷりのタルト

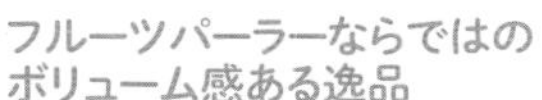

フルーツパーラーならではの
ボリューム感ある逸品

フルーツハウス おおかわや

下田 MAP 付録P.13 D-3

老舗フルーツショップ併設のパーラーだからこそ、質の高い新鮮なフルーツをふんだんに使ったスイーツが自慢。ボリューム満点のパンケーキやワッフル、100%下田産イチゴとバナナだけで作るいちごスムージーもおすすめ。

☎0558-22-0125
所下田市3-2-5 営11:00〜18:00
休木曜(不定休あり) 交伊豆急下田駅から徒歩8分 Pあり

ガラスのウインドーに各種メニューの写真が貼り出されている

流行に左右されることなく、30年前から変わっていないという店内

スペシャルパンケーキ
2300円
下田産の新鮮卵でメレンゲを立てふんわり焼き上げるパンケーキに、10種類以上のフルーツを添えて(季節限定)

温泉の熱で育つメロンの
スイーツが楽しめる

和洋スウィーツカフェ 扇屋製菓

わようスウィーツカフェ おうぎやせいか

南伊豆 MAP 付録P.15 D-2

南伊豆では大正時代から温泉の熱でメロンを育てる研究がされていたという。その技術を受け継ぐたった1軒のメロン農家から最も食べ頃のマスクメロンを仕入れ、ケーキから和菓子までさまざまなスイーツにアレンジして提供。

☎0558-62-0061
所南伊豆町下賀茂168-1
営9:00〜17:00 休水曜、木曜不定休(要確認) 交伊豆急下田駅から東海バスで23分、日詰下車、徒歩1分 Pあり

温泉メロンタルト
480円
特製カスタードクリーム、アーモンドクリーム、シュクレ生地の上に、ジューシーなマスクメロンがのり、甘くてさわやか

ガラス張りで明るくきれいな店舗にはテラス席もある

先代から受け継がれる「メロン最中」はおみやげにもぴったり

窓際席の大きな窓から
白浜の絶景をわがものに

hana café

ハナカフェ

白浜 MAP 付録P.12 C-3

白い砂と青い海の美しさを誇る白浜の、絶景ポイントにあるのがhana caféだ。サーファーたちの御用達で濡れたまま店内に入ることも可能。ホットコーヒーは330円というから、冷えた体を温めたいときにうれしい。

☎0558-22-6002
所 下田市白浜2752-16
営 9:00～17:00(LO16:30)
土・日曜、祝日7:00～19:00(LO18:30)
※夏季(7～9月)は6:00～19:00(LO18:30)
休 無休 交 伊豆急下田駅から東海バスで10分、白浜海岸下車すぐ P あり

1. 店内から望む海景色にほっこり
2. ハナカフェ風ロコモコプレート1155円。よくこねあげたハンバーグとソースの相性が抜群
3. サーフショップ併設で、看板が目印
4. 濡れたままでも気軽に座れるテラス席

窓からの景色や内装にも注目です
こだわり空間のカフェ

南国を訪れたかのようなビーチそばのカフェと、昔ながらの建物をリノベーションしたカフェの2店をピックアップ。

伊豆石積みの蔵の魅力に
モダンなセンスを織り交ぜて

くしだ蔵

くしだくら

下田 MAP 付録P.13 E-2

もともと倉庫として使われていた蔵を、オーナー自ら手を加えカフェに。どっしりした伊豆石の壁が魅力的で、鉄骨の梁がモダンな印象を添えている。東京でインド料理を学んだオーナーが作るカレーは美味。

☎0558-22-0049
所 下田市2-11-12 営 10:00～18:00(LO17:30、日曜は～17:00) 休 不定休
交 伊豆急下田駅から徒歩8分 P あり

1. 伊豆石となまこ壁の外観が特徴
2. 店の前には外席もある
3. 北インド風骨付きチキンカレーとアイスコーヒーはセットで1450円(ランチタイムのみ)
4. 1階が伊豆石積み、2階が木造の蔵は、2階の床を一部剥がして吹き抜け空間にアレンジ

中伊豆・修善寺

豊かな緑と
情緒あふれる
街並みに
癒やされる

歴史ある温泉地・修善寺、
小説や歌の舞台・天城峠。
伊豆三古湯の伊豆長岡には
世界遺産に登録された
韮山反射炉がある。

旅のきほん

エリアと観光のポイント

中伊豆・修善寺はこんなところです

伊豆長岡や修善寺の温泉地を拠点にしながら、天城峠や河津七滝まで足を延ばしたい。

歴史ある名湯に浸かる

修善寺
しゅぜんじ

➡P.96

開湯から1200年以上経つという修善寺温泉。観光の中心となるのは地名の由来にもなった修禅寺だ。伊豆の小京都と呼ばれる風情ある街並みを散策したい。名物のそばを食べるのも忘れずに。

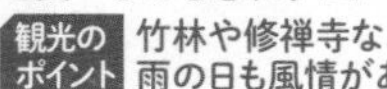

観光のポイント 竹林や修禅寺などは、雨の日も風情がある

修禅寺(上)にお参りしたら竹林の小径(右)へ。石畳の風流な散策路だ

さわやかな山の空気をまとう

湯ヶ島・天城峠周辺
ゆがしま・あまぎとうげ

➡P.98

大自然に囲まれた天城温泉郷。その一部が湯ヶ島だ。狩野川流域に宿や歌人の歌碑などが点在する。天城峠は古くから文学作品や歌にも登場する名所。猪肉を使った郷土料理もぜひ。

観光のポイント 滝巡りは歩きやすい服装で、時間にも余裕を

観光名所の旧天城トンネル(上)、湯ヶ島の老舗旅館、天城湯ヶ島温泉 おちあいろう(右)

散策路を歩いて滝巡り

河津七滝周辺
かわづななだる

➡P.100

河津川の渓谷に大小7つの滝がかかっており、滝巡りを楽しめる。水垂バス停そばに河津七滝巡りの入口があり、そこから約1時間の道のりだ。足元も整備されているが、距離が長いため歩きやすい靴で行きたい。

観光のポイント 散策後には河津名物のわさび料理にも挑戦を

水垂バス停から出発すると、最初に現れるのが釜滝だ

千本浜公園
狩野川
沼津港
駿河湾
大瀬崎
大瀬神社
若松崎
らららサンビーチ
沼津市
御浜岬
戸田港
修善寺奥の
西伊豆スカイライン
136
旅人岬
土肥港
土肥温泉
土肥金山
八木沢温泉
恋人岬
宇久須温泉
天城牧場
仁科峠
西伊豆町
長九郎
松崎町
婆娑羅山
岩地海水浴場

このエリアの主な温泉地

伊豆長岡温泉
源氏山を中心に、その東西に温泉宿が軒を連ねる。古奈温泉、長岡温泉など120の源泉がある。

修善寺温泉
狩野川の支流、桂川に沿ってひっそりと宿が点在している。伊豆半島では最も歴史が古い温泉地といわれる。

湯ヶ島温泉
川端康成や梶井基次郎らが滞在したことでも知られる。井上靖『しろばんば』の舞台でもある。

上品な味わいが評判の禅風亭なゝ番のそば

2重のループが珍しい河津七滝ループ橋

修善寺

湯ヶ島・天城峠周辺

河津七滝周辺

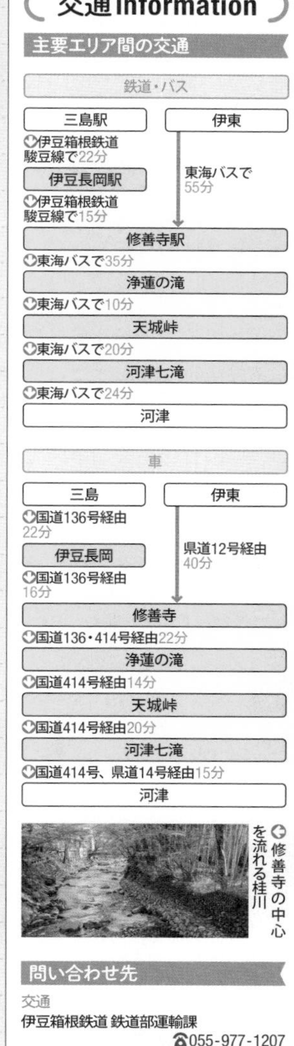

交通information

主要エリア間の交通

鉄道・バス

三島駅
↓伊豆箱根鉄道駿豆線で22分
伊豆長岡駅
↓伊豆箱根鉄道駿豆線で15分

伊東
↓東海バスで55分

修善寺駅
↓東海バスで35分
浄蓮の滝
↓東海バスで10分
天城峠
↓東海バスで20分
河津七滝
↓東海バスで24分
河津

車

三島
↓国道136号経由22分
伊豆長岡
↓国道136号経由16分

伊東
↓県道12号経由40分

修善寺
↓国道136・414号経由22分
浄蓮の滝
↓国道414号経由14分
天城峠
↓国道414号経由20分
河津七滝
↓国道414号、県道14号経由15分
河津

修善寺の中心を流れる桂川

問い合わせ先

交通

伊豆箱根鉄道 鉄道部運輸課 ☎055-977-1207

NEXCO中日本お客さまセンター ☎0120-922-229

日本道路交通情報センター(静岡) ☎050-3369-6622(自動音声の場合あり)

東海バス 修善寺営業所 ☎0558-72-1841

観光案内

伊豆市観光協会修善寺支部 ☎0558-72-2501

伊豆市観光協会天城湯ヶ島支部 ☎0558-85-1056

清流沿いの古刹と古湯がつくり出す風景

修善寺散策

しゅぜんじ

修禅寺とともに歴史を刻んできた温泉街。「伊豆の小京都」と呼ばれる風雅な修善寺の街並みを散策しよう。

独鈷の湯は伊豆最古の温泉といわれる、修善寺温泉のシンボルだ

日本百名湯のひとつに数えられる1200年の歴史を誇る温泉街を歩く

平安時代に開湯したという修善寺温泉。温泉街の中心には桂川が流れ、中ほどには弘法大師が岩を砕いて作ったという独鈷の湯がある。同じく大師が創建した修禅寺では毎年8月に秋季弘法大師大祭が催され、多くの観光客が訪れる。修善寺温泉は、夏目漱石や森鷗外など明治時代の著名な文豪たちにも愛され、小説の舞台としても登場する。文豪たちの足跡をたどる旅も一興だ。

1 温泉街の中心にある名刹
修禅寺
しゅぜんじ

MAP 付録P.16 B-3

大同2年(807)、弘法大師により創建。2014年に改修された山門には金剛力士像が安置される。宝物殿に納められている寺宝には、源頼家に由縁がある品もあり必見だ。

☎0558-72-0053 所伊豆市修善寺964 開境内自由、宝物殿8:30～16:30(10～3月は～16:00) 休宝物殿は不定休 料宝物殿300円 交伊豆箱根鉄道・修善寺駅から東海バスで7分、修善寺温泉下車、徒歩3分 Pなし

鎌倉幕府の2代将軍・源頼家が幽閉・殺害された地としても知られる

2 文化財を利用したみやげ処
甘泉楼
かんせんろう

MAP 付録P.16 B-4

お菓子の「伊豆十三夜」、わさびや漬物、ジェラートを扱う「カメヤ」、干物や釜揚げしらすなどの海産物の「いちばんかん」の3軒が並ぶ。

☎なし 所伊豆市修善寺968-3 営10:00～17:00 休不定休 交伊豆箱根鉄道・修善寺駅から東海バスで7分、修善寺温泉下車、徒歩5分 Pなし

とうふジェラート生わさびトッピング300円は、さっぱりしていて癖になるおいしさ

名物の大判焼きの十三夜焼き各170円～

大正13年(1924)に建てられ、登録有形文化財でもある

3 風情ある石畳の散歩道
竹林の小径
ちくりんのこみち

MAP 付録P.16 B-4

桂川沿いにある約300mの散策路で、桂橋と滝下橋の間を結ぶ。道の左右には孟宗竹の林が広がり、中途には茶処やギャラリーもある。

☎0558-72-2501(伊豆市観光協会修善寺支部) 所伊豆市修善寺桂川沿い 開休料散策自由 交伊豆箱根鉄道・修善寺駅から東海バスで7分、修善寺温泉下車、徒歩8分 Pなし

竹製の円形のベンチは散策途中にちょっとひと息つくのにもピッタリ

竹の間から差し込む光が心地よい。朝の静寂のなかの散歩も最高だ

歩く時間◆約20分

散策コース

修善寺温泉バス停

➊ 県道18号をまっすぐ進んで、街の中心の修禅寺へ。 徒歩3分

1 修禅寺

➊ 独鈷の湯を見下ろしながらさらに進む。 徒歩2分

2 甘泉楼

➊ 滝下橋まで進んで桂川を渡り左折し進む。 徒歩8分

3 竹林の小径

➊ しばらく進み石畳の坂になった右手の路地に入る。 徒歩4分

4 指月殿

➊ 虎渓橋を渡ったら県道18号をバス停まで戻る。 徒歩6分

修善寺温泉バス停

※上記の「移動時間」は神社仏閣／施設などの入口までの目安です。見学時間などは含みません。

4 長い歴史を感じさせるお堂

指月殿
しげつでん

MAP 付録P.16 B-4

伊豆最古の木造建築物。鎌倉時代に北条政子が建立し、修禅寺に寄進したという。近くには鎌倉幕府2代将軍・源 頼家の墓もある。

☎0558-72-2501(伊豆市観光協会修善寺支部) 所伊豆市修善寺
開休料境内自由 交伊豆箱根鉄道・修善寺駅から東海バスで7分、修善寺温泉下車、徒歩6分 Pなし

ご本尊の釈迦如来坐像は蓮の花を手にした珍しい坐像だ

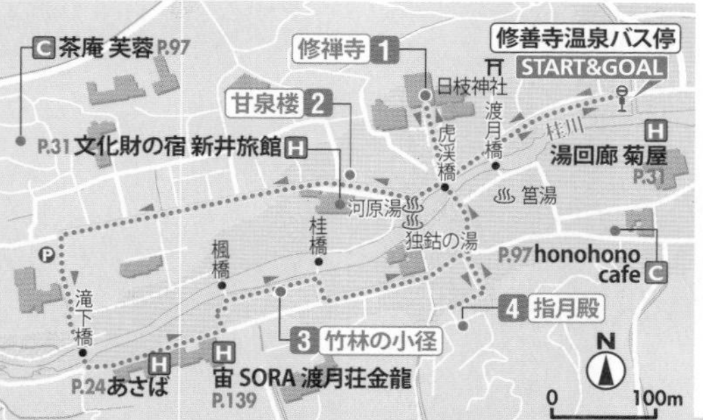

甘味処&カフェでひと休み

茶庵 芙蓉
ちゃあん ふよう

源範頼の墓のすぐそばにある築約100年の木造家屋の一軒家カフェ。四季折々の風情を見せる庭を眺めながら、ゆったりとした時間を過ごせる。

MAP 付録P.16 A-3

☎0558-72-0135 所伊豆市修善寺1082 営10:00～16:00(LO)
休火～木曜 交伊豆箱根鉄道・修善寺駅から東海バスで7分、修善寺温泉下車、徒歩10分 Pなし(最寄りの小山駐車場利用で割引あり)

抹茶白玉あずき890円。庭の梅を使った梅ジュースも好評

honohono cafe
ホノホノ カフェ

静かな裏通りにあり、修善寺の特産である黒米を使った「黒米シフォンケーキ」など、地元の食材を使った体にやさしいメニューが並ぶ。

MAP 付録P.16 C-4

☎0558-72-2500 所伊豆市修善寺882-9 営11:00～16:00
休火・水曜(ほか臨時休業あり)
交伊豆箱根鉄道・修善寺駅から東海バスで7分、修善寺温泉下車、徒歩8分 Pあり

伊豆牛ハヤシライス1045円、+200円でセットサラダが付く

天城越えハイキング

滝の音が渓谷に木霊する緑の佳景

天城越え(あまぎごえ)と河津七滝(かわづななだる)巡り

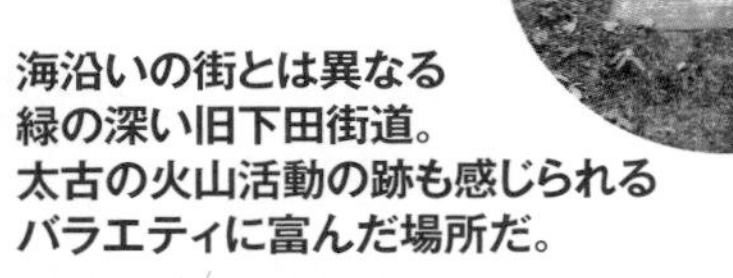

➲浄蓮の滝付近には『天城越え』の石碑がある

海沿いの街とは異なる緑の深い旧下田街道。太古の火山活動の跡も感じられるバラエティに富んだ場所だ。

1 浄蓮の滝
じょうれんのたき

天城峠周辺 MAP 付録P.17 E-4

伊豆半島で最大級の滝

「日本の滝百選」のひとつに選ばれている名瀑。落差約25m、幅7mというダイナミックな滝だ。滝つぼには女郎蜘蛛の化身が棲むという伝説がある。

☎0558-85-1056(伊豆市観光協会天城湯ヶ島支部) 所伊豆市湯ヶ島 開休料散策自由 交伊豆箱根鉄道・修善寺駅から東海バスで33分、浄蓮の滝下車、徒歩7分 Pあり

駐車場から谷へ向かう階段を下ったところにある。足元に気をつけて歩こう

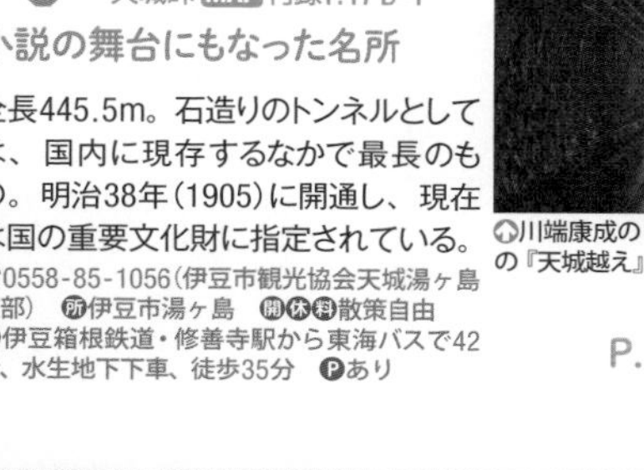
浄蓮の滝の渓流沿いにはわさび田が広がる

移動時間 ◆ 約9時間30分〜

見学ルート

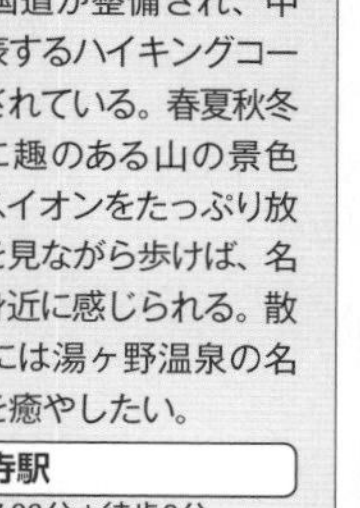

かつては下田街道の最大の難所であった天城峠。小説や歌謡曲の舞台にもなった場所だが、現在では国道が整備され、中伊豆を代表するハイキングコースも整備されている。春夏秋冬それぞれに趣のある山の景色やマイナスイオンをたっぷり放出する滝を見ながら歩けば、名作がより身近に感じられる。散策の最後には湯ヶ野温泉の名湯で疲れを癒やしたい。

修善寺駅
- バス33分+徒歩2分

1 浄蓮の滝
- 徒歩2分+バス9分(浄蓮の滝〜水生地下)+徒歩27分

2 旧天城トンネル
- 徒歩31分+バス6分(二階滝〜河津七滝遊歩道上入口)

3 河津七滝
- 徒歩1時間30分 ※滝巡り1時間含む

4 河津七滝ループ橋
- バス8分(上条〜湯ヶ野)+徒歩3分

5 伊豆の踊子の宿 福田家
- 徒歩3分+バス14分

河津駅

終日時間がかかるコースで、上級者向け。修善寺駅を8時15分に出発するバスを利用して、河津駅に到着するのは18時頃になる。バスの本数が少ないので最新情報の確認を忘れずに。

※上記の「移動時間」には見学時間も含みます

2 旧天城トンネル
きゅうあまぎトンネル

天城峠 MAP 付録P.17 D-1

小説の舞台にもなった名所

全長445.5m。石造りのトンネルとしては、国内に現存するなかで最長のもの。明治38年(1905)に開通し、現在は国の重要文化財に指定されている。

☎0558-85-1056(伊豆市観光協会天城湯ヶ島支部) 所伊豆市湯ヶ島 開休料散策自由 交伊豆箱根鉄道・修善寺駅から東海バスで42分、水生地下下車、徒歩35分 Pあり

川端康成の『伊豆の踊子』、松本清張の『天城越え』にも登場

P.100に続く

3 河津七滝
かわづななだる

河津 MAP 付録P.17 D-3

個性あふれる滝を巡る

河津川の渓谷にかかる7つの滝。滝を巡るルートは遊歩道として整備されており、四季折々の景観を眺めながら約1時間の散策を楽しめる。

☎0558-32-0290(河津町観光協会)
所河津町梨本　開休料散策自由
交伊豆箱根鉄道・修善寺駅から東海バスで52分(伊豆急・河津駅から35分)、河津七滝遊歩道上入口下車すぐ
Pあり

初景滝
しょけいだる

落差約10mの白い滝と「踊子と私」の像が美しい調和をみせる。

大滝
おおだる

幅7m、落差は約30mと伊豆最大級の滝。

初景滝
蛇滝
エビ滝
釜滝
荻の入川
カニ滝
「踊子と私」像
河津七滝遊歩道上入口
出合滝
下田街道
河津七滝巡り入口
414
大滝
河津七滝温泉
P.101 七滝茶屋 C
0　200m
天城荘 H
河津川
大滝入口
椎の木上
上条
河津七滝ループ橋
★河津七滝ループ橋 P.101

蛇滝
へびだる

周辺の岩が蛇のうろこに見え、吊り橋から見ると大蛇がいるよう。

釜滝
かまだる

滝つぼを覆うように固まった溶岩が迫力満点。落差22mと2番目に大きい。

エビ滝
エビだる

滝の流れの形がエビの尾のよう。吊り橋からの眺めがおすすめ。

カニ滝
カニだる

高さ2mの小さな滝。美しいグリーンの滝つぼにも注目。

出合滝
であいだる

2つの流れがここで出合う。川底が見えるほど透き通った水が流れる。

2月中旬〜3月上旬にはループ橋内側に植えられた河津桜が満開になる

4 河津七滝ループ橋

かわづななだるループきょう

河津 MAP 付録P.17 D-3

720度をぐるりと回る

七滝大滝温泉(ななだるおおだるおんせん)の入口にある全長約1.1km、高さ45m、直径80mの2重のループ橋。通行の利便性と高低差を解消するために造られた。

☎0558-32-0290(河津町観光協会) 所河津町梨本 開休料見学自由 交伊豆箱根鉄道・修善寺駅から東海バスで58分(伊豆急・河津駅から22分)、上条下車すぐ Pあり

伊豆方向からは時計回りの下り坂。スピードの出し過ぎは禁物

立ち寄りスポット

七滝茶屋

ななだるちゃや

河津 MAP 付録P.17 D-3

猪鍋定食2300円、とろろわさび丼950円などの食事メニューのほか、クラッシュド・ストロベリーなど完熟イチゴのスイーツも人気がある。

☎0558-36-8070 所河津町梨本363-4 営10:00〜16:30(LO)※食事メニューは11:00〜16:00(LO) 休不定休 交伊豆箱根鉄道・修善寺駅から東海バスで1時間3分(伊豆急・河津駅から25分)、河津七滝下車すぐ Pあり

生わさびが1本付く、冷やしとろろそば1150円(うどんも可)

遠方からイチゴのスイーツを食べに来る女性客も少なくない

食事処のほか、ガラス工芸店を併設

映画『伊豆の踊子』の撮影に何度も使用されている

河津川に架けられた橋を渡ると、すぐ目の前だ

5 伊豆の踊子の宿 福田家

いずのおどりこのやど ふくだや

河津 MAP 付録P.17 D-4

秘湯・湯ヶ野温泉を代表する老舗

明治12年(1879)創業の温泉宿。創業当時の姿を残す風情ある宿だ。『伊豆の踊子』は川端康成(かわばたやすなり)がここに滞在した際の出来事がもとになっているという。

☎0558-35-7201 所河津町湯ヶ野236 営日帰り入浴10:00〜16:00 宿泊IN15:00 OUT10:00 休不定休 料日帰り入浴990円(40分) 1泊2食付1万7600円〜 交伊豆箱根鉄道・修善寺駅から東海バスで1時間13分(伊豆急・河津駅から14分)、湯ヶ野下車、徒歩3分 Pあり

レトロな雰囲気の榧(かや)風呂。すべての浴槽が源泉かけ流し

小説の舞台となった部屋は1日1組限定

太宰治が『東京八景』を執筆した部屋も残る

注目ポイント

文豪らに愛された宿

何度も逗留を重ねた川端康成をはじめ、太宰治や井伏鱒二、三好達治など多くの文豪が訪れたという。資料館では貴重な資料や直筆の書、生原稿などを見ることができる。

GOURMET
食べる

禅寺そば 1320円
とろろ、山菜、地元の新鮮な生わさびのほか、すりわさび、胡麻、薬味がふんだんに添えられている

予約 不可
予算 Ⓛ650円〜

禅風亭なゝ番
ぜんぷうていななばん

そばが食べたい!

そば

修善寺 MAP 付録P.16 C-3

修行僧の食事にちなんだ生わさび付きの禅寺そばが人気

修禅寺で厳しい禅修行を積んだ僧侶たちが断食のあと、山野で山菜を摘み、山芋を掘り、そばを打って食したという伝承を再現した禅寺そばが看板メニュー。まるまる1本添えられた生わさびは、持ち帰りも可能で、茎も漬物にして食べられる。

☎0558-72-0007
所 伊豆市修善寺761-1-3
営 10:00〜15:30(LO) 休 木曜
交 伊豆箱根鉄道・修善寺駅から東海バスで7分、修善寺温泉下車すぐ Ⓟあり

修禅寺の近くに店を構える、創業半世紀の元祖禅寺そばの店

民芸調で囲炉裏がある温かみのある店内

天城山の清流がもたらす恵みを味わう

多彩な食材が自慢 中伊豆の名物料理

天城山から湧き出る清涼な水に育まれた、山と川の食材の数々。
伊豆の山里で生まれた郷土の味、その滋味深い味わいを堪能したい。

伊豆の佐太郎
いずのさたろう

ジビエ料理が食べたい!

郷土料理

天城峠周辺 MAP 付録P.17 E-4

伊豆のブランド鹿、イズシカと猪料理が自慢の郷土料理の店

浄蓮の滝の入口に店を構える食事処で、そば、わさび丼、ジビエ(猪・鹿)料理などが味わえる。特に特製ダレで焼いたジューシーな鹿焼きとミニわさび丼のセットのほか、太麺のそば、猪鍋、猪焼きが人気。

☎0558-85-0534
所 伊豆市湯ヶ島2859-29
営 11:00〜15:00 休 火・木曜
交 伊豆箱根鉄道・修善寺駅から東海バスで33分、浄蓮の滝下車すぐ Ⓟあり

昭和28年(1953)公開の映画の題名とその主題歌を店名にしたという

民芸調の店内は、ゆったりとしていて、個室や座敷もある

予約 可
予算 Ⓛ800円〜

郷土料理セットB(鹿) 2310円
滋養強壮に良いとされるイズシカ肉の味噌焼きと、天城のわさびがのった丼

安兵衛

やすべえ

ズガニが食べたい!

日本料理

修善寺 MAP 付録P.16 C-3

予約	可
予算	Ⓛ1000円〜 Ⓓ2000円〜

ずがにうどんが食べられる磯料理と季節料理の店

伊豆の四季の味覚が楽しめる。初夏から秋にかけては鮎、秋から春にかけてはアマゴといった清流の魚のほか、狩野川で獲れたズガニを使ったうどんが名物。昼は手ごろなランチメニューがあり、夜はカサゴの唐揚げなどの酒の肴も充実。

☎0558-72-0917

所伊豆市修善寺868-1 営11:00〜13:30 17:00〜23:00
休水曜 交伊豆箱根鉄道・修善寺駅から東海バスで7分、みゆき橋下車すぐ Ⓟあり

柱川に架かる御幸橋のたもとに建つ創業約40年の郷土料理の店

カウンターと座敷の店内。昼は食事処、夜は居酒屋の雰囲気

ずがにうどん1100円
ズガニとはモクズガニのことで、狩野川で獲れたズガニでだしをとった味噌風味のうどん

猪鍋2200円（写真は2人前）
甘い醤油ダレで味付けし、野菜もたっぷり。脂身もおいしい猪肉を味わったら、シメはうどんで

ささの

猪肉が食べたい!

郷土料理

湯ヶ島 MAP 付録P.17 E-1

予約	可
予算	ⓁⒹ1000円〜

鍋のほか、定食でも味わえる猪、キジ、鮎など天城の味

創業50年で、伊豆の山の幸を使った郷土料理が味わえる。地元の猟師が仕留めた野生の猪肉はクセのない味で、人気の猪鍋のほか、猪焼肉定食や猪焼肉丼でも味わえる。そのほか、キジ鍋やキジ串焼き定食、鮎塩焼定食などもおすすめだ。

☎0558-87-0736

所伊豆市月ヶ瀬128-1 営11:00〜20:00 休不定休
交伊豆箱根鉄道・修善寺駅から東海バスで17分、篠原下車すぐ
Ⓟあり

猪やキジ料理は、季節を問わず、一年中食べられる

国道414号沿いに店を構える

歴史

独特の地勢抜きには語れない伊豆半島の歴史
開国の舞台から温泉リゾートへ

伊豆半島の玄関口・三島は古代から伊豆地方の中心地だった。伊豆の国市には、源頼朝や北条氏ゆかりの中世の史跡が数多い。幕末の黒船来航により、下田は日本の行く末を決定づける国際舞台となった。

先史時代～7世紀

三島を中心に栄えた古代の伊豆

伊豆国の成立

火山群の衝突で生まれた温泉天国の半島 伊豆の国府・三島が門前町として栄える

伊豆半島は、南洋にあった海底火山群が、プレートの移動で日本列島に衝突して形成されたと考えられている。それら多くの火山が日本屈指の湯量を誇る温泉地を生み、起伏に富んだ地形や豊かな海の恵みをもたらした。

古代律令時代の静岡県は、遠江と駿河の2国に分かれていた。7世紀末頃に駿河から伊豆地方が分離し、伊豆国が成立する。以来、明治時代に入るまで、伊豆地方は一国を成していた。伊豆国を統治する国府(政庁)が三島に置かれ、国家鎮護のための国分寺や国分尼寺、伊豆国一宮の三嶋大社が創建され、三島は門前町として栄えていく。伝承によれば、三嶋大社の三嶋神は、伊豆諸島の島々をつくった神という。三嶋神の最初の鎮座地とされる下田市白浜の火達山には、三嶋神の后神を祀る白濱神社(伊古奈比咩命神社)が建ち、原始の信仰を伝える古代の祭祀遺跡がある。

白濱神社(伊古奈比咩命神社)
➔P.33
しらはまじんじゃ(いこなひめのみことじんじゃ)
白浜 MAP 付録P.12 C-2

➔白浜海岸の岩場に赤鳥居が海に向かって立つ

三嶋大社➔P.128
みしまたいしゃ
三島 MAP 付録P.18 C-2

➔創建時期は不明。源頼朝をはじめ、武門武将の崇敬を集めた

7世紀～12世紀

流刑の身から幕府の将軍へ

源頼朝の流刑時代

源平合戦の敗戦で頼朝は伊豆へ流される 政子と出会い、源氏復興の機会をうかがう

奈良時代から平安時代には、都から遠く離れた伊豆国は流刑地のひとつだった。貴族や武士、僧侶らが都から伊豆へと流されてきた。その一人が、まだ少年だった源頼朝だ。京都で平治元年(1159)に起こった平治の乱で、父・義朝が平氏方に討たれると、14歳で遺児となった頼朝は伊豆国へ配流となる。北伊豆の韮山を流れる狩野川近くの蛭ヶ小島の配所で約20年間を過ごしている。頼朝の流刑生活は比較的自由なものだったようだ。地元の有力者の支援を受け、三嶋大社や伊豆山神社で信仰生活を送り、ときには鷹狩りをして過ごしたという。のちに妻となる北条政子と出会ったのも、流刑中のことだ。伊豆の豪族だった政子の父・北条時政は、平氏の目を恐れてふたりの仲を裂こうとしたが、反対を押し切って頼朝と政子は夫婦となる。

政子との間に娘・大姫を授かった2年後の治承4年(1180)、頼朝は北条氏の後ろ盾を得て、ついに平氏打倒の挙に打って出る。元暦2年(1185)の壇ノ浦の戦いで平氏を滅亡させると、頼朝は武士政権の鎌倉幕府を開く。

伊豆の国市韮山の狩野川流域には、北条邸跡や北条政子産湯の井戸、頼朝が過ごした配所跡(蛭島公園)など、頼朝や北条氏ゆかりの史跡が点在している。

富士の巻狩り 頼朝が催した一大行事

源頼朝は征夷大将軍となった翌年の建久4年(1193)、富士の裾野で、約1カ月の大規模な巻狩りを催した。巻狩りとは大人数で獲物を囲み、追い込む狩猟法で、頼朝の長男・頼家や多くの御家人らが随行した。付近の遊女を集めて夜は盛大な宴を催し、頼朝の権威を誇示する場となった。巻狩りの最終日には、随行した工藤祐経を曾我氏が討った「曾我兄弟の仇討ち」が起きている。

⇧源頼朝が山木兼隆を打ち破った様子を描いた『頼朝旗起 八牧館夜討図』〈静岡県立中央図書館蔵〉

12世紀末～14世紀

源氏一族、滅亡の地
修禅寺(しゅぜんじ)と源氏一族

頼朝の疑心から修禅寺に幽閉される弟・範頼
頼朝を継いだ将軍・頼家も同様の運命をたどる

鎌倉(かまくら)時代の三島(みしま)は、幕府と京に通じる東海道の宿場として賑わった。鎌倉幕府の初代将軍となった源頼朝(みなもとのよりとも)は、弟・範頼(のりより)に反逆の疑いをかけ、伊豆国修禅寺(いずのくにしゅぜんじ)に幽閉してしまう。範頼はこの地で命を落としたとされる。

頼朝が急死すると、嫡男・頼家(よりいえ)が18歳で家督を継ぐが、将軍の資質を問われて御家人らと対立する。有力御家人の祖父・北条時政(ほうじょうときまさ)がしだいに実権を握ると、頼家は時政の謀殺を企てるも失敗。時政は病気を口実に頼家の将軍職を剥奪、建仁(けんにん)3年(1203)に修禅寺へ幽閉して、翌年暗殺してしまう。

伊豆国は、源氏一族3名が流され、2人が命を落とす悲劇の地となった。範頼と頼家のものとされる墓が修禅寺の近くにある。

⇧源氏の盛衰を見守った修禅寺は弘法大師が創建したと伝わる

⇨源範頼像〈横浜市金沢区・太寧寺蔵〉

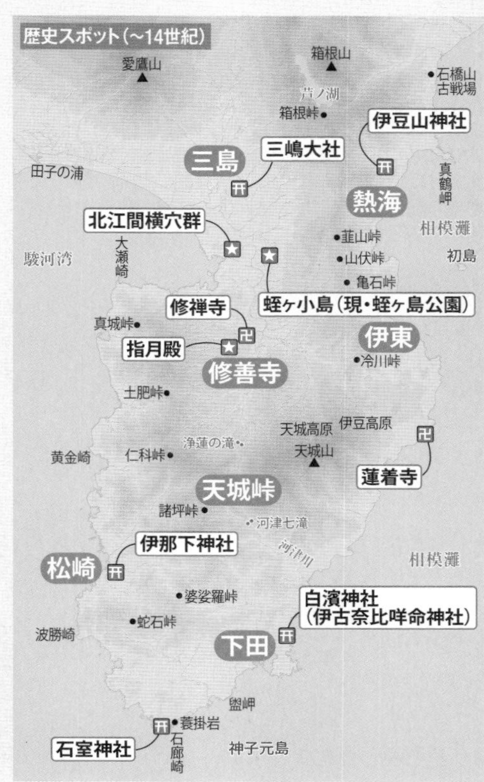

15世紀～18世紀

後北条氏支配から幕府直轄領へ

室町から江戸期の伊豆

伊豆を支配した戦国武将・北条早雲 江戸時代には三島が宿場町として栄えた

鎌倉幕府を倒した足利尊氏が京都に室町幕府を開くと、鎌倉には関東を統括する鎌倉府が置かれ、長官の鎌倉公方が関東八州のほか伊豆・甲斐も統治した。将軍義政の時代の長禄元年(1457)、5代目鎌倉公方の足利成氏が幕府に反発したため、義政は兄・政知を代わりに鎌倉へ送り込んだ。ところが政知は鎌倉に入れず、伊豆国・堀越で足止めをくう。堀越に居館(堀越御所)を設けた政知は、堀越公方と呼ばれた。

戦乱の時代になると、関東進出を目論む駿河国興国寺城主・北条早雲が、明応2年(1493)に2代堀越公方・足利茶々丸を討ち、伊豆国を支配する。韮山城(現・伊豆の国市)に拠点を移した早雲は、相模へ進出したのち小田原城を奪い、後北条氏の関東支配の礎を築いた。後北条氏の伊豆国支配は豊臣秀吉の全国統一で終わりを告げた。

江戸時代、伊豆国は幕府直轄領となる。韮山には、幕府領を統括する代官所が置かれた。後北条氏の元家臣で、徳川家康に仕えた江川氏が、世襲で幕末まで代官を務めた。韮山代官所跡は現在、国の史跡となっている。

東海道の宿場が整備されると、三島は江戸日本橋から数えて11番目の宿駅に指定される。箱根の関所を控えた江戸防備の要となり、都の文化も流入。商業が盛んに行われて街は発展を遂げた。

19世紀前半～19世紀末

外交の舞台となった幕末の下田

ハリスの下田来航

黒船来航で最初の開港地となった下田港 西欧の要人が来航して国際会談が開かれる

嘉永6年(1853)、ペリー提督率いるアメリカの艦隊が日本の開国を求めて浦賀に来航した。威圧的な巨大戦艦の出現に、開国か攘夷かで日本が大きく揺れた。幕府は国防強化のため、品川沖の台場(砲台)の建造を韮山代官の江川太郎左衛門に命じている。翌、嘉永7年(1854)、日米和親条約が締結されることとなり、下田と箱館(現・函館)の開港、下田のアメリカ総領事館開設が決められる。他の西洋諸国も相次いで来日し、アメリカ同様の条約締結を要求。下田が国際交渉の舞台となった。幕府と外国使節との会談は、主に下田の寺院が利用された。日米和親条約の細則(下田条約)は、七軒町の了仙寺で交渉と調印が行われた。滞在中のアメリカ船員たちは、エリアの制限付きながら下田を散策、地元民と交流を持った。ペリーの艦船を追って、兵学者の吉田松陰も下田へやってきた。世界を見聞しようと、米艦での密航を図るも失敗に終わる。下田で松陰をかくまった家(吉田松陰寓寄処)は今も残されている。

日米和親条約締結から2年後の安政3年(1856)、初代米駐日総領事のタウンゼント・ハリスが下田に着任した。ハリスの重要任務は、日米自由貿易の条約締結をとりまとめることだった。下田の玉泉寺に総領事館を構え、幕府との交渉に臨んだ。ところが、幕府がなかなか交渉に応じず、ハリスは下田で1年以上を過ごすこととなる。安政5年(1858)、アメリカへの最恵国待遇などを盛り込んだ、日本に不平等な日米修好通商条約が締結される。新たに神奈川、長崎など4港の開港が決まり、2年後に開港地・下田は閉鎖された。駐日公使となったハリスは、江戸の公使館へ移っていった。

玉泉寺
ぎょくせんじ

下田 MAP 付録P.12 B-3

曹洞宗の寺院。和親条約が締結されたのちにアメリカ総領事館が置かれ、ハリスらが滞在した、国指定史跡文化財。

☎0558-22-1287 所下田市柿崎31-6 開8:30～16:30 休無休 料ハリス記念館500円 交伊豆急下田駅から東海バスで5分、柿崎神社前下車すぐ Pあり

当時の資料を集めたハリス記念館もある

19世紀半ば

日本とロシアの予期せぬ交流
ディアナ号の遭難

津波被害を受けたロシア船が条約交渉中に沈没 新たな西洋船造りが西伊豆の戸田港で始まる

和親条約の締結を求めて、ロシア使節の海軍中将プチャーチンもロシア船ディアナ号で下田に来航した。交渉途中だった嘉永7年(1854)11月4日、巨大地震による大津波が原因でディアナ号は沈没してしまう。

西伊豆の戸田港で代替船が建造されることになり、ロシア人の指導のもと、伊豆の船大工が造船作業にあたった。3カ月余りで、日本初の近代的洋式帆船は完成。戸田村民への感謝を込めてヘダ号と名付けられた。下田の長楽寺で条約の調印を済ませたプチャーチンは、ヘダ号で帰国の途についた。

プチャーチンは、ディアナ号遭難の際、地元住民の献身的な援助に感銘を受けた

戸田造船郷土資料博物館
へだぞうせんきょうどしりょうはくぶつかん

戸田 MAP 付録P.2 A-3

ヘダ号の設計図や造船に使われた大工道具、ヘダ号とディアナ号の模型などを展示。日露の交流の歴史も紹介している。

☎0558-94-2384 所沼津市戸田2710-1 開9:00〜16:30 休水曜、祝日の翌日 料200円、小・中学生100円 交伊豆箱根鉄道・修善寺駅から東海バスで48分、戸田下車、徒歩30分 Pあり

ヘダ号の模型をはじめ、貴重な海事資料などを展示

19世紀末〜

人気の温泉観光地へと発展
明治以降の伊豆

鉄道や道路の発達で一気に進む観光地化 関東有数の温泉保養地として発展する

明治時代に伊豆国は韮山県となり、足柄県を経て明治9年(1876)には静岡県に編入された。その2年後には、伊豆諸島が東京府に編入となる。

東海道線や旧天城トンネルの開通などで交通アクセスが飛躍的に良くなり、修善寺や湯ヶ島に代表される温泉地開発も進められた。川端康成ら、多くの文豪が風光明媚な温泉地を訪れるようになり、伊豆の知名度は高まった。高度経済成長期に観光道路や伊豆急行線が開通し、現在のような人気の温泉観光地へと発展した。

唐人お吉 謎に満ちた女性の生涯

開港地・下田に生まれた「唐人お吉」は、幕府の命令で米駐日大使ハリスに奉公にあがった。ハリスが帰国してしまうと、お吉は世間の冷たい目にさらされるようになり、51歳で入水自殺を遂げたという。下田の宝福寺には、そのお吉の墓がある。開国の陰で差別に苦しんだ「唐人お吉」の生涯は、十一谷義三郎の小説をはじめ、多くの文学作品にも描かれて広く世に知れ渡ったが、実在のお吉については諸説あり、解釈は分かれているようだ。

19歳の斎藤きちの真影とされている写真〈宝福寺蔵〉

宝福寺
ほうふくじ

下田 MAP 付録P.13 D-2

下田開港時代に下田奉行所が置かれた。お吉の墓とお吉記念館がある。山内容堂が寺に滞在中、勝海舟と会談し、坂本龍馬の脱藩を免罪した。

☎0558-22-0960 所下田市1-18-26 開境内自由、唐人お吉記念館8:00〜17:00 休無休 料唐人お吉記念館400円 交伊豆急下田駅から徒歩5分 Pあり

お吉の墓石は後年に寄進された。菩提寺であることから「お吉の寺」とも

韮山反射炉 伊豆が誇る近代産業遺産

西洋砲術に明るかった韮山代官・江川太郎左衛門は、台場建造とともに韮山での反射炉建設も指揮した。反射炉とは、熱や炎をアーチ型の天井に反射させ、大砲の原料となる銑鉄を溶解する施設。レンガ造りの反射炉2基が、安政4年(1857)に完成した。実際に稼働したもので唯一、完全な形で残る反射炉だ。「明治日本の産業革命遺産」のひとつとして、2015年に世界遺産に登録された。

韮山反射炉
にらやまはんしゃろ

韮山 MAP 付録P.3 D-3

☎055-949-3450 所伊豆の国市中260-1 開9:00〜17:00(10〜2月は〜16:30) 休毎月第3水曜(8月は無休) 料500円 交伊豆箱根鉄道・伊豆長岡駅から徒歩25分/車で5分 P150台

反射炉の高さは15.7m。溶かされた鉄は、鋳型に流し込まれ、大砲が造られた

東海道五十三次と伊豆路

その魅力が浮世絵や物語、歌に数多く描かれた江戸時代の東海道。全行程の約4割を占める静岡の街道筋には、風光明媚な名所や難所が特に多く、変化に富む風景が旅人たちの心を躍らせた。

東海道でたどる江戸時代の静岡

江戸（東京）と京都を太平洋沿いに結ぶ東海道は、古代（律令時代）にはすでにその起源が生まれていたという。徳川家康は関ヶ原の戦い直後の慶長6年（1601）に五街道を整備し、東海道に日本橋から京都まで53の宿場を定めた。江戸時代には、参勤交代の大名行列や商人・伊勢参りの庶民など、多くの旅人が東海道を往来した。静岡県内には、東の三島から西の白須賀まで22の宿場があった。東海道の5つの峠のうち4つが静岡県内にあり、海や湖・河川と変化に富む風景が街道に続いた。なかでも、間近にそびえる富士の雄姿は、旅人の目を大いに楽しませた。そうした風景は、歌川広重の浮世絵『東海道五十三次』に数多く描かれている。

江戸日本橋を出発して最初の難所・箱根峠を越えると、伊豆の三島宿だ。峠を越えた人や、峠越えを控えた旅人を迎える多くの旅籠が宿場に並んでいた。時の鐘や水路の千貫樋など、往時の名残が旧宿場に今も見られる。狩野川の水運で栄えた沼津宿から海辺を西へ進むと、いよいよ富士山がその姿を現し始める。街道で唯一、富士が左に見える吉原宿手前の「左富士」、富士と太平洋を一望する名所の薩埵峠、とろろ汁が名物の丸子宿は、広重の浮世絵の名シーンだ。東海道最大の難所だった大井川。増水して足止めされることが多く、岸辺の島田宿は大いに賑わった。今も江戸時代の宿場町の風情を感じることができる。浜名湖西岸の新居宿には、全国で唯一、往時の関所の建造物が現存している。

下田の発展と下田路、天城峠

江戸に幕府が開かれて以降、江戸防衛のために、石廊崎に近い須崎（のちに下田）に番所が置かれるなど、下田一帯の重要性が増してきた。同時に上方との交易も盛んになり、下田の港には多くの船が集まりだした。

役人や商人が下田と江戸との往来に利用したのは、不安定な海路ではなく、険しい天城峠を経て東海道の宿場町・三島へと至る約68kmの下田路（下田街道）であったという。当時、江戸と下田の往来には、5泊6日程度を要していた。

下田に大統領の親書を携えて来航したハリスも、江戸幕府と直接交渉をすべく、天城峠越えを経験している。総領事館が置かれた下田を出発し、梨本と天城峠を越えた先にある湯ヶ島に各1泊して、三島まで3日間かけて移動している。移動にあたっては、およそ350人が同行したほか、天城峠の道を整えるために、近隣住民が1000人以上も駆り出されたという。ハリスは江戸での14回にもわたる交渉の途中、病を得て2度下田に戻っていたというのも驚きだ。

安政5年（1858）に日米修好通商条約が調印されると下田港は閉鎖され、ひとところの活気を失っていった。もちろん、下田港閉鎖以降も伊豆路の往来は途絶えることなく、明治38年（1905）には天城山隧道（現・旧天城トンネル）が開通して移動が大幅に楽になった。しかし、東海岸側の道路や鉄道が開通するようになると、伊豆路のルートはすっかり影を潜めるようになってしまった。

旧東海道に面し、下田街道の起点に位置する三嶋大社

ひっそりと山あいに姿を現す旧天城トンネルと旧道

伊豆 歴史年表

西暦	元号	事項
680	天武 9	駿河国から分かれて伊豆国が成立
701	大宝 元	石廊崎の石室神社が創建
710	和銅 3	この頃、來宮神社➲P.44が創建
724	神亀 元	伊豆国が遠流の地に定められる
802	延暦21	富士山噴火。通行不能な足柄路に代わる箱根路の利用により、三島が東海道の宿場として栄えるようになる
807	大同 2	この頃、弘法大師により修善寺に温泉が開湯したと伝わる
1160	永暦 元	頼朝、伊豆国に配流
1177	治承 元	頼朝、北条政子と結婚
1180	4	頼朝、妻・政子の父である北条時政らと伊豆で挙兵。挙兵に際し、三嶋大社➲P.128で源氏再興を祈願
1192	建久 3	頼朝、征夷大将軍に任じられる。頼朝勝利の祈祷・政子の庇護という恩に報いるため、伊豆山権現(伊豆山神社➲P.44)への参詣を幕府の公式行事とする
1193	4	頼朝による富士の巻狩り。曾我兄弟の仇討ちが起きる
1204	元久 元	源頼家、修禅寺➲P.96で殺害される
1261	弘長 元	日蓮、伊東に配流される
1282	弘安 5	一遍、三島社三嶋大社を参拝
1482	文明14	足利政知、伊豆国を足利成氏より譲り受ける
1493	明応 2	韮山城を拠点とし、北条早雲が伊豆国を支配する
1498	7	北条早雲の攻めにより足利茶々丸自害
1577	天正 5	土肥の金山開発が本格化
1590	18	豊臣秀吉の小田原攻めの際、城主北条氏規が韮山城に籠城。同年、秀吉天下統一
1601	慶長 6	三島宿が第11番目の宿駅に指定される
1604	9	徳川家康、熱海へ。7日間にわたり逗留。以降、熱海の湯を江戸へ献上させる「御汲湯」が始まる
1616	元和 2	下田奉行所の創設
1635	寛永12	参勤交代が制度化。箱根に関所が設けられ、三島宿が江戸防衛の役割を担う
1675	延宝 3	浅羽安右衛門が旅館(現・あさば➲P.24)を開業
1793	寛政 5	松平定信の伊豆巡検
1853	嘉永 6	ペリーが浦賀に来航
1854	7	日米和親条約締結により、下田・箱館の開港、下田にアメリカ総領事館開設が決定。ペリーの再来航に備え、品川沖に台場(砲台)を設置。大砲の原料となる銑鉄を溶解する施設として韮山反射炉➲P.107建造が進められ、安政4年(1857)に完成 安政東海大地震が発生、大津波によってロシア船ディアナ号が大破。翌年、プチャーチンらは「ヘダ号」で帰国
1856	安政 3	初代米駐日総領事タウンゼント・ハリスが下田に着任。玉泉寺➲P.106を総領事館に
1858	5	日米修好通商条約が締結、のちに開港地・下田は閉鎖
1872	明治 5	養気館新井(現・文化財の宿 新井旅館➲P.31)創業
1876	9	伊豆国は韮山県、足柄県を経て静岡県に編入される
1877	10	松崎出身の左官職人(名工)・入江長八、第一回内国勧業博覧会に出品
1889	22	民営の電話の許可が下り、市外電話発祥の地として熱海市に石碑が残る
1897	30	読売新聞に尾崎紅葉の『金色夜叉』が掲載される
1905	38	天城山隧道(現・旧天城トンネル➲P.99)が開通
1919	大正 8	起雲閣➲P.45が別荘として建造(現在、熱海市の指定有形文化財)
1926	15	雑誌『文藝時代』1月号に、川端康成の『伊豆の踊子』が掲載される
1933	昭和 8	伊東と下田の東海岸を結ぶ道路が開通
1938	13	伊東線全線開通
1947	22	太宰治が沼津・三津浜の安田屋旅館➲P.31で『斜陽』の1・2章執筆
1950	25	熱海市、伊東市が国際観光文化都市に指定される
1958	33	狩野川台風で伊豆半島に大きな被害
1961	36	伊豆急行、伊東～下田が開通
1964	39	東海道新幹線開通、熱海駅が設置される
1982	57	熱海にMOA美術館➲P.46が開館
2015	平成27	韮山反射炉を含む23件が「明治日本の産業革命遺産」として世界文化遺産に登録される

創作活動に、療養に湯の里を訪れた

作家たちの伊豆

温暖な気候と豊かな自然や温泉に恵まれた伊豆に、多くの作家たちが病気療養や仕事の場を求めて訪れた。彼らが心惹かれた伊豆の風景が、多くの作品の中に描かれている。

修善寺で療養の日々を送った夏目漱石 井上靖を育て、川端康成に愛された湯ヶ島

緑と静寂に包まれる修善寺と湯ヶ島は特に作家との縁が深い温泉地だ。桂川沿いにある修善寺では、夏目漱石が明治43年（1910）に、胃潰瘍の療養のため菊屋旅館（現・湯回廊菊屋）で約2カ月間過ごしている。滞在中に漱石が大吐血した出来事は、修善寺大患と呼ばれる。同時代に岡本綺堂も訪れ、修善寺の源氏滅亡の歴史を題材に戯曲『修禅寺物語』を著した。綺堂が取材中に泊まった新井旅館は、尾崎紅葉や芥川龍之介ら多くの作家が定宿にした。

下田街道沿いの湯ヶ島は、井上靖が育った山あいのいで湯。少年時代に祖母と経験した奇妙な土蔵暮らしをもとに、自伝的小説『しろばんば』を書いた。生家は伊豆近代文学博物館の近くに移築され、街の各所に文学碑が立つ。伊豆文学で最も有名な小説といえば、川端康成の『伊豆の踊子』。大正7年（1918）に初めて伊豆旅行をした青年の川端が、旅芸人一行の幼い踊子と出会い、修善寺から湯ヶ島をともに旅した体験がベースになっている。川端は以来、湯ヶ島に10年間通い続け、多くの作品を生み出した。

太宰治の話題作を生んだ景勝地・西伊豆 三島由紀夫は黄金崎の夕陽に魅了された

駿河湾に沈む夕陽や素朴な自然風景が魅力の西伊豆。作家の三島由紀夫は昭和35年（1960）の夏、西伊豆町・黄金崎近くの宝来屋旅館に2週間ほど滞在した。そのときの取材をもとに、西伊豆を舞台にした長編小説『獣の戯れ』を著した。黄金崎公園には同作品の文学碑が立っている。

太宰治は、文壇デビュー作『思ひ出』で少年期の思い出を書いた昭和7年（1932）頃、沼津の知人・坂部啓次郎氏から食事などの世話を受けていた。『ロマネスク』『老ハイデルベルヒ』の2作は、坂部武郎氏をモデルに描いたものだ。昭和22年（1947）には、三津浜の安田屋旅館で『斜陽』の1・2章を書き上げている。太宰が宿泊した部屋からは、駿河湾に沈む斜陽（夕陽）が見えたという。歌人・若山牧水は、沼津の千本松原の風景を愛して多くの短歌に詠み、35歳で沼津に移住した。

↑太宰も宿泊した安田屋旅館（P.31）の客室は眺望が素晴らしい

文学、映画、歌謡曲…、人々を惹きつける峠の魅力

天城峠をめぐる名作

伊豆を南北に貫き、ひなびた温泉の点在する下田街道の峠道。小説『伊豆の踊子』で、主人公の私と踊子が通った哀愁漂うトンネルは、のちに松本清張の旅情ミステリーの舞台となった。

天城を越える人々の生きざまを描く

下田街道の難所だった天城峠に、天城山隧道（現・旧天城トンネル）が開通したのは明治38年（1905）。深山に穿たれた薄暗いトンネルにはもの悲しさが漂い、そこを通る旅人の人生模様が数々の小説や映画などに描かれた。川端康成の『伊豆の踊子』では、峠の茶屋で踊子一行と主人公の私が再会し、トンネルを抜けてともに旅をする。作品は何度も映画化され、美空ひばりや吉永小百合、山口百恵らが踊子を演じた。松本清張のミステリー小説『天城越え』は、『伊豆の踊子』と同時代に、天城トンネルで巻き起こる殺人事件を描いている。『天城越え』といえば、石川さゆりの演歌も有名。恋に燃える女心を切々と歌い上げて大ヒットとなった。

↑新天城トンネルが新たに開通。旧トンネルは人気の観光名所だ

※天城峠、『伊豆の踊子』にまつわる観光スポット ➡P.98　伊東市の文学スポット ➡P.61

⬆熱海の市街地にありながら静寂に包まれた起雲閣(P.45)には多くの文人が逗留し、創作活動に励んだ

温暖なリゾート東伊豆に暮らした作家たち 南伊豆の下田では幕末の悲話が小説になった

明治後期に尾崎紅葉の『金色夜叉』が新聞に連載されると、熱海は全国で注目を集め、貫一とお宮が歩いた熱海の海岸には、お宮の松や記念碑が登場した。戦中戦後には、志賀直哉や谷崎潤一郎、吉川英治など多くの作家が熱海に暮らし、東京に近い温暖な温泉郷を創作の場とした。山本有三や太宰治ら多くの文豪を迎えた大正建築の宿・起雲閣(P.45)が保存されている。

伊東大川(松川)沿いに風情ある木造建築が並ぶ温泉地・伊東には、街の随所にゆかりの作家たちの文学碑が見られる。医学者で詩人の木下杢太郎は、伊東の旧家に生まれた。今は記念館となった生家には、同い年の友人・北原白秋がかつて訪れた。作家の坂口安吾は病気の療養先を伊東に求めた。2年半ほどこの地で暮らし、町で出会った医師をモデルに小説『肝臓先生』を書き上げている。

幕末の日本開国の一舞台となった南伊豆の下田には、下田を訪れたアメリカ特使ハリスとお吉の物語『唐人お吉』(十一谷義三郎など著)が生まれた(P.107)。下田は三島由紀夫ともゆかりが深く、昭和39年(1964)から自決した昭和45年(1970)までの毎夏を過ごしており、作品の舞台にもなっている。ほかにも、北原白秋や与謝野晶子ら多くの詩人や歌人たちが、伊豆各地の風景に心打たれ、多くの詩や短歌を書き残している。

伊豆近代文学博物館
いずきんだいぶんがくはくぶつかん

天城峠周辺 MAP 付録P.4 C-1

『伊豆の踊子』の生原稿、井上靖の愛用品をはじめ、伊豆ゆかりの作家120名の資料を展示。湯ヶ島の昭和の森会館にある。

☎0558-85-1110 所伊豆市湯ヶ島892-6 開8:30～16:30 休第3水曜 料300円、子供100円 交伊豆箱根鉄道・修善寺駅から車で25分 Pあり

⬆伊豆が、いかに多くの作家たちに愛されていたかがよくわかる

伊豆で過ごした主な作家たち

太宰治 明治42年～昭和23年(1909～1948)
無頼派文学の旗手・太宰は、デビュー作の『列車』と代表作『斜陽』を沼津で書いた。『走れメロス』は、熱海での檀一雄とのエピソード「熱海事件」がもとになったという。

岡本綺堂 明治5年～昭和14年(1872～1939)
『修禅寺物語』の創作のため、修善寺で源氏ゆかりの地を訪ね歩いた。作品は明治44年(1911)に明治座で上演され、大成功を収めた。『半七捕物帳』などの江戸物でも知られる。

島木健作 明治36年～昭和20年(1903～1945)
苦学に病、獄中生活と波乱の人生を歩んだ島木は、結核療養のため昭和19年(1944)に修善寺に滞在。散策途中、桂川で見つけた1匹の赤蛙を題材に短編小説『赤蛙』を著す。

夏目漱石 慶応3年～大正5年(1867～1916)
江戸生まれの近代文学の巨匠。修善寺・菊屋旅館での療養生活は、随筆『思い出す事など』に詳しい。大吐血をした部屋「大患の間」が修善寺の夏目漱石記念館に復元された。

川端康成 明治32年～昭和47年(1899～1972)
中伊豆を舞台に『伊豆の踊子』を書き、湯ヶ島温泉を愛したノーベル賞作家。冬場は温暖な熱海で過ごすのが恒例だった。伊豆を舞台にした作品を数多く発表。

井上靖 明治40年～平成3年(1907～1991)
湯ヶ島、三島、浜松と移り住み、18歳まで伊豆で過ごした。現代社会を鋭く描いた作品や歴史小説などで知られる。湯ヶ島の温泉宿・白壁荘を定宿として執筆活動に取り組んだ。

北原白秋 明治18年～昭和17年(1885～1942)
『明星』『スバル』などに短歌や詩を発表し、『からたちの花』など童謡でも知られる。湯ヶ島や伊東、熱海など伊豆各地を旅して作品を残した。『伊東音頭』の作詞もしている。

深田久弥 明治36年～昭和46年(1903～1971)
小説家・登山家の深田久弥は、昭和39年(1964)に刊行された随筆『日本百名山』のなかに天城山を選び、眺望の美しさを称賛した。以来、多くの登山客が天城山を目指した。

坂口安吾 明治39年～昭和30年(1906～1955)
睡眠薬中毒のため温泉療養中だった伊東で、肝臓病治療に奔走する診療所医師と出会い、『肝臓先生』を執筆した。近年、作品をもとにした映画『カンゾー先生』が上映された。

木下杢太郎 明治18年～昭和20年(1885～1945)
医学研究のかたわら、文学雑誌に詩や随筆を発表するほか美術にも造詣が深く、マルチな才能を発揮した。13歳で進学のため上京するまで故郷の伊東で過ごしている。

三島由紀夫 大正14年～昭和45年(1925～1970)
劇的な自決を遂げた昭和45年(1970)まで、下田で毎夏を過ごし、晩年の作品『豊饒の海』の執筆も。このほか、伊豆の各地を訪れては、伊豆を舞台にした作品を残した。

横光利一 明治31年～昭和22年(1898～1947)
川端康成や中河与一らと、新たな表現技法を提唱した新感覚派運動を展開。その集大成のひとつとなった『寝園』は、湯ヶ島の天城山中を舞台にした傷害事件が描かれている。

地図で知る 伊豆に魅せられた作家たちの足跡

文豪ゆかりの地をたどる

執筆や社交の場となり、ときには療養のために作家たちが訪れた街。作品の背景を知ることで、伊豆の新たな一面が見えてくる。

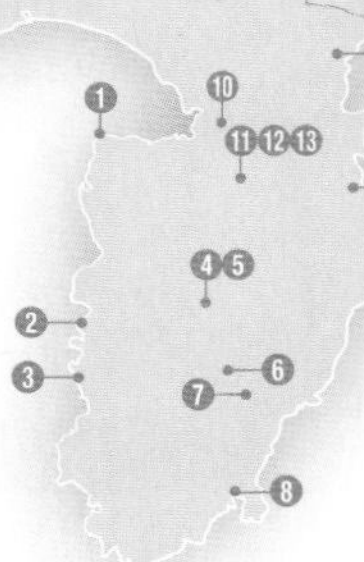

1 大瀬崎 →P.119

おせざき

与謝野鉄幹・晶子の2人は、畑毛温泉から韮山、古奈温泉を経て伊豆西海岸を訪れた。以来、この地へ吟行し、多くの歌を残した。

↑大瀬崎は富士山を望む岬で、与謝野鉄幹も歌に詠んだ、国の天然記念物ビャクシンが群生する

2 黄金崎 →P.119

こがねざき

三島由紀夫が、『獣の戯れ』執筆前に訪れた。断崖下を、定期船で通過する際の風景を描写した文学碑がある。近くの安良里には、小説内でも描かれた神洞滝がある。

←夕暮れどき、黄金色に染まる岬を一望できる

3 堂ヶ島温泉

どうがしまおんせん

松本清張が『蒼い描点』執筆のため滞在。

4 湯ヶ島

ゆがしま

『しろばんば』は湯ヶ島での井上靖の幼少時代を回想した自伝小説。井上靖旧宅跡庭内には、作品の冒頭が刻まれた詞碑がある。井上が滞在した「白壁荘」には、小説『猟銃』の原稿が残されている。

5 伊豆近代文学博物館 →P.111

いずきんだいぶんがくはくぶつかん

井上靖の『しろばんば』に登場する土蔵の2階部分が復元され、公開されているほか、川端康成『伊豆の踊子』の直筆原稿や、島崎藤村の直筆原稿・愛用品などが展示されている。

6 天城峠 →P.98・110

あまぎとうげ

松本清張『天城越え』、川端康成『伊豆の踊子』などの文学作品をはじめ、歌謡曲や映画にも登場した峠。

→『伊豆の踊子』の冒頭部分の詞碑と川端のレリーフ

→浄蓮の滝観光センター前に立つ、学生と踊子の『伊豆の踊子』像

7 伊豆の踊子の宿 福田家 →P.101

いずのおどりこのやど ふくだや

『伊豆の踊子』の主人公が宿泊した宿。近くに詞碑がある。川端が宿泊した部屋が残り、館内の資料館には直筆の原稿など、『伊豆の踊子』に関する品々を展示している。

8 下田 →P.80

しもだ

三島由紀夫が昭和39年(1964)から自決した昭和45年(1970)まで、家族で避暑に訪れていた。下田東急ホテルに滞在。

9 クレマチスの丘 →P.131

クレマチスのおか

長泉町井上靖文学館には、生原稿や創作ノート、少年時代の写真などが収蔵されている。

↑緑豊かな丘に長泉町井上靖文学館などの見どころがある

10 長岡温泉 いづみ荘

ながおかおんせん いづみそう

武者小路実篤が療養のため滞在。没後30周年事業として、武者小路実篤文学館が旅館内にオープンした。

11 修善寺 →P.96

しゅぜんじ

吉田絃二郎『修善寺行』で修善寺周辺の描写がされ、釣りを好んだ井伏鱒二は『修善寺の桂川』を残している。

↑桂川沿いには温泉宿が点在する

12 湯回廊 菊屋 →P.31

ゆかいろう きくや

夏目漱石が療養のために滞在。病状が悪化し、一時危篤状態となる(修善寺大患と呼ばれる)。のちに、帰京できるほどに回復する。

13 文化財の宿 新井旅館 →P.31

ぶんかざいのやど あらいりょかん

芥川龍之介は短編『温泉だより』や『新曲修善寺』を執筆し、親しい人に向けて書簡を書いた。また、尾崎紅葉は療養のため投宿し、『金色夜叉』を執筆した。修善寺梅林には、「いかさまに霞むやと　岡に陟りけり」と刻まれた句碑がある。

14 池田満寿夫・佐藤陽子創作の家

いけだますお・さとうようこそうさくのいえ

芸術家・池田満寿夫と音楽家・佐藤陽子の住居兼アトリエを熱海市に寄贈。池田の芸術作品・直筆原稿、佐藤のドレスや楽譜が展示されている。

15 モンブラン →P.52

谷崎潤一郎が、足繁く通ったフランス菓子店。

→谷崎潤一郎が好きだったというモカロール

16 双柿舎

そうししゃ

坪内逍遙が大正9年(1920)から昭和10年(1935)まで過ごした住居。坪内の没後は、早稲田大学に寄贈され、現在も管理されている。

17 貫一・お宮の像

かんいち・おみやのぞう

国道135号沿いにあり、『金色夜叉』で貫一がお宮を足蹴にするシーンが再現されている。お宮の松と、尾崎紅葉の門人・小栗風葉が「宮に似た　うしろ姿や　春の月」と詠んだ「金色夜叉の碑」という句碑がある。

←お宮を貫一が蹴り飛ばす有名なシーンを再現した銅像

18 起雲閣 →P.45

きうんかく

池田満寿夫・杉本苑子・佐藤陽子の文化座談会や、志賀直哉・山本有三・谷崎潤一郎の文芸対談など、文化人が集まった。武田泰淳『貴族の階段』、舟橋聖一『芸者小夏』『雪夫人絵図』、太宰治『人間失格』(別館で執筆)など、滞在中に執筆された作品もある。三島由紀夫も宿泊したことがある。

↑細部までこだわった建築美は見事。館内の見学も可能

19 木下杢太郎記念館 →P.61

きのしたもくたろうきねんかん

伊東出身の医学者で、文学・芸術方面でも才能を発揮した木下杢太郎の著作を展示。

20 伊東 →P.61

いとう

木下杢太郎以外にも、北原白秋、高浜虚子など、伊東ゆかりの作家は多く、市内には多くの歌碑・詩碑がある。

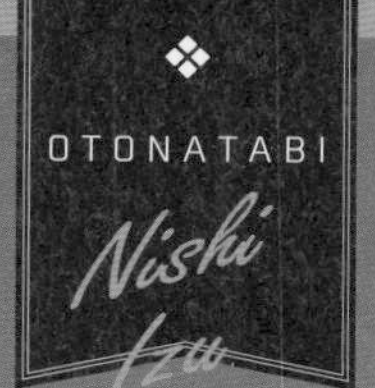

西伊豆

駿河湾沿いに絶景地が点在し、
夕暮れどきには特に美しい
西伊豆の風景。
富士の姿はもちろん、
ノスタルジックな松崎の街並みや
駿河湾で獲れた海の幸など、
ご当地グルメも満喫したい。

夕陽の美しさが
心に染みる、
のどかなエリア

エリアと観光のポイント

西伊豆はこんなところです

**海岸線沿いを走りながら大自然を楽しもう。
一日のハイライトは夕陽を眺めながらの露天風呂だ。**

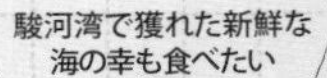

駿河湾で獲れた新鮮な
海の幸も食べたい

明治・大正の面影を残す

松崎周辺
まつざき

➡P.120

なまこ壁が特徴的な、どこか懐かしい雰囲気を漂わせる松崎の街。明治商家中瀬邸などの古民家や、鏝絵が鑑賞できる伊豆の長八美術館を巡りたい。岩地には西伊豆でトップクラスの水の透明度を誇る海水浴場がある。

松崎のなまこ壁通り(左)。東洋のコートダジュールとも呼ばれた岩地海水浴場(上)

観光のポイント 松崎の街なかにある鏝絵も探してみて

駿河湾に面した景勝地

堂ヶ島・黄金崎
どうがしま・こがねざき

➡P.116

奇岩や小島が点在する堂ヶ島、駿河湾と富士山を望む絶景が見事な黄金崎、どちらも季節や時間ごとにさまざまな姿を見せてくれる。夕暮れ時を狙って訪れるのも良い。堂ヶ島では遊覧船での「洞窟めぐり」もおすすめだ。

恋愛巡礼の聖地・恋人岬(左)。3つの島からなる三四郎島(上)

観光のポイント 干潮時、象島(伝兵衛島)へ渡ってみよう

絶景と名湯を楽しめる

土肥・戸田
とい・へだ

➡P.118

江戸時代に繁栄した金山が有名な土肥と、高足ガニが名物の戸田。温泉地としては大きくはないが、どちらも海に沈む夕陽や富士山を見ながら温泉を満喫できる高級旅館が多い。

海面がきらめいて見えることから名付けられた「煌めきの丘」

戸田港付近では深海魚を食べられる店も

伊豆で最も富士山に迫る

大瀬崎周辺
おせざき

➡P.119

伊豆半島から駿河湾に突き出た大瀬崎。先端部分には海の守護神として崇拝される大瀬神社がある。海水浴と磯遊びを同時に楽しめる「らららサンビーチ」へも足を延ばしたい。

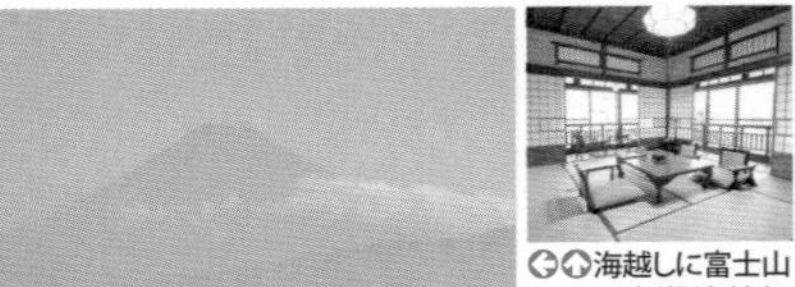

海越しに富士山を望む大瀬崎(左)。太宰治ゆかりの宿・安田屋旅館(上)

観光のポイント 大瀬神社には天然記念物のビャクシン樹林もある

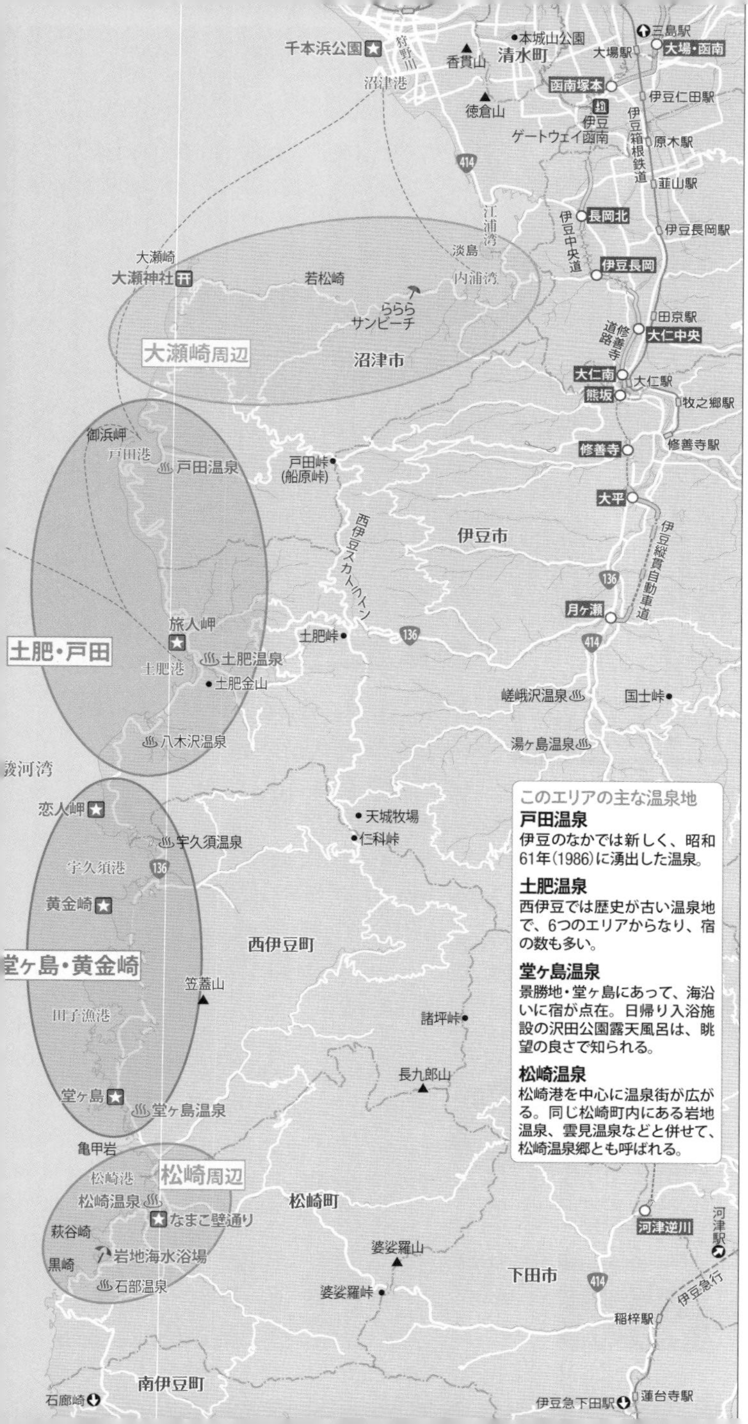

このエリアの主な温泉地

戸田温泉
伊豆のなかでは新しく、昭和61年(1986)に湧出した温泉。

土肥温泉
西伊豆では歴史が古い温泉地で、6つのエリアからなり、宿の数も多い。

堂ヶ島温泉
景勝地・堂ヶ島にあって、海沿いに宿が点在。日帰り入浴施設の沢田公園露天風呂は、眺望の良さで知られる。

松崎温泉
松崎港を中心に温泉街が広がる。同じ松崎町内にある岩地温泉、雲見温泉などと併せて、松崎温泉郷とも呼ばれる。

交通information

主要エリア間の交通

バス

沼津駅
↓東海バスで1時間20分
江梨 / 戸田

戸田
↓東海バスで46分
修禅寺
↓東海バスで50分
土肥温泉
↓東海バスで23分
黄金崎
↓東海バスで12分
堂ヶ島
↓東海バスで8分 → 松崎
↓東海バスで58分 → 下田

車

三島
↓国道136号、伊豆中央道、県道17号経由54分
大瀬崎
↓県道17号経由28分
戸田

沼津
↓国道414号、県道17・127号経由1時間
戸田

戸田
↓県道17号経由30分
土肥温泉
↓国道136号経由18分
黄金崎
↓国道136号経由15分
堂ヶ島
↓国道136号経由9分 → 松崎
↓県道15号経由41分 → 下田

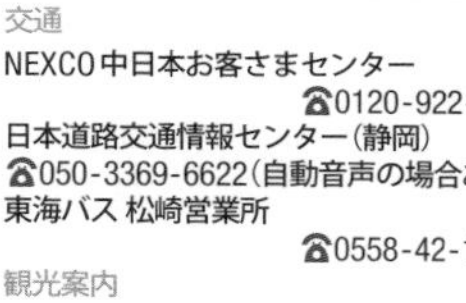

↑なまこ壁が残る明治商家 中瀬邸

問い合わせ先

交通
NEXCO中日本お客さまセンター ☎0120-922-229
日本道路交通情報センター(静岡) ☎050-3369-6622(自動音声の場合あり)
東海バス 松崎営業所 ☎0558-42-1190

観光案内
西伊豆町観光協会 ☎0558-52-1268
戸田観光協会 ☎0558-94-3115
松崎町観光協会 ☎0558-42-0745
伊豆市観光協会 土肥支部 ☎0558-98-1212

光の帯が暗い洞窟内と青い海面を照らす、幻想的な天窓洞

奇岩と小島が織りなす自然美

神秘の景勝地 堂ヶ島へ

どうがしま

MAP 付録P.4 A-2

複雑に入り組んだ海岸線沿いに、小さな島々や潮汐で姿を変える奇岩が点在する堂ヶ島。西伊豆屈指の景勝地として知られる地で、大自然の迫力を体感したい。

西伊豆観光のハイライト 歴史の重みを感じる断崖

堂ヶ島は、海底火山の噴火に伴う水底の土石流と、その上に降り積もった軽石や火山灰によってつくられた地層が特徴。その地層が、長い年月をかけて波に浸食され断崖となり、独特の景観を生み出している。夕暮れ時、田子沖に浮かぶ田子島の奇岩と、沈みゆく太陽がつくり出す神秘的な風景は一見の価値がある。

三四郎島と呼ばれる、高島、沖ノ瀬島、中ノ島、象島(伝兵衛島)。角度により、3つに見えたり4つに見えたりする

潮が引くとできる潮だまりの中に、海の生物を発見することも

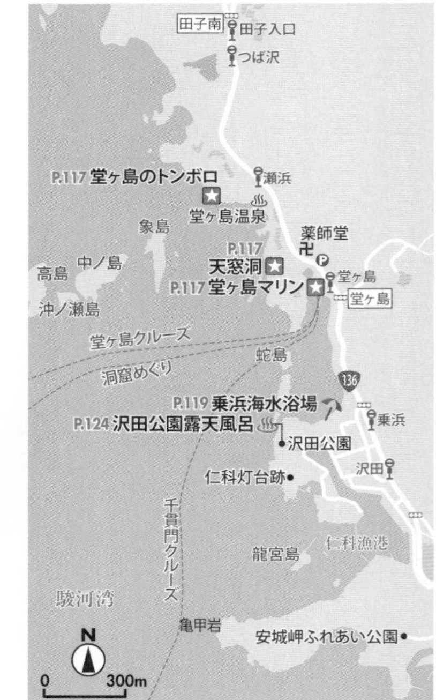

遊覧船で堂ヶ島を楽しむ

コースと天気次第では、富士山を拝めることも

大自然が生み出した造形美を、海の上から楽しめる。遊覧船の「洞窟めぐり」は、リアス海岸を進み天然記念物・天窓洞へと向かう見どころ満載のコース。高速クルーザーで波を切って疾走する、クルーズコースも迫力がある。

堂ヶ島マリン
どうがしままりん

MAP 付録P.4A-2

⊃遊覧船で海岸沿いを進み、潮風を頬に感じながら絶景を楽しもう

☎0558-52-0013 所西伊豆町仁科2060 営10:00〜16:00(季節により異なる、洞くつめぐりコースは15〜20分間隔で出航・所要20分)
休荒天時 料コースにより異なる(洞窟めぐりは1500円) 交伊豆箱根鉄道・修善寺駅から東海バスで1時間45分、堂ヶ島下車すぐ
Pあり ※プレミアムクルーズ、ジオサイトクルーズ(土・日曜、祝日のみ)も運航。各コースについて詳しくは堂ヶ島マリンHPで要確認
URL dogashimamarine.jp/

堂ヶ島で見ておきたいスポット

季節・時間・天候によって見える景色が異なる。何度でも訪れたくなる不思議な空間。

堂ヶ島のトンボロ

どうがしまのトンボロ

MAP 付録P.4A-2

干潮時に島までの道が出現 春から夏の日中がおすすめ

干潮になると道が現れ、島と陸がひと続きになる「トンボロ」。この珍しい光景を見ることができるのが瀬浜(せはま)海岸(かいがん)だ。潮位が30cm以下になると瀬が現れ、沖合200mほどにある象島(ぞうしま)(伝兵衛島(でんべえじま))まで歩いて渡ることができる。

☎0558-52-1114(西伊豆町まちづくり課)
所西伊豆町堂ヶ島 開休料散策自由
交伊豆箱根鉄道・修善寺駅から東海バスで1時間30分、瀬浜下車、徒歩5分 Pあり
※干潮位潮見表は西伊豆町役場HPを参照
URL www.town.nishiizu.shizuoka.jp

注目ポイント

トンボロの悲恋伝説

この地には、悲恋物語が伝わっている。かつて島に伊豆三四郎という源氏の若武者が隠れ住み、恋仲の小雪は干潮時にトンボロを渡り三四郎に会っていたという。しかし、源氏決起の知らせを伝えようとした小雪は波にのまれ亡くなった。

⊃普段は沖合にある島。潮が引くと道が現れる、たいへん珍しい現象。10〜2月の日中は潮があまり引かない

天窓洞

てんそうどう

MAP 付録P.4A-2

ぽっかりと口を開く洞窟 海と陸から異なる景色を楽しめる

長い年月をかけて白い凝灰岩が削られた、海蝕洞窟。天井から差し込む太陽光が海面をキラキラと照らす天窓洞の光景が神秘的。堂ヶ島を代表する人気スポットで、国の天然記念物に指定されている。

天然記念物・洞窟めぐり(遊覧船)

☎0558-52-0013(堂ヶ島マリン)
開10:00〜16:00 休荒天時 料1500円、子供750円
交伊豆箱根鉄道・修善寺駅から東海バスで1時間45分、堂ヶ島下車すぐ P提携駐車場利用

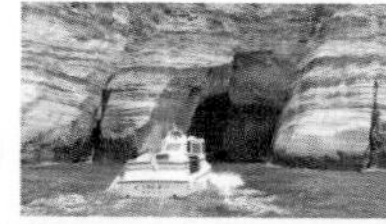

⊂遊覧船の入口は南口。光が海面を照らす「青の洞窟」として有名

⊃入口は3カ所。堂ヶ島遊歩道から見下ろすこともできる

オレンジ色に染まる水平線

大田子海岸

おおたごかいがん

堂ヶ島周辺 MAP 付録P.4 A-2

「日本の夕陽百選」にも選ばれた、西伊豆を代表する夕陽の名所。沖合には小さな島が浮かび、一面オレンジ色に染まった空と海との美しい情景を眺めることができる。

☎0558-52-1114(西伊豆町まちづくり課) 所西伊豆町田子1077 開休料散策自由 交伊豆箱根鉄道・修善寺駅から東海バスで1時間24分、大田子下車、徒歩5分 Pあり

絶好の写真撮影スポット。沖合の小島付近に夕陽が沈む、春分と秋分の頃がおすすめ

喧騒を忘れさせてくれる美景に、息をのむ

西伊豆絶景セレクション

駿河湾と霊峰・富士を望む、数々のビュースポット。
周囲が橙色に染まる夕暮れ、太陽光が眩しい日中と、心癒やされる情景がここにはある。

輝く海原と、はるかな富士

煌めきの丘

きらめきのおか

戸田 MAP 付録P.2 A-3

海面が太陽によってキラキラときらめくことから、この名がついた。正面には富士山が見え、1月下旬から2月中旬には、眼下に咲き誇る菜の花畑を見下ろすことができる。

☎0558-94-3115(戸田観光協会) 所沼津市井田 開休料散策自由 交伊豆箱根鉄道・修善寺駅から東海バスで50分、戸田下車、予約制乗合タクシーふじみgo!(戸田交通0558-94-3456)に乗り換えて11分 Pあり

晴れた日には雄大な富士山が望める。また、階段を下りたところには井田松江古墳群がある

モニュメントの真ん中の輪から富士山をのぞくのもおもしろい。ドライブ途中に立ち寄りたい

大自然のパノラマを観賞

出逢い岬

であいみさき

戸田 MAP 付録P.2 A-3

正面には太陽が海面を照らす広大な駿河湾、右手には霊峰・富士山。さらに眼下に戸田の港と街並みを望む、人気の展望岬。ユニークな仕掛けのモニュメントも楽しい。

☎0558-94-3115(戸田観光協会) 所沼津市戸田 開休料散策自由 交伊豆箱根鉄道・修善寺駅から東海バスで50分、戸田下車、予約制乗合タクシーふじみgo!(戸田交通 0558-94-3456)に乗り換えて5分 Pあり

夕陽を浴びて輝く黄色の岩

黄金崎

こがねざき

堂ヶ島周辺 MAP 付録P.4 A-1

岬全体が公園として整備され、遊歩道や展望台がある。落日の美しさが特に有名で、夕陽が黄褐色の安山岩を染める光景は見もの。県の天然記念物に指定されている。

☎0558-52-1114（西伊豆町まちづくり課）
所西伊豆町宇久須3566-7
開休料散策自由
交伊豆箱根鉄道・修善寺駅から東海バスで1時間14分、黄金崎クリスタルパーク下車、徒歩10分
Pあり

安山岩がマグマからの熱水作用により黄褐色に変化したもので「馬ロック」の愛称で親しまれている

展望台にあるラブコールベル。また、愛が叶う「金の鐘」も設置されている

御前崎を望む人気スポット

恋人岬

こいびとみさき

堂ヶ島周辺 MAP 付録P.4 A-1

富士見遊歩道の先端にある展望台。相手の名を呼びながら愛の鐘・ラブコールベルを3回鳴らすと恋愛が成就するといわれており、恋愛巡礼の地として知られている。

☎0558-99-0270（ステラハウス）
所伊豆市小下田242-1　開休料散策自由
交伊豆箱根鉄道・修善寺駅から東海バスで58分、恋人岬下車、徒歩15分　Pあり

駿河湾越しに沈む美しい夕陽

旅人岬

たびびとみさき

土肥 MAP 付録P.2 B-4

断崖の上に整備された階段状のテラスから、輝く夕陽と駿河湾(するがわん)を望むことができる。展望台には、岬の名付け親でもある直木賞作家・笹倉明(ささくらあきら)の文学碑が設置されている。

気候が良ければ、対岸の日本平や南アルプスを見晴らすこともできる

☎0558-98-1212（伊豆市観光協会土肥支部）　所伊豆市土肥　開休料散策自由
交伊豆箱根鉄道・修善寺駅から東海バスで50分、土肥漁協下車、徒歩5分　Pあり

駿河湾に突出した砂嘴(さし)

大瀬崎

おせざき

大瀬崎 MAP 付録P.2 B-3

約1kmほど海に突き出した砂嘴で、天然記念物のビャクシン樹林が群生している。透き通った海には魚が多く見られ、シュノーケルやダイビングを楽しむ人も多い。

☎055-934-4747（沼津市観光戦略課）
所沼津市西浦江梨　開休料散策自由　交JR沼津駅から東海バスで約1時間10分、江梨下車、予約制乗合タクシーふじみgo!（戸田交通0558-94-3456）に乗り換えて5分、大瀬岬下車、徒歩10分　Pあり

富士山が望めるビューポイント。先端には大瀬神社があり、散策が楽しめる

西伊豆の美しいビーチ

岩地海水浴場

いわちかいすいよくじょう

白い砂浜が広がる穏やかな海水浴場。砂浜の中央には無料温泉があり、水着のまま入浴できる。

松崎 MAP 付録P.4 A-3

☎0558-42-0745（松崎町観光協会）
所松崎町岩地
交松崎バス停から東海バスで11分、岩地温泉下車、徒歩5分
Pあり（夏期有料）

乗浜海水浴場

のりはまかいすいよくじょう

沖にある島々の眺めも良く、入り江状で波も穏やか。きれいな砂浜のビーチで、夏場は海水浴客で賑わう。

堂ヶ島 MAP 付録P.4 A-2

☎0558-52-1114（西伊豆町まちづくり課）　所西伊豆町仁科　交伊豆急下田駅から東海バスで58分、乗浜下車すぐ
Pあり（夏期有料）

土肥海水浴場

といかいすいよくじょう

西伊豆最大規模の、遠浅の海水浴場。シャワーや脱衣所は無料で、波が静かなビーチなのでファミリーにも人気。

土肥 MAP 付録P.2 B-4

☎0558-98-1212（伊豆市観光協会土肥支部）　所伊豆市土肥
交伊豆箱根鉄道・修善寺駅から東海バスで50分、土肥温泉下車すぐ　Pあり

ノスタルジーを感じさせる海辺の街へ

松崎の街並みさんぽ

まつざき

江戸から明治にかけての建物が残り、なまこ壁や漆喰細工を中心に見どころがたくさん。穏やかな街並みを歩きたい。

幾何学模様が印象的な小さな街。歴史を感じながらゆっくり散策しよう

松崎を象徴する「なまこ壁」。江戸時代に防火・防湿を目的として普及したもので、白く盛り上がった漆喰部分が、海にいるナマコを連想させることからその名がついたという。レトロモダンな雰囲気はテレビドラマのロケ地としても人気が高く、観光協会ではロケ地マップも配布されている。ほかではあまり目にすることのない漆喰鏝絵(しっくいこてえ)も必見だ。

白と黒の幾何学的なコントラストが映えるなまこ壁。景観に合わせ、橋などにも意匠を凝らしている

離れでは、松崎町で行われたロケで実際に使用された小道具や、出演者などのサインも展示

1 明治の呉服商家
明治商家 中瀬邸
めいじしょうか なかぜてい

MAP 付録P.16 B-1

明治初期に呉服商家として建てられた中瀬邸。母屋や土蔵など7棟からなる大地主だったという。館内では呉服問屋の再現や歴史的な資料などが展示されている。

☎0558-42-3964(松崎町企画観光課) 所松崎町松崎315-1 開9:00～17:00 休無休 料無料 交伊豆急下田駅から東海バスで50分、松崎下車、徒歩10分 Pあり

2 江戸末期に造られたなまこ壁
なまこ壁通り
なまこかべどおり

MAP 付録P.16 B-2

薬学界の権威である近藤平三郎(こんどうへいざぶろう)の生家。もとは薬問屋だった建物で、50mほど続くなまこ壁の小路は、松崎町を代表する景観となっている。

建物ごとに微妙に異なるなまこ壁を見比べるのもおもしろい

☎0558-42-0745(松崎町観光協会) 所松崎町松崎 開休料外観のみ見学自由 交伊豆急下田駅から東海バスで50分、松崎下車、徒歩15分 Pあり

3 貴重な作品が現存する
長八記念館(浄感寺)
ちょうはちきねんかん(じょうかんじ)

MAP 付録P.16 B-2

江戸時代に、漆喰を使いコテで絵を描く独自の芸術を完成させた入江長八(いりえちょうはち)の作品を見学できる。大迫力の天井画『雲龍』は必見だ。

☎0558-42-0481 所松崎町松崎250-1 開9:00～16:00(入館は～15:30) 休不定休 料500円 交伊豆急下田駅から東海バスで50分、松崎下車、徒歩15分 Pあり

入江長八が学問を学んだ寺

4 日本随一の漆喰芸術の美術館
伊豆の長八美術館
いずのちょうはちびじゅつかん

MAP 付録P.16 B-2

東洋のフレスコ画と呼ばれる漆喰鏝絵の名工・入江長八の業績や、左官の技術を伝える美術館。緻密に描かれた鏝絵や日本画などを展示している。

☎0558-42-2540 所松崎町松崎23 開9:00～17:00 休無休 料500円 交伊豆急下田駅から東海バスで50分、松崎下車、徒歩15分 Pあり

➲「江戸と21世紀を融合した建物」と評される、インパクトのある建物

5 明治時代の生活を体感できる屋敷
伊豆文邸
いずぶんてい

MAP 付録P.16 B-2

明治43年(1910)に建てられた呉服商の邸宅。帳場や土間、座敷などを当時の姿そのままに整備。無料休憩所として開放されている。

☎0558-42-3964(松崎町企画観光課) 所松崎町松崎250-1 開9:00～17:00 休不定休 料無料 交伊豆急下田駅から東海バスで50分、松崎下車、徒歩20分 Pあり

➲母屋のほか、裏手にある土蔵2棟もなまこ壁造りだ

足を延ばして

和洋折衷の建築様式が印象的な伊豆地区に現存する最古の小学校。2階西の「鶴の間」は入江長八が描いた千羽鶴が飛翔する。

国指定重要文化財 岩科学校
くにしていじゅうようぶんかざい いわしながっこう

松崎 MAP 付録P.4 B-3

☎0558-42-2675 所松崎町岩科北側442 開9:00～17:00 休無休 料300円 交松崎バス停から東海バスで9分、重文岩科学校下車すぐ Pあり

駿河湾と松崎を一望

テレビドラマ『世界の中心で、愛をさけぶ』のロケ地。実際に撮影が行われた丘から街並みを一望できる。

牛原山町民の森
うしばらやまちょうみんのもり

松崎 MAP 付録P.16 B-2

☎0558-42-3964(松崎町企画観光課) 所松崎町牛原山 開休料散策自由 交松崎バス停から車で10分 Pあり

➲牛原山は標高236mのなだらかな山。夜景スポットとしても人気

移動時間◆約20分 散策コース

町営中瀬駐車場

↓ 駐車場を出て右手に進んですぐ。時計塔が目印 徒歩すぐ

1 明治商家 中瀬邸

↓ 橋を渡って交差点を右折。左手に見えてくる 徒歩2分

2 なまこ壁通り

↑美しいなまこ壁が保存されている小路を通り抜ける

↓ 路地を抜けたら国道136号を右へ進む 徒歩2分

3 長八記念館(浄感寺)

↓ 国道136号を少し進めば案内板が見える 徒歩すぐ

4 伊豆の長八美術館

↓ 国道136号沿いに歩き、岩科川の前を右折 徒歩6分

5 伊豆文邸

↓ 橋を渡り那賀川沿いを役場方面へ 徒歩5分

町営中瀬駐車場

※上記の「移動時間」は施設などの入口までの目安です。見学時間などは含みません。

グルメ＆おみやげスポット

イタリアンレストラン サルーテ

松崎の街から少し離れた田園地帯にあるレストラン。厳選した地元の海と山の食材を使ったパスタやピッツァが味わえる。ジビエ料理も提供。

松崎 MAP 付録P.4 B-2

☎0558-43-0885 所松崎町那賀170-9 営11:30～14:00(LO) 17:30～20:00(LO) 休水・木曜 交伊豆急下田駅から東海バスで50分、伏倉橋下車、徒歩5分 Pあり

➲金目鯛と季節野菜のペペロンチーノ1800円(2023年9月現在)。季節により野菜や麺の種類が変わる

うなぎ三好
うなぎみよし

松崎で2代続く名店で東京・人形町に支店も持つ。昔舟で使われていた蒸し竃で米を炊き、秘伝のタレと炭火でじっくり焼いたウナギが自慢。

松崎 MAP 付録P.16 B-1

☎0558-42-0344 所松崎町松崎322-8 営11:30～13:30 17:00～18:30 休月・火曜 交伊豆急下田駅から東海バスで50分、松崎下車、徒歩10分 Pあり

➲うな重花(きも吸い、漬物付き)3830円。桜4350円、月5490円もある

菓子処 永楽堂
かしどころ えいらくどう

長八さくらもちが人気の老舗和菓子店。上品な味わいの手作り菓子が並び、おみやげにも喜ばれそうなものばかり。店内でいただくことも可能。

松崎 MAP 付録P.16 B-1

☎0558-42-0270 所松崎町宮内300-2 営7:30～15:00 休木曜 交伊豆急下田駅から東海バスで50分、松崎下車、徒歩10分 Pなし

➲長八さくらもち2個入り303円。松崎産の桜葉を2枚使っている

6600円コース
高足ガニ、本日の一品、刺身、つぼ焼き、小鉢、ライス、味噌汁付き。甲羅にはカニみそもたっぷり

最深部は水深2500m、日本一深い湾

駿河湾の豊かな海の幸を食す

江戸時代からクロマグロが漁獲され、内陸部への流通も行われてきた駿河湾。世界最大のカニ・高足ガニの漁獲量は、日本一を誇る。

戸田の名物、高足ガニと磯料理を味わい尽くす

さかなや魚清

さかなやうおせい

戸田 MAP 付録P.2A-4

店内中央に獲れたての高足ガニが放された生け簀がある。鮮度抜群の高足ガニは、手軽に味わえる定食から、予算に応じたコース料理まで充実の内容。戸田ならではの深海魚や赤エビ、刺身定食やつぼ焼きなど磯料理を堪能できる。

☎0558-94-2114
所沼津市戸田580 営11:00〜17:00（土・日曜、祝日は〜20:00） 休不定休
交伊豆箱根鉄道・修善寺駅から東海バスで50分、戸田下車、徒歩10分 Pあり

予約 可
予算
Ⓛ1500円〜
Ⓓ3000円〜

↑店内の生け簀には高足ガニがいっぱい

予約
可
予算
Ⓛ1500円〜
Ⓓ3000円〜

うましの煮魚定食
（数量限定）
1980〜2200円
金目鯛の一種で、水深300〜1000mに生息するヒウチダイの煮付け。刺身が付く

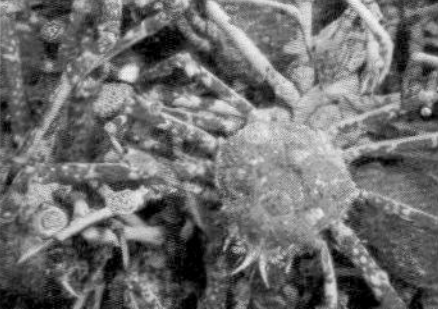

↑9〜5月には、生け簀は大小の高足ガニでいっぱいになる

高足ガニ、深海魚、地魚、駿河湾の味を満喫できる

丸吉食堂

まるきちしょくどう

戸田 MAP 付録P.2A-4

創業50年を数える食堂＆割烹民宿。高足ガニをはじめ、旬の深海魚のメニューが豊富で、メギスの天ぷらを使ったドン底丼1320円は、深海をイメージしたユニークな二重構造でこの店のオリジナル。定食や丼ものも充実している。

☎0558-94-2355
所沼津市戸田566-2
営11:00〜17:00(LO) 休金曜
交伊豆箱根鉄道・修善寺駅から東海バスで50分、戸田下車すぐ Pあり

↑2階のテーブル席から戸田港を一望

四季折々の旬の地魚を
丼、煮付けで味わえる

予約 可
予算 Ⓛ2000円～

魚季亭
ときてい

堂ヶ島 MAP 付録P.4A-2

堂ヶ島の海が目前に広がるロケーションに位置。漁師飯をアレンジしたぶっかけ飯は、獲れたての新鮮な魚介類とお店秘伝のタレ、温泉卵を乗せて出汁をかけた、漁港地ならではの贅沢な一品。1日15食限定の金目鯛煮付定食もおすすめ。

☎0558-52-0059
所西伊豆町仁科2052 営10:00～15:30 休無休(不定休あり) 交伊豆急下田駅から東海バスで1時間、堂ヶ島下車、徒歩すぐ Pあり

広々としたカウンター席があり、ゆったりした店内。団体利用も可能(上)。テラス席もあり、堂ヶ島の海を眺めながら食事ができる(下)

味噌たたきアジのぶっかけ飯 1650円
新鮮なアジと特製の味噌がよく合う。温泉卵をかければ、まろやかさがマッチし濃厚な味わい。

ペット同伴でも楽しめる
料理自慢の漁師カフェ

予約 不可
予算 Ⓛ1500円～

堂ヶ島食堂
どうがしましょくどう

堂ヶ島 MAP 付録P.4A-2

風光明媚な堂ヶ島の景色を眺めながら、オシャレなカフェ空間で豪快な漁師メシを味わえる。新鮮な地魚の料理には、店主が潜って採る自家製ところてん(無料食べ放題)が添えられるのもうれしい。1階にはペットも同伴で食事を楽しめるスペースも。

☎0558-52-0134
所賀茂郡西伊豆町仁科2045-3 営11:00～15:30(LO) 休木曜、ほか不定休 交伊豆急下田駅から東海バスで60分、堂ヶ島下車、徒歩すぐ Pあり

1階に2テーブル、ペット同伴スペースがある

美しい堂ヶ島の入江の景色を眺めながら食事を楽しめる

俺のぶっかけ丼 1925円
ご飯にタコやマグロ、白身などその日に揚がった新鮮な魚介のぶつ切りと、メカブと生卵をかけた豪快な一品

予約 可
予算 Ⓛ1500円～

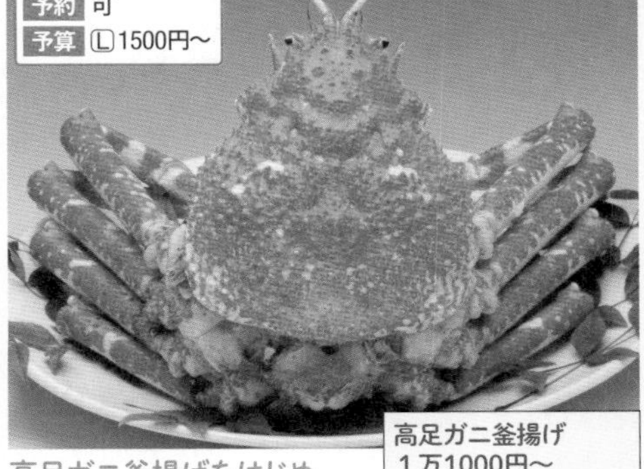

高足ガニ釜揚げ
1万1000円～
2～3人前の量があるが、カニの大きさではなく、身の質により、値段が変わる。予約が望ましい

高足ガニ釜揚げをはじめ
戸田の旬の珍味に舌鼓

の一食堂
のいちしょくどう

戸田 MAP 付録P.2A-4

戸田漁協のすぐそばにあり、高足ガニや赤エビ、メギス、ムツ、手長エビなど、戸田ならではの珍しい魚介を刺身、塩焼き、煮魚などで味わえる。刺身、ズワイガニ、サザエのつぼ焼き、エビの鬼殻フライ、小鉢などが付く、の一定食3850円もおすすめ。

☎0558-94-3225
所沼津市戸田410-16
営10:00～17:00 休水曜(火曜は不定休)
交土肥温泉バス停から東海バスで29分、戸田漁協下車すぐ Pあり

2階の席からは漁港を望みながら食事ができる

専用の蓄養池で禁漁中も高足ガニが食べられる

源泉かけ流しの岩風呂。夜になると木々のあいだから星が見えることも

池代川のほとりに位置する。木橋を渡るとすぐ

大澤温泉 野天風呂 山の家

おおさわおんせん のてんぶろ やまのいえ

松崎 MAP 付録P.4 B-2

木々に囲まれた野趣あふれる秘湯

山中にたたずむ日帰り温泉施設。湯船は男女で分かれ、弱アルカリ性の自家源泉の湯はお風呂の底から自噴している。開放感にあふれる野天風呂だ。

☎0558-43-0217 所松崎町大澤川之本445-4
開9:00～21:00 休第2水曜
料600円 交伊豆急下田駅から東海バスで40分、大澤温泉口下車、徒歩8分 Pあり

潮風や川の音に心ゆだねて

大自然を望む 野天の湯に憩う

地元の人たちがていねいに手入れをし、守り受け継ぐ温泉の数々。
浴場の素朴な味わいと湯の温かさを心ゆくまで。

沢田公園露天風呂

さわだこうえんろてんぶろ

堂ヶ島 MAP 付録P.4 A-2

潮風が心地よい 海を見下ろす高台の風呂

階段を上った高台に男女別の露天風呂がある。湯船は3～4人が入れる大きさで、見晴らしがよく開放感がある。水平線に沈む夕陽も美しい。

☎0558-52-2400
所西伊豆町仁科2817-1
開9:00～19:00(6～8月は～20:00、10～2月は～18:00) 受付は各30分前まで
休水曜(祝日の場合は翌日)、荒天時
料600円 交伊豆急下田駅から東海バスで55分、沢田下車、徒歩10分
Pあり

真下の断崖に打ち寄せる波や駿河湾を行き交う船を眺めて

沢田公園の駐車場から階段を上ると到着。石鹸類は使用不可

OTONATABI

Numazu Mishima

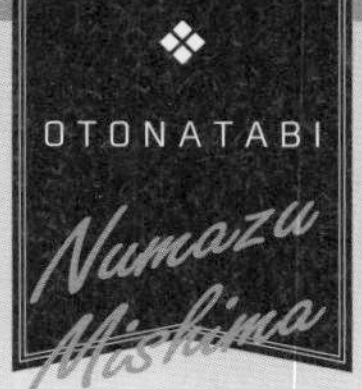

沼津·三島

豊かな大自然の恩恵を享受する

江戸時代、東海道の宿場として
栄えた沼津と三島。
鎌倉幕府を開いた源頼朝に
縁のある三嶋大社や
獲れたての海鮮がいただける
沼津港を中心に
現在も多くの観光客が訪れる。

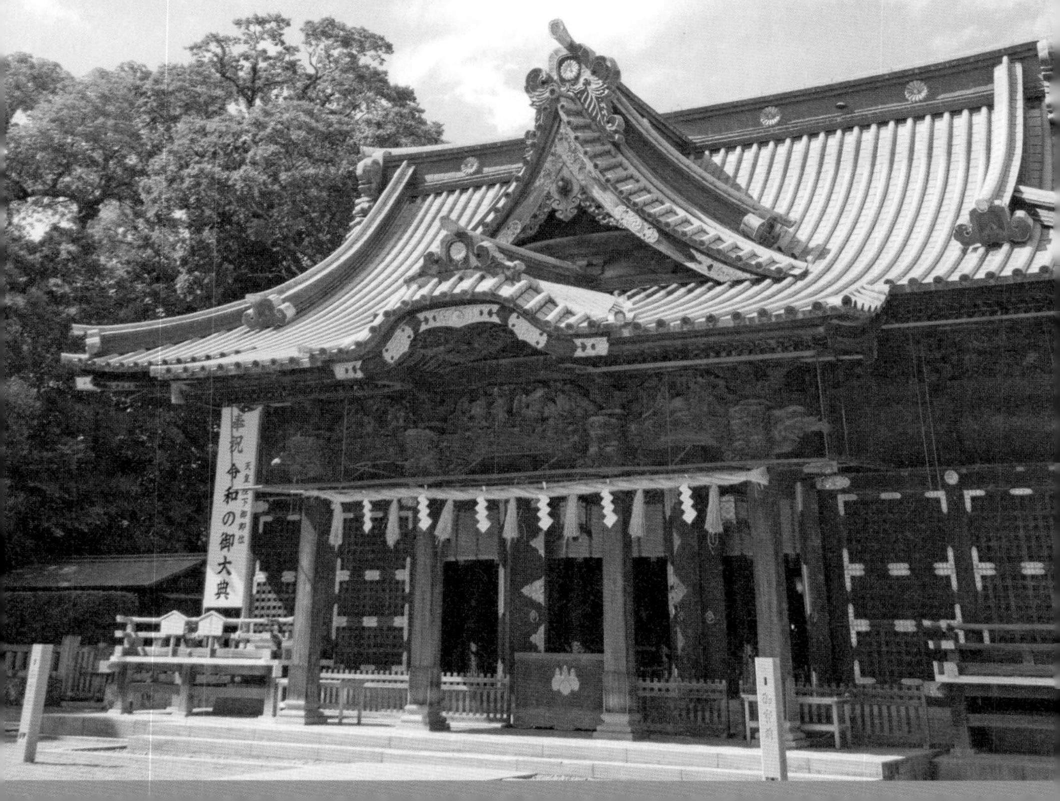

エリアと観光のポイント

沼津・三島はこんなところです

西伊豆・中伊豆の玄関口で、それぞれ特色が異なる3エリア。目的に合わせて旅の計画を立てたい。

清流が流れる水の都

三島 みしま

➡P.128

源頼朝ゆかりの三嶋大社の門前町として栄えた三島。三嶋大社に参拝し、富士山の雪解け水が湧き出る楽寿園など名所を巡りたい。足を延ばして三島スカイウォークからの絶景もぜひ。

夏にはホタルも飛び交う源兵衛川 水辺の道

全長400mの大吊り橋がある三島スカイウォーク

観光のポイント 散策途中に「みしまコロッケ」を食べ比べてみて

古くから鎮座し、源頼朝も崇敬した三嶋大社

魚河岸グルメを堪能する

沼津 ぬまづ

➡P.130

沼津御用邸記念公園や千本浜公園など見どころが多い沼津市。豊富な水揚げ量を誇る沼津港の周辺には、沼津魚市場食堂をはじめ、水揚げされたばかりの魚介類を味わえる飲食店が並ぶ。

松の木が並ぶ千本浜公園。沼津御用邸までプロムナードが延びる

観光のポイント 沼津魚市場INOでは競りの様子を見学できる

芸術作品にふれる

長泉周辺 ながいずみ

➡P.131

美しい自然に神社や史跡、アートが楽しめる長泉の街。クレマチスの丘には美術館や文学館が点在。施設内には公園やカフェもあるので、ゆっくり時間をかけてまわりたい。

ベルナール・ビュフェ美術館

観光のポイント クレマチスの丘へは三島駅から路線バスで40分ほど

御殿場JCT
御殿場JCT
御殿場駅
裾野IC
岩波駅
静岡県
裾野市
新東名高速道路
東名高速道路
御殿場線
黄瀬川
長泉町
裾野駅
クレマチスの丘
長泉周辺
長泉沼津IC
長泉JCT
沼津IC
長泉なめり駅
三島市
愛鷹PA
愛鷹SIC
三島
伊豆縦貫自動車道
沼津市
三島駅
下土狩駅
東海道新幹線
楽寿園
三嶋大社
三島広小路駅
三島田町駅
大岡駅
三島二日町駅
熱海駅
東海道本線
柿田川公園
熱海駅
沼津駅
本城山公園
千本浜公園
大場駅
香貫山
清水町
狩野川
沼津魚市場INO
沼津港
伊豆仁田駅
徳倉山
沼津御用邸記念公園
伊豆箱根鉄道
牛臥海岸
沼津
原木駅
伊豆中央道
駿河湾
韮山駅
江浦湾
願成就院
伊豆長岡駅
淡島
伊豆パノラマパーク
内浦湾
らららサンビーチ
伊豆パノラマパーク ロープウェイ
沼津市
田京駅
葛城山
修善寺IC
修善寺駅

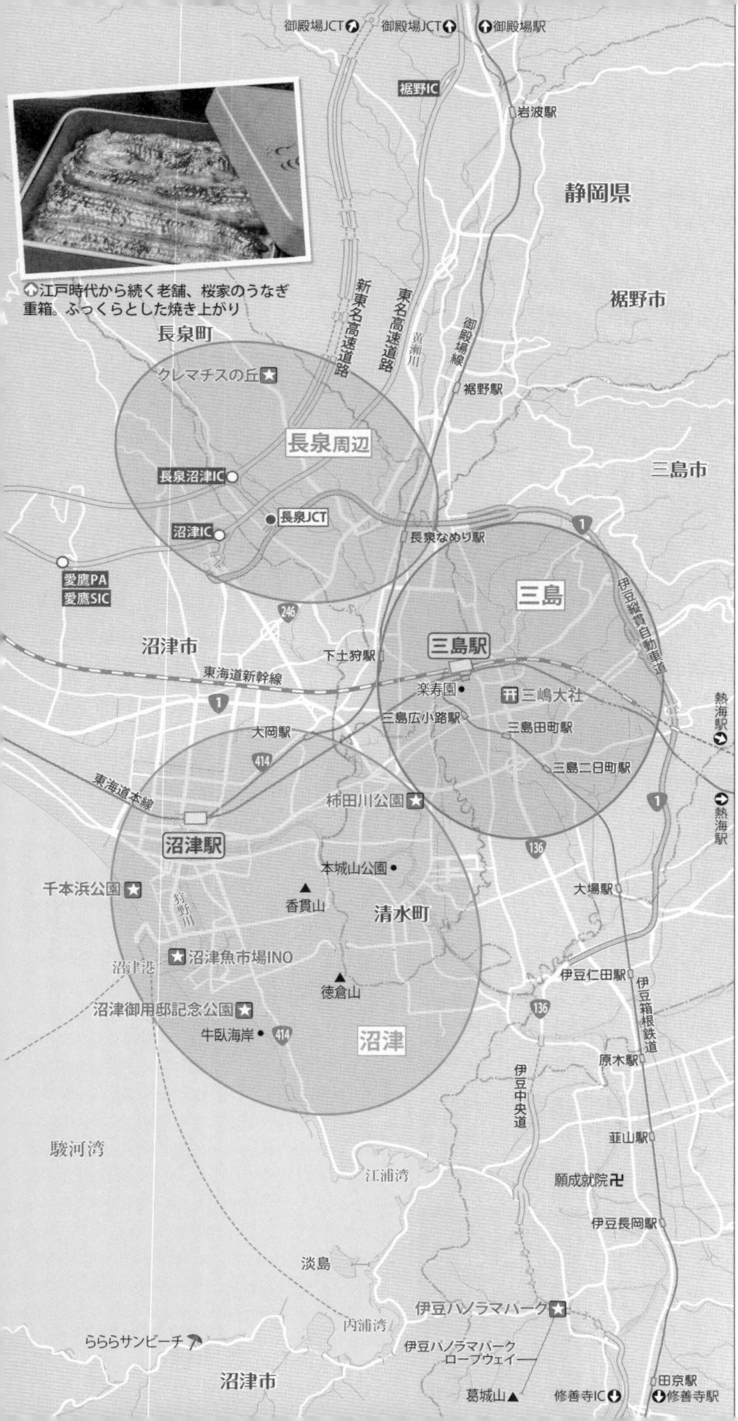

江戸時代から続く老舗、桜家のうなぎ重箱。ふっくらとした焼き上がり

交通 information

主要エリア間の交通

鉄道・バス

熱海駅
↓JR東海道本線で13分
三島駅
↓JR東海道本線で5分
沼津駅
↓東海バスで10分
沼津港

車

長泉沼津IC
↑伊豆縦貫自動車道経由2分
沼津IC
↓国道414号経由24分 → 沼津港
沼津港 ↓県道159号経由9分 → 沼津市街
沼津IC ↓県道414号経由17分 → 沼津市街
沼津IC ↓国道1号経由18分 → 三島市街
沼津市街 ↓県道380号経由22分 → 三島市街
熱海 ↑県道11号経由1時間10分 → 沼津市街
熱海 ↑県道11号経由55分 → 三島市街

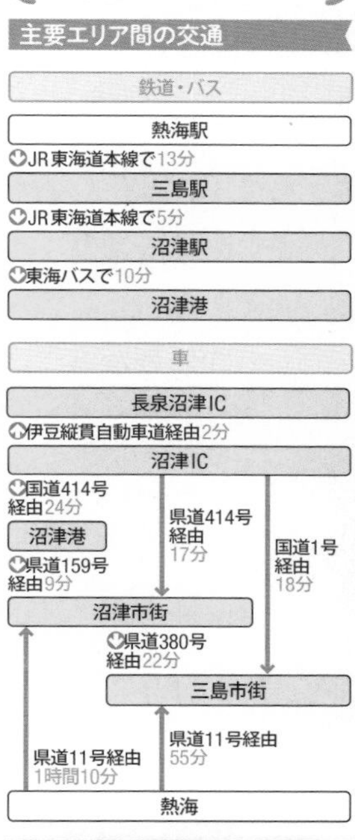

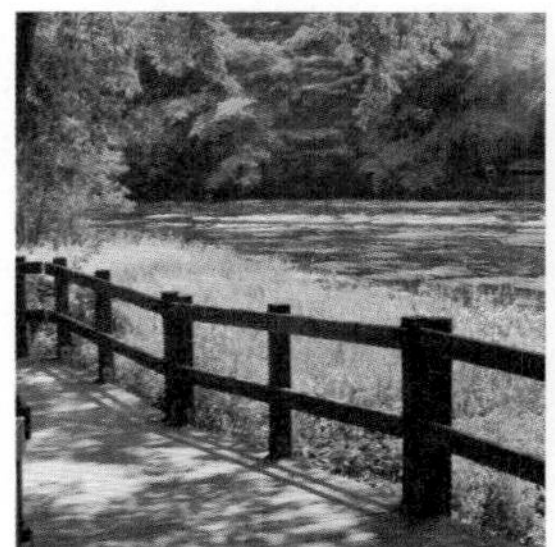

透明度の高い水が流れる柿田川公園

問い合わせ先

交通

JR東日本お問い合わせセンター ☎050-2016-1600

伊豆箱根鉄道 鉄道部運輸課 ☎055-977-1207

NEXCO中日本お客さまセンター ☎0120-922-229

日本道路交通情報センター（静岡） ☎050-3369-6622（自動音声の場合あり）

伊豆箱根バス 三島営業所 ☎055-977-3874

観光案内

三島駅観光案内所 ☎055-946-6900

沼津観光協会 ☎055-964-1300

悠久の歴史を感じさせる重要文化財

三嶋大社
みしまたいしゃ

奈良時代の古書にも記録が残る、由緒ある神社。源頼朝が崇敬したことでも知られ、今なお五穀豊穣・商売繁盛を願う人々が参詣に訪れる。

本殿・幣殿・拝殿
ほんでん・へいでん・はいでん

総欅素木造りの厳かな建物。江戸末期〜明治初期に再建。高い美術的価値を持つ、社殿彫刻も見もの。

源頼朝が源氏再興を祈願 妻・政子が奉納した国宝も収蔵

山森農産の守護神・大山祇命(おおやまつみのみこと)と、一般に恵比寿(えびす)様として知られる事代主神(ことしろぬしのかみ)を御祭神とする。古くから三島の地に鎮座し、人々の信仰を集めた。伊豆に流された頼朝も深く崇敬し、幕府創建以降その尊崇はさらに篤くなった。境内には、春になると約200本の桜が咲き、秋には国の天然記念物に指定されたキンモクセイが花を咲かせ、一年を通じ賑わいをみせる。

三島 MAP 付録P.18 C-2

☎055-975-0172 所三島市大宮町2-1-5
開休料境内自由(社務所は8:30〜16:00)
交各線・三島駅から徒歩15分 Pあり

樹齢1200年超と推定されるキンモクセイ。9〜10月頃に花を咲かせる

注目ポイント

源頼朝が深く崇敬した神社

頼朝は伊豆国一宮である三嶋大社を崇敬し、源氏再興のため百日祈願に通ったという。その後平家を滅ぼし、鎌倉幕府を創建。頼朝は境内で流鏑馬や放生会を行った。

頼朝と政子が百日祈願をした際に、腰を掛けて休息したという石

百日祈願時に従者が警護したと伝わる場。相生松が植わっている

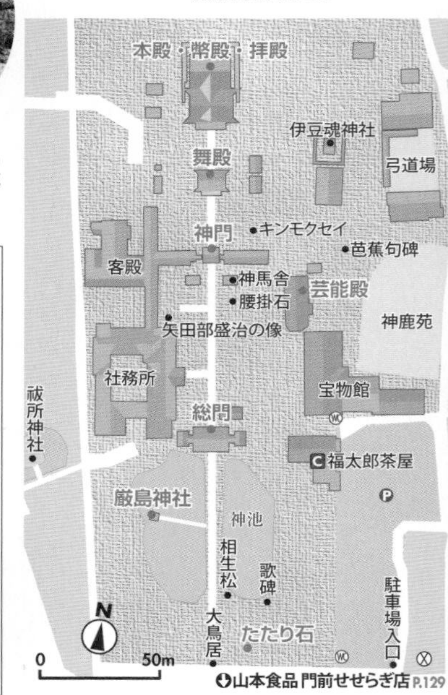

舞殿
ぶでん

古くより神楽祈祷や舞の奉納をした場所。現在も神事が行われる。

厳島神社
いつくしまじんじゃ

北条政子が深く信仰したと伝わる。天照大神の御子神を祭神とする。

芸能殿
げいのうでん

安政の東海大地震からの復興工事により完成した旧総門。戦後再建。

総門
そうもん

格調高い外構えの門。昭和初期に竣功、台湾檜が使われた代表的神社建築。

神門
しんもん

慶応3年(1867)竣功。ここより先は境内で最も神聖な区域になる。

たたり石
たたりいし

たたりとは糸のもつれを防ぐ具。人々の流れを整理する役目があった石。

参拝後にショッピングを

おみやげに買いたい逸品がずらり

山本食品 門前せせらぎ店
やまもとしょくひん もんぜんせせらぎてん

三嶋大社の目の前にあり、わさび漬けをはじめとしたおみやげを販売。テラスでは、本わさびソフトクリームやわさびラーメン、わさび丼、ご当地グルメのみしまコロッケが味わえる。

三島 MAP 付録P.18 C-3

☎055-983-1108 所三島市大社町1-28
営10:00〜16:00(土・日曜、祝日は〜17:00) LOは各30分前 休無休
交各線・三島駅から徒歩15分 Pなし

↑三嶋大社大鳥居から歩いてすぐ。モダンな店構え

←広々とした店内には商品がところ狭しと並ぶ

→大人気のわさび丼650円は、わさびのすりおろしも楽しめる

立ち寄りスポット

源兵衛川 水辺の道
げんべえがわ みずべのみち

楽寿園(らくじゅえんない)内小浜池(こはまいけ)を水源とする、清流・源兵衛川沿いの遊歩道。川には飛び石などを配置。街なかでありながら、5月中旬にはホタルも飛び交う。

三島 MAP 付録P.18 A-2

☎055-946-6900(三島観光案内所)
所三島市芝本町ほか 開休料散策自由
交各線・三島駅から徒歩7分 Pなし

↓水の都・三島を肌で感じながら散歩できる

水辺の文学碑
みずべのぶんがくひ

水上(みずかみ)どお通りに、三島市ゆかりの文学者12名の句碑が立つ。太宰治(だざいおさむ)や若山牧水(わかやまぼくすい)、井上靖(いのうえやすし)など文豪たちの句碑を巡り、文学散歩を楽しみたい。

三島 MAP 付録P.18 B-2

☎055-946-6900(三島観光案内所)
所三島市大宮町 開休料散策自由
交各線・三島駅から徒歩5分 Pなし

↓お気に入りの作家の句碑を探してみては

白滝公園
しらたきこうえん

富士山の雪解け水が湧き出ている様子が見られる、三島を象徴する公園。名前の由来は、湧水が白い滝のように流れていたことから。

三島 MAP 付録P.18 B-2

☎055-946-6900(三島観光案内所)
所三島市一番町1 開休料散策自由
交各線・三島駅から徒歩5分 Pなし

↓澄みきった湧き水に、心が洗われる

富士山麓の自然と風光明媚な駿河湾沿いに注目したい

癒やしの緑が彩る沼津・三島の名所

穏やかな風が吹き渡る、自然に恵まれた地域。澄んだ空気にふれ、心休まるひとときを。

橋の上から絶景を楽しむ
全長400mの長い吊橋

三島スカイウォーク

みしまスカイウォーク

三島 MAP 付録P.3 D-1

日本一長い歩行者専用吊橋。橋の高さは最大70mで、富士山や駿河湾、伊豆の山々など360度のウォークビューが楽しめる。渡った先では樹上アスレチックやE-BIKEトレイルツアーなどのアクティビティもある。

☎055-972-0084 所三島市笹原新田313
開9:00〜17:00 休無休 料1100円
交各線・三島駅から東海バスで20分、三島スカイウォーク下車すぐ Pあり

↑吊橋の横を駆け抜けるロングジップスライド

↑橋の上からの景色は、まさに絶景。高さがありスリル満点

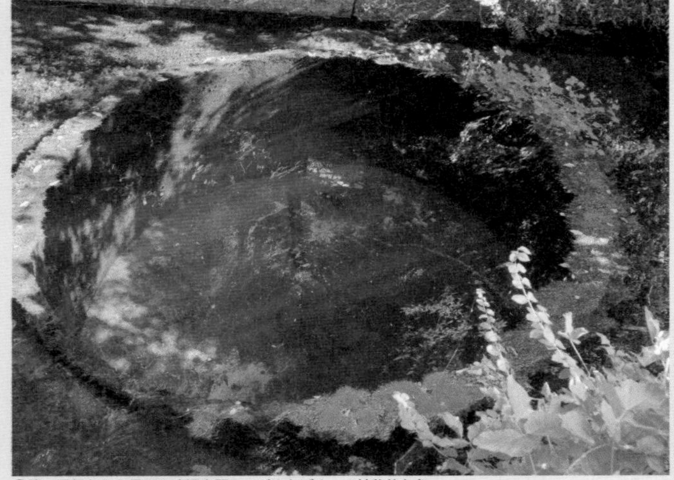

↑第二展望台から見下ろす湧き間。コバルトブルーの神秘的な色

名水が湧く公園で自然を愛でる

柿田川公園

かきたがわこうえん

清水町 MAP 付録P.2 C-2

「名水百選」にも選ばれる、全長約1.2kmの清流・柿田川の最上流部に位置する公園。湧水量は一日に約110万ｔ。広い園内には清流のせせらぎや芝生広場が整備され、住民の憩いの場として親しまれている。

☎055-981-8239(清水町産業観光課)
所清水町伏見71-7 開休料入園自由
交各線・三島駅から東海バスで13分、柿田川湧水公園前下車すぐ Pあり

←自然豊かな公園。湧き出る名水を身近に感じることができる

西附属邸では室内の家具や調度品も復元されている

皇族の暮らしぶりを知る
手入れの行き届いた公園

沼津御用邸記念公園

ぬまづごようていきねんこうえん

沼津 MAP 付録P.2 B-2

沼津御用邸は明治26年(1893)に造営。明治から昭和にかけて使用され、廃邸になったあとは記念公園となり、庭園や邸宅が公開されている。喫茶のほか、カレーやオムライスなどを提供する大正ロマン食堂 娯洋亭もある。

広い園内を優雅に散策できる。建物も見応えあり

☎055-931-0005
所 沼津市下香貫島郷2802-1
開 9:00～16:30 休 無休
料 410円 交 JR沼津駅から伊豆箱根バスで13分、御用邸下車すぐ P あり

公園横の堤防からの心安らぐ眺め

沼津きっての景勝地、
澄んだ空気のなかを散策

千本浜公園

せんぼんはまこうえん

沼津 MAP 付録P.19 D-2

海岸沿いに松の木が並ぶ、沼津を代表する景勝地。富士山を背に駿河湾を望むことができ、松林の中の遊歩道を散策できる。昔から文学者にも愛されてきた場所で、園内には文学碑や歌碑も立つ。

散策やジョギングコースとして地域住民に愛される

☎055-934-4795(沼津市緑地公園課) 所 沼津市本字千本1910-24ほか
開休料 入園自由 交 JR沼津駅から東海バスで6分、千本浜公園下車すぐ
P あり(6:00～21:00)

富士山麓の丘で自然とアートの融合を楽しむ

美術館や文学館が立つ美しい丘陵地を、気の向くままに歩いてみたい。

クレマチスの丘

クレマチスのおか

長泉 MAP 付録P.2 C-1

自然のなかに
芸術がとけこむ文化エリア

広大な敷地内に文学館と、カフェ、ショップもある美術館を備えている。散策したり、アートにふれたり、思い思いの楽しみ方ができる。

☎施設により異なる
所 長泉町東野クレマチスの丘515-57
開 10:00～17:00(入館は～16:30、季節により異なる) 休料 施設により異なる
交 各線・三島駅から富士急シティバスで40分、クレマチスの丘下車すぐ
P あり

周囲の緑に白い建物が映えるベルナール・ビュフェ美術館

ベルナール・ビュフェ美術館

ベルナール・ビュフェびじゅつかん

2023年で開館50周年を迎えた美術館。黒い描線と抑制された色彩により、戦後の虚無感を描写したフランス人画家、ベルナール・ビュフェの油彩や版画2000点以上を収蔵する世界一のビュフェコレクション。

☎055-986-1300 休 水・木曜 料 1500円

ビュフェ関連の書籍やグッズが揃うショップ(左)、地元の食材を使った料理が味わえるカフェ(右)

所蔵品から常時100点以上を入れ替わり展示

長泉町井上靖文学館

ながいずみちょういのうえやすしぶんがくかん

伊豆ゆかりの小説家・井上靖の作品を紹介。原稿や写真で井上の軌跡をたどることができるほか、イベントなども実施する。

☎055-986-1771 休 水曜 料 200円

希少な初版本、愛用の万年筆など約3000点の資料を所蔵

2階は自由に本が読めるスペースになっている

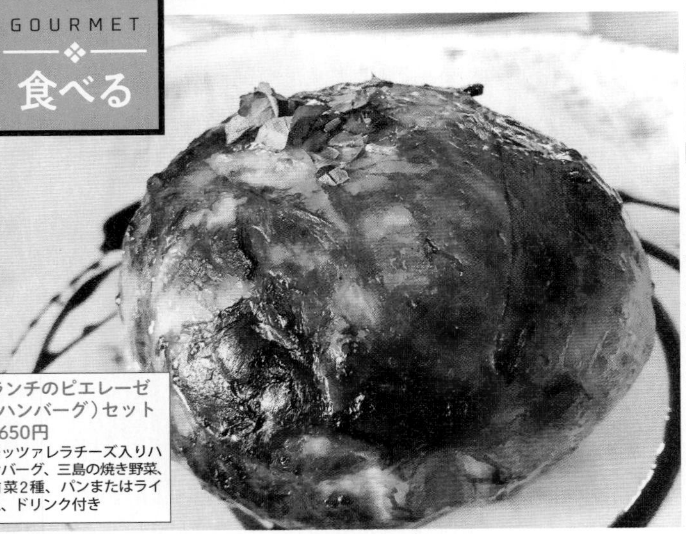

ランチのピエレーゼ（ハンバーグ）セット 1650円
モッツァレラチーズ入りハンバーグ、三島の焼き野菜、前菜2種、パンまたはライス、ドリンク付き

静岡イタリア食堂 Musetto

しずおかイタリアしょくどう ムゼット

三島野菜が食べたい!

イタリア料理

三島 MAP 付録P.18 A-3

三島野菜をはじめ、地元食材をイタリアンで楽しめる

都内のイタリアン・レストランで腕を磨いたシェフが、三島野菜や沼津漁港直送の魚、富士山麓の岡村牛など、滋味あふれる地元の食材を使ったイタリア料理を食べさせてくれる。前菜からデザートまですべて手作りで、静岡の味を満喫できる。

☎055-976-6623
所 三島市広小路7-20-101
営 11:30～14:00(LO13:20) 17:30～21:30(LO20:30)
休 日曜、第3月曜
交 伊豆箱根鉄道・三島広小路駅からすぐ P なし

予約 可
予算 L 1650円～ D 3000円～

↑ゆったりとして居心地のいい店内

←昼は前菜2種が付くランチ、夜はバリエーション豊富なメニューを提供

地産地消にこだわって完成する一食

名物食材が生きる 人気店の自慢の味

富士の湧き水でしめるウナギや、箱根西麓でていねいに育てられた三島野菜など、素材本来の味を最大限に引き出す上質な食に出会う。

桜家

さくらや

ウナギが食べたい!

ウナギ料理

三島 MAP 付録P.18 A-3

約170年の伝統を守る老舗の味 三島を代表するうなぎの名店

安政3年(1856)の創業で、富士山の伏流水で数日間しめたウナギは、白焼きにしてからタレをつけて備長炭でていねいに炙り、ふっくらと焼き上げる。うなぎ丼、うなぎ重箱のほか、蒲焼御飯や蒲焼定食、八幡巻やうざくなどの一品料理もある。

☎055-975-4520
所 三島市広小路13-2
営 11:00～20:00(売り切れ次第閉店)
休 水曜(祝日の場合は営業)、月1度不定休あり
交 伊豆箱根鉄道・三島広小路駅からすぐ P 提携駐車場利用

予約 不可
予算 L D 4800円～

↓遠くからも足を運ぶ客が絶えない人気店で、週末は混み合う(上)。1階はテーブル席で、2階が座敷。16人収容の個室もある(下)

うなぎ重箱 御吸物付き
やわらかく、口の中でとろけるような絶品のウナギが食べられる。1匹4800円、1匹半6800円、2匹8800円

cafe bain-marie

カフェ バン-マリ

三島野菜が食べたい!

欧風野菜料理

三島 MAP 付録P.18 B-3

ベジタリアンのための欧風料理とオーガニックワインが楽しめる店

フレンチ出身の店主が、自ら畑に立ち、実家で栽培する無農薬の箱根西麓野菜をフレンチ仕立てで提供。野菜やベジミートのほか、アラカルトも多彩だが、昼も夜も要予約のコース料理がおすすめ。湧水コーヒーもある。

☎055-941-5022
所三島市本町3-14 KATOビル1F
営12:00～13:00(LO) 18:00～20:00 休月曜
交伊豆箱根鉄道・三島広小路駅から徒歩3分
Pなし

予約 前日までに要
予算 L2800円～ D3500円～

↑表通りから一歩入った、小さな清流・四ノ宮川のほとりにある(上)。気軽にフレンチが味わえるカウンターとテーブル席のシンプルな店内(下)

三島野菜のちっ息鍋と駿河湾魚介のパイ包み 3300円
ル・クルーゼの鍋を使った、野菜本来の旨みを生かした温野菜。パイには海の幸がたっぷり詰まっているセット

三色そば 1350円
4種のそばから3種類選べる。写真は二八そば、太くて噛みごたえのある田舎そば、透明感のある更科そば

江戸変わりそば飯嶋

えどかわりそばいいじま

そばが食べたい!

そば

三島 MAP 付録P.18 A-2

5種類のそばを食べ比べ 名水を生かした手打ちそば

東京で江戸そばを学んだ主人が三島の水に惚れ込み開いたそば店。熟練の技でつなぐ10割の更科そばのほか、純白の更科そばに四季折々の素材を練り込んだ変わりそばや二八そば、田舎そばが絶品。味比べができるのもうれしい。

☎055-975-8434
所三島市泉町1-31
営11:30～14:00(LO) 休火曜
交各線・三島駅から徒歩10分 Pあり

予約 不可
予算 L850円～

↑ゆったりとしたテーブル席のほか、宴会ができる座敷もある

↓職人の技が冴える店。すぐ近くには清流の源兵衛川が流れる

味処 麦

あじどころ むぎ

とろろが食べたい!

そば・日本料理

三島 MAP 付録P.18 B-2

とろろを使った定食が充実 ヘルシーなとろろ料理専門店

看板メニューの麦とろ定食をはじめ、焼きとろろや揚げ出しとろろ、豆腐とろろといったとろろを使ったオリジナル料理が定食や単品で味わえる。そのほか、あさりそばやまぐろの漬丼などのメニューもおすすめ。

☎055-981-2647
所三島市芝本町6-24
営11:00～15:00(14:30LO) 17:00～20:00(19:30LO) 休不定休
交各線・三島駅から徒歩7分 Pあり(2台)

予約 可
予算 L1000円～ D3000円～

↑「三島市健幸づくり推進店」にも登録している

↑テーブル席のほか、座敷もありアットホームな雰囲気

麦とろ定食 1600円
ご飯、味噌汁、とろろ汁、そば、小鉢2品、漬物が付く。箸袋には手書きの百人一首の句も

活気あふれる魚市場のすぐそばで新鮮な海の幸をいただく

沼津港の獲れたてを堪能 魚河岸グルメ

沼津港魚市場周辺は、水揚げされたばかりの鮮魚が豊富に味わえる飲食店街で大賑わい。定番の魚から珍しい深海魚まで、どれも美味。

北には富士山を望み、沼津港を周遊する遊覧船なども運航している

↑見学者通路や展望デッキ、食堂を備えた沼津魚市場INO

↑食事処が集まり、話題の深海水族館もある港八十三番地

↑約40の飲食店、約30のみやげ店が集まる沼津港食堂街

一日いても飽きない、沼津港周辺

駿河湾に面した伊豆半島の玄関口に位置し、全国でも有数の漁港に数えられ、アジの干物は生産量日本一を誇る。展望施設を備えた大型水門「びゅうお」、競りの見学ができる「沼津魚市場INO」、特産品が並ぶ「沼津みなと新鮮館」など人気スポットも多彩だ。

→沼津港大型展望水門「びゅうお」

沼津港深海水族館 シーラカンス・ミュージアム

ぬまづこうしんかいすいぞくかん シーラカンス・ミュージアム

沼津 MAP 付録P.19 E-4

未知の深海生物に出会える貴重なミュージアム

日本一深い駿河湾や世界各地の深海生物を100種類以上展示。また世界唯一シーラカンスの冷凍個体も展示している。

☎055-954-0606
所 沼津市千本港町83
開 10:00～18:00(夏季・冬季・繁忙期は変更あり)
休 無休(1月にメンテナンス休業あり)
交 JR沼津駅から伊豆箱根バスで15分、沼津港下車、徒歩3分
P なし

↑冷凍シーラカンス(上)。駿河湾の深海300mを再現した大水槽(下)

必訪スポット「港八十三番地」

地元産にこだわった食事処やショップが集まる

海鮮丼 佐政

かいせんどん さまさ

沼津 MAP 付録P.19 E-4

創業100年余を数える佐政水産の直営店。沼津港で水揚げされたユメカサゴや本エビ、メギスに駿河湾産の桜エビや伊豆の金目鯛などを使用した深海丼2618円は見た目のインパクト大。

カフェ Latimeria

カフェ ラティメリア

沼津 MAP 付録P.19 E-4

沼津の魚介を使った手軽な軽食メニューを提供。しめ鯖を炙り、自社製のパンに挟んだ鯖サンド480円が人気。ドリンクも充実している。ラティメリアはシーラカンスのこと。

沼津魚市場仲買人直営の
スタイリッシュな海鮮食堂

沼津かねはち

ぬまづ かねはち

沼津 MAP 付録P.19 E-4

直接買い付ける権利を持った仲買人の目利きが厳選した鮮度抜群の海の幸を、定番の刺身定食から海鮮丼、握り寿司などで味わえる。おすすめは、かねはち特選お刺身定食2838円や、マグロ、ホタテ、アジなど盛りだくさん特選海鮮丼2398円など。

予約	可
予算	Ⓛ Ⓓ 2000円～

☎055-954-0008
所 沼津市千本港町109
営 10:00～16:30(LO) 土・日曜、祝日は～20:30(LO)
休 無休
交 沼津港バス停から徒歩3分 P 共同駐車場利用

黒を基調とした内装で落ち着いた雰囲気

特選海鮮ひつまぶし 2618円
最初はわさび醤油で、次は薬味と温玉を混ぜて、最後はだし汁をかけて3通りの食べ方で楽しめる。数量限定

獲れたて刺身定食 1490円(単品)
その日の仕入れで決まる5種類のネタが味わえる。写真はアジ、マグロ、クロムツ、ブリ、タチウオ

酒も調味料も沼津産
地元食材にこだわる料理の数々

沼津魚市場食堂

ぬまづうおいちばしょくどう

沼津 MAP 付録P.19 E-4

競りが行われる魚市場の2階にあり、毎朝競りで店長自らが仕入れた新鮮なネタにより、その日のメニューが決まるので、店内の看板メニューは要チェック。単品メニューに対し、+550円で定食にするスタイル。

☎055-954-3704
所 沼津市千本港町1283-3 沼津魚市場 INO 2F
営 10:00～14:30(LO) 休 火・水曜(祝日の場合は営業) 交 沼津港バス停から徒歩7分
P 共同駐車場利用

個室もあるゆったりとした店内からは、駿河湾を望む

予約	可
予算	Ⓛ 1500円～

「沼津みなと新鮮館」で買い物も楽しめる

沼津の干物をおみやげに

沼津自慢の名産品のひとつが干物。
国産の脂ののった魚を使って、
昔ながらの製法で作る格別の味。

みとも水産

みともすいさん

沼津 MAP 付録P.19 E-4

200年の伝統を継承
秘伝の味を今に伝える老舗

冷凍ではなく、国産で脂ののった魚を毎日開いて提供。天日干しで、添加物は一切使っていない。干物の種類が豊富で、各種詰め合わせもあり、地方発送も行っている。

☎055-943-9011
所 沼津市千本港町128-1 沼津 みなと新鮮館内 営 9:00～17:00
休 火曜(水曜休みの場合もあり)
交 沼津港バス停から徒歩4分
P 共同駐車場利用

干物のほか、しらすの釜揚げ、黒はんぺん、桜エビなども販売

「沼津ブランド」にも認定されたこだわりの真アジの干物はこの店の看板商品

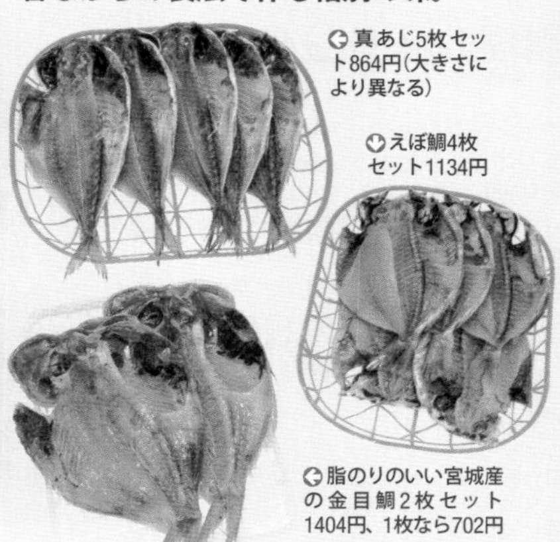
真あじ5枚セット864円(大きさにより異なる)

えぼ鯛4枚セット1134円

脂のりのいい宮城産の金目鯛2枚セット1404円、1枚なら702円

HOTELS
泊まる

絶景露天風呂「蒼空Sora」(男女入替制)

海との一体感を感じる
圧巻のオーシャンビュー

海一望絶景の宿 いなとり荘
うみいちぼうぜっけいのやど いなとりそう

稲取 MAP 付録P.11 E-2

目前に大海原が広がる温泉リゾート。すべての部屋から海が望め、食事は稲取名物の金目鯛をはじめとした海の幸をふんだんに使用している。全室チェックアウトが12時なので、朝ものんびり滞在できる。

HOTEL DATA

☎0557-95-1234
所東伊豆町稲取1531
交伊豆急・伊豆稲取駅からタクシーで5分(送迎あり)
Pあり in15:00 out12:00 室60室
予算 標準和室1泊2食付2万1450円～

温泉 DATA

風呂数 露天風呂:4、内湯:4、貸切風呂:2
※客室風呂は除く
泉質 ナトリウム・カルシウム塩化物温泉

金目鯛の煮付け料理

船旅をしているかのようなオーシャンビューの客室

自然美と名湯、旬の味覚に癒やされる

山の宿・海辺の宿

四季折々の自然の美しさを感じる宿で、心豊かに過ごす時間。源泉かけ流しの温泉や地元食材を使った料理を明日への力に。

大海原や竹林を望む湯殿と
伊豆近海の幸でもてなす

料理の宿 伊豆の花
りょうりのやど いずのはな

伊豆高原 MAP 付録P.3 E-4

伊豆の恵みが詰まった四季折々の会席料理が好評な宿は、2023年4月にオープン。竹林に囲まれた建物は3棟7室からなる。全客室に付く専用露天風呂には、美肌や疲労回復の効果があるとされる鎌田温泉の湯が注がれる。

HOTEL DATA

☎0557-51-4187
所伊東市富戸1169-20
交伊豆急・富戸駅または伊豆高原駅から無料送迎で10分(要予約) P8台
in15:00 out10:00
室7室 予算1泊2食付3万3000円～

温泉 DATA

風呂数 貸切風呂:1
※客室風呂は除く
泉質 アルカリ性単純温泉

離れA棟に備わる客室露天風呂

伊豆大島が浮かぶ海を遠くに望む貸切露天風呂。公式HPからの予約で無料になる

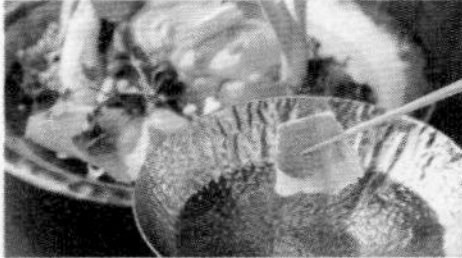
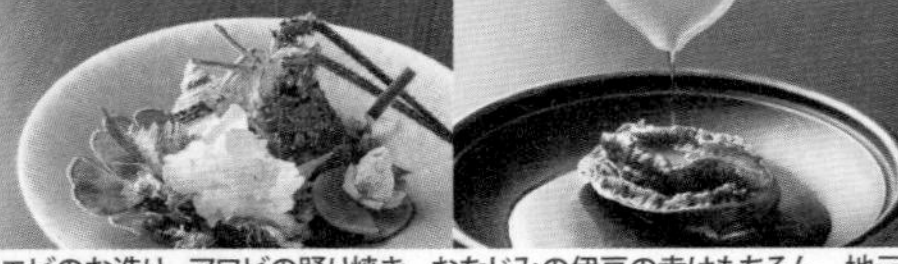
左から金目鯛のしゃぶしゃぶ、伊勢エビのお造り、アワビの踊り焼き。おなじみの伊豆の幸はもちろん、地元でしか流通されない食材を、老舗料亭で腕を磨いた料理長が美しい一皿に仕上げる

谷川の豊かな自然を感じる
露天風呂とテラス付き客室

谷川の湯 あせび野

たにがわのゆ あせびの

湯ヶ島 MAP 付録P.17 E-3

馬酔木（あせび）が茂る世古峡の自然に包まれた温泉宿。和の雰囲気と現代的な機能性を持ち合わせた高級感あふれる客室は、専用の露天風呂とテラスがあり、谷川の流れを聞きながら、プライベートな時間を満喫できる。

HOTEL DATA

☎0558-85-1926
所 伊豆市湯ヶ島1931-1
交 伊豆箱根鉄道・修善寺駅からタクシーで20分（湯ヶ島バス停から送迎あり※要連絡）
P あり in 14:30 out 10:30 室 18室
予算 1泊2食付3万3150円〜

温泉 DATA

風呂数 露天風呂:2、内湯:なし、貸切風呂:4 ※客室風呂は除く
泉質 ナトリウム硫酸塩泉

シンプルで調和のとれた和洋室

ゆったりくつろげる花の蔵露天風呂

自然の木々が生い茂る谷に面した大露天風呂「世古の湯」

網代の天井、聚楽壁など、和の伝統を感じる落ち着いたたたずまい

最上級の空間で味わう
価値ある贅沢と本物の癒やし

赤沢迎賓館

あかざわげいひんかん

伊豆高原 MAP 付録P.5 E-1

枯山水など美しい庭もある広大な敷地に食事処と宿泊棟、湯屋棟の3棟が立ち並ぶ。客室は全室露天風呂付きの贅沢な造り。伊豆をはじめ全国各地から取り寄せた旬の食材を使用した懐石料理や海洋深層水100%のお風呂、スパなど、どれも満足度の高い内容。

HOTEL DATA

☎0557-54-2112
所 伊東市八幡野1754-114-3 交 伊豆急・伊豆高原駅からタクシーで5分（送迎あり）
P あり in 15:00 out 12:00 室 15室
予算 1泊2食付4万9000円〜

温泉 DATA

風呂数 露天風呂:なし、内湯:2、貸切風呂:なし ※客室風呂は除く
泉質 海洋深層水

季節感豊かな懐石料理

濃縮海洋深層水のかけ流しを使った露天風呂

船旅と英国のエッセンスに
ゆったりと大人の時間を愉しむ

界 アンジン

かい アンジン

伊東 MAP 付録P.10 C-3

温泉旅館を全国にブランド展開する「界」の宿。海や船旅をモチーフにしたアート空間でくつろげる。客室や露天風呂の目前にひろがる海景や、英国のエッセンスが利いた季節の会席も楽しみたい。

HOTEL DATA

☎050-3134-8092（界予約センター）
所 伊東市渚町5-12
交 JR伊東駅から徒歩15分 P 53台
in 15:00 out 12:00 室 45室
予算 1泊2食付2万8000円〜

伊豆の恵みを味わえる和会席

洋船の甲板をイメージしたデッキ

海景とアートな空間が広がる按針みなとの間

海風を感じる最上階の露天風呂

温泉 DATA

風呂数 露天風呂:2、内湯:2、※客室風呂は除く
泉質 アルカリ性単純温泉

日本のおもてなしの伝統を
洗練されたスタイルで提案

あたみ石亭
あたみせきてい

熱海 MAP 付録P.6 B-2

老舗の伝統を受け継ぎつつ、現代的なセンスが光るおもてなし。上質で快適な客室に趣向を凝らした温泉、新鮮な山海の幸を使った季節の懐石料理と、どれをとっても一流だ。

HOTEL DATA

☎0557-83-2841
所 熱海市和田町6-17
交 JR熱海駅からタクシーで10分　P あり
in 14:00　out 11:00　室 27室
予算 1泊2食付2万5815円～　日帰りプラン 露天風呂入浴＋懐石料理プラン1万8000円～

温泉 DATA

風呂数 露天風呂:2、内湯:なし、貸切風呂:2
※客室風呂は除く
泉質 カルシウム・ナトリウム-塩化物温泉(高張性・中性・高温泉)

→気品ある露天風呂付き客室。広い和室で日本庭園を眺めてくつろげる

↑極上の料理を味わう空間

↑野趣あふれる露天風呂「古狸の湯」

↑アロマに癒やされる「ORGANIC SPA息吹」

↑月替わりの和会席料理。魚介の鮮度の良さがわかる

源泉かけ流しの客室風呂が自慢
竹林の中たたずむ料亭旅館

淘心庵米屋 (共立リゾート)
とうしんあんこめや(きょうりつリゾート)

伊東 MAP 付録P.3 E-4

本館、別邸、離れと趣が異なる客室を用意。料理は産地や時季にこだわった食材を用い、味が良いのはもちろん見た目も美しいと評判。美食を味わい、源泉かけ流しの温泉に癒やされて。

HOTEL DATA

☎0557-37-1128
所 伊東市鎌田280
交 伊豆急・南伊東駅から徒歩5分(JR伊東駅から送迎あり)
P あり　in 15:00　out 11:00
室 17室　予算 1泊2食付2万8000円～

温泉 DATA

風呂数 露天風呂:2、内湯:2、貸切風呂:1
※客室風呂は除く
泉質 弱アルカリ単純泉

↑風情ある源泉かけ流しの貸切露天風呂

↑和の心を大切に、洋の快適さも取り入れた別邸客室

松林の向こうは弓ヶ浜
潮風と潮騒に癒やされて

季一遊
ときいちゆう

弓ヶ浜 MAP 付録P.15 E-3

和を基調としたモダンで上質な造りの宿。客室の窓からは松林の向こうに弓ヶ浜を望み、心地よい潮風や潮騒を感じることができる。離れ館「季の倶楽部」は、全室露天風呂付き。南伊豆の味覚をたっぷりと味わい、思い出に残る時が過ごせる。

HOTEL DATA

☎0558-62-5151
所 南伊豆町湊川口902-1　交 伊豆急下田駅からシャトルバスを利用(要予約)
P あり　in 15:00　out 11:00　室 41室
予算 1泊2食付2万円～(サ込税別)

温泉 DATA

風呂数 露天風呂:3、内湯:2、貸切風呂:3
※客室風呂は除く
泉質 含塩化土類食塩泉

↑リゾートの雰囲気漂うロビーは2階にある

↑素材の持ち味を引き出した見た目も美しい料理

↓ミネラルを多く含んだ湯は、体を芯から温め、肌をなめらかに

外浦海岸の高台に建つ
見晴らしの良いホテル

下田ビューーホテル

しもだビューホテル

下田 MAP 付録P.12 C-3

客室はすべてオーシャンビュー。大浴場や露天風呂からの眺望も素晴らしい。さまざまなタイプの客室や眺めの良い喫茶処、タラソテラピーを取り入れたエステサロン、軽い運動もできるフィットネスジムなどがある。

温泉 DATA

風呂数 露天風呂:2、内湯:2、貸切風呂:なし ※客室風呂は除く
泉質 単純温泉

HOTEL DATA

☎0120-289-489
所 下田市柿崎633 交 伊豆急下田駅からタクシーで5分(送迎あり)
P あり in 15:00 out 10:00 室 83室
予算 1泊2食付1万6000円～
日帰りプラン 日帰り入浴1500円～

波の穏やかな外浦海岸。遠くに伊豆七島を望む

施設の設備も充実。客室は全室禁煙

小さな森林に囲まれ、海の景色も美しい露天風呂「五山の湯」

旬の食材を使う「季節の献立」は、見た目も色鮮やか

暗闇の中、やさしい光に包まれる大浴場にある「光の露天風呂」

澄み渡る山の空気を感じて
趣ある露天風呂を満喫

宙 SORA 渡月荘金龍

そらとげつそうきんりゅう

修善寺 MAP 付録P.16 B-4

修善寺の中ほどに位置する高台の旅館。季節ごとに表情を変える山並みや庭園の景色を眺めて温泉に浸かれば、心も体も癒やされる。修善寺の温泉街を一望する貸切風呂はこの宿だけ。

温泉 DATA

風呂数 露天風呂:2、内湯:2、貸切風呂:2 ※客室風呂は除く
泉質 アルカリ性単純温泉

HOTEL DATA

☎0558-72-0601
所 伊豆市修善寺3455 交 伊豆箱根鉄道・修善寺駅からタクシーで8分 P あり
in 15:00 out 10:00 室 29室
予算 1泊2食付2万7500円～ 日帰りプラン 入浴のみ1500円／昼食プラン 5900円～ほか

山あいの高台にたたずむ見晴らしの良い宿

すべての客室タイプから庭園が眺められる

繊細な心配りがうれしい
1日5組限定の宿

野の花亭こむらさき

ののはなていこむらさき

下田 MAP 付録P.13 E-1

日本旅館の魅力が詰まった宿。全客室に露天風呂があり、庭を眺めて下田の湯が楽しめる。しっとりとした和室でくつろぎ、食事は地元食材を使用した季節の懐石料理。気の利いたサービスとプライバシーが守られた空間、優雅な時間が過ごせる。

温泉 DATA

風呂数 全室客室露天風呂
泉質 単純温泉(弱アルカリ性・低張性・高温泉)

HOTEL DATA

☎0558-22-2126
所 下田市西本郷1-5-30
交 伊豆急下田駅から徒歩3分
P あり in 15:00 out 12:00 室 5室
予算 1泊2食付3万950円～

伊豆・下田の旬の食材を用いた懐石料理

活けられた草花に心安らぐ和の空間

肌にやさしい天然温泉の露天風呂と檜の内湯で旅の疲れを癒やす

行き先に合わせて、効率的な移動手段を選びたい

伊豆へのアクセスと交通

日本各地から三島駅や熱海駅へ新幹線が利用でき、東京からは東伊豆の各地へ直行する踊り子号もある。伊豆エリア内での移動の便利さを考えると、最寄り駅からレンタカーを利用するのもおすすめだ。

電車・バスでのアクセス

メインは新幹線と踊り子号

東・南伊豆方面は熱海駅が拠点で、中・西伊豆方面は三島駅、沼津駅が拠点になる。東京や名古屋方面からはJR東海道新幹線を利用。東京発の特急踊り子号およびサフィール踊り子号は、東伊豆の各地、中伊豆の一部に直結しており、東京から伊豆急下田駅まで約2時間29分で到着。沼津、三島へは新宿から所要2時間30分程度の高速バスもある。

踊り子号（下田行き）の主な停車駅

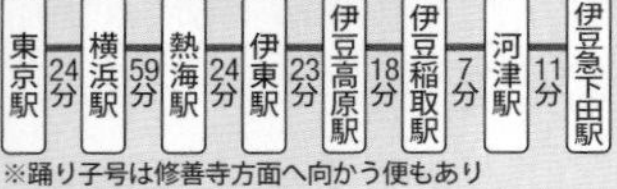

※踊り子号は修善寺方面へ向かう便もあり

主要駅からのアクセス ※熱海駅、三島駅に停車する「ひかり」もあります

熱海駅
- 東京駅 → JR東海道新幹線［こだま］ 45分／4270円
- 東京駅 → JR東海道本線特急踊り子号／サフィール踊り子号 1時間20分／3560円（サフィール踊り子は6640円）
- 東京駅 → JR東海道本線（上野東京ライン） 1時間53分／1980円
- 名古屋駅 → JR東海道新幹線［こだま］ 1時間55分／8770円

ここから
東伊豆への移動は
JR伊東線（伊豆急行直通）
伊東駅／伊豆高原駅など
南伊豆への移動は
JR伊東線（伊豆急行直通）
河津駅／伊豆急下田駅など
JR伊東線（伊豆急行直通）＋東海バス
石廊崎など

三島駅
- 東京駅 → JR東海道新幹線［こだま］ 50分／4600円
- 東京駅 → JR東海道本線 特急踊り子号 1時間40分／3890円
- 名古屋駅 → JR東海道新幹線［こだま］ 1時間40分／8440円

ここから
中伊豆への移動は
伊豆箱根鉄道
伊豆長岡駅／修善寺駅など
西伊豆への移動は
伊豆箱根鉄道＋東海バス
戸田／土肥／堂ヶ島／松崎など

沼津駅
- 東京駅 → JR東海道新幹線［こだま］ 1時間10分／4600円 → 三島駅 → JR東海道本線
- 名古屋駅 → JR東海道新幹線［こだま］ 2時間／8440円 → 三島駅 → JR東海道本線

※所要時間はおおよその目安表記
※料金は通常期の片道料金（指定席）を掲載。夏休みや年末年始などの繁忙期は料金が異なる場合あり

車でのアクセス

石橋ICや、沼津IC利用が多い

熱海、東伊豆方面へ東京方面から向かう場合は西湘バイパスの石橋ICで降り、湯河原経由で進む。名古屋方面からは沼津ICか長泉沼津ICで降り、伊豆縦貫自動車道、県道11号を経由して熱海方面へ。西・中伊豆方面へは東京・名古屋方面どちらからでも長泉沼津ICか沼津ICが起点になる。南伊豆へは沼津方面、熱海方面どちらからでもアクセスできる。

熱海、下田、三島、沼津のいずれの駅近くにもレンタカーがあるので、目的地最寄りまで鉄道で移動し、そこから車を借りるのがスムーズ。

■伊豆エリアの有料道路料金表

有料道路名	料金
伊豆スカイライン（全線）	1000円
真鶴道路	200円
熱海ビーチライン	500円
伊豆中央道	200円
修善寺道路（全線）	200円
伊豆縦貫自動車道	無料

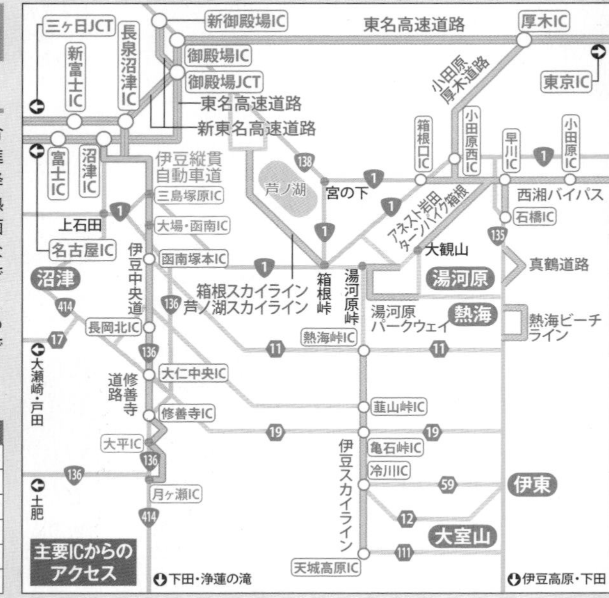